Viva Fialka
Handbuch Bildungs- und Sozialmanagement

Viva Fialka

Handbuch
Bildungs- und Sozialmanagement
in Kita und Kindergarten

FREIBURG · BASEL · WIEN

MIX
Paper from
responsible sources
FSC® C010798

© Verlag Herder GmbH, Freiburg im Breisgau 2011
Alle Rechte vorbehalten
www.herder.de

Umschlagkonzeption: R.M.E Roland Eschlbeck / Rosemarie Kreuzer
Umschlaggestaltung: Verlag Herder
Umschlagabbildung: © Barbara Mößner

Fotos im Innenteil: Hartmut W. Schmidt, Freiburg
Layout, Satz und Gestaltung: post scriptum, Emmendingen / Hüfingen
Herstellung: Graspo CZ, Zlín

Printed in the Czech Republic

ISBN 978-3-451-32382-9

Inhalt

Vorwort 9

1 Führung und Selbstführung

1.1   Führungstheorien aus historischer Sicht 12
1.1.1 Die geschichtliche Entwicklung der Führungstheorien 12
1.1.2 Der heutige Stand der Führungsdiskussion und die Bedeutung
       für den Sozialbereich 20

1.2   Das Führungsverständnis der Leitungskraft
      und die Erwartungen von außen........................ 24
1.2.1 Die eigene Führungsbiografie und Führungswerte 24
1.2.2 Selbstbild und Potenzialanalyse:
       Wo liegen meine Stärken? 25
1.2.3 Die Erwartungen von außen und das Klärungsgespräch 26

1.3   Menschenbild und Führungsleitbild 31
1.3.1 Systemischer Ansatz und Lösungsorientierung 31
1.3.2 Die Bedeutung eines Führungsleitbilds 34
1.3.3 Implementierung eines Leitbilds
       »Führung und Zusammenarbeit« 35

1.4   Selbstmanagement 38
1.4.1 Die Zielklarheit 39
1.4.2 Die Prioritätensetzung 44
1.4.3 Die effektive Projekt- und Alltagsplanung 45
1.4.4 Sich selbst motivieren 48
1.4.5 Selbstmanagement heißt auch Synchronisation 50
1.4.6 Burn-out-Prävention: Neinsagen, Vernetzen,
       Achtsamkeit üben 52

1.5   Entwicklung und Karriere im Sozial- und Bildungsbereich 62
1.5.1 Die Aufgaben der Fachberatung: Bin ich geeignet? 64
1.5.2 Die Klärung und Verfolgung der eigenen Karriereziele 73

1.6	Kompetenzentwicklung mit Führungsfeedback und Coaching	76
1.6.1	Das Führungsfeedback und sein vielfältiger Nutzen	76
1.6.2	Der Ablauf des Führungsfeedbacks und die Umsetzung mithilfe von Coaching	77

2 Mitarbeiter/innen individuell führen

2.1	Führen mit Zielen	80
2.1.1	Den Nutzen von Zielen für alle Beteiligten sicherstellen	80
2.1.2	Das Zielvereinbarungsgespräch	81
2.1.3	Die Zielformulierung im pädagogischen Bereich	81
2.2	Delegation von Aufgaben	84
2.2.1	Test: Wie gut delegiere ich?	85
2.2.2	Grundsätze effektiver Delegation	85
2.3	Mitarbeiter/innen individuell führen	92
2.3.1	Der situative Führungsstil	92
2.3.2	Die verschiedenen Mitarbeitertypen	96
2.3.3	Die ressourcenorientierte Mitarbeiterführung	98
2.3.4	Klassische Beziehungsmuster zwischen Leitung und Mitarbeiter/in	99
2.4	Die Führungskraft als Coach	101
2.4.1	Der Rollenanteil Coaching im Wechselspiel mit anderen Führungsaufgaben	101
2.4.2	Dialog und lösungsorientierte Kommunikation	103
2.5	Motivation schaffen und erhalten	112
2.5.1	Thesen zur Motivation und Demotivation	112
2.5.2	Vom Wissen, Wollen, Können, Dürfen und Sollen	113
2.5.3	Motivationsfördernde Beziehungen und Einrichtungskultur	116
2.6	Persönlichkeits- und Kompetenzentwicklung der Mitarbeiter/innen	119
2.6.1	Die Persönlichkeitsentwicklung des Erwachsenen	119
2.6.2	Das Lernen der Erwachsenen	122
2.7	Mitarbeiter/innen finden, binden und verabschieden	124
2.7.1	Anforderungsprofil und Stellenausschreibung	124

2.7.2	Das Einstellungsinterview	127
2.7.3	Die Gestaltung der Einarbeitungsphase	132
2.7.4	Loyalität aufbauen und erhalten	134
2.7.5	Gründe für Trennungen und das Überbringen der schlechten Nachricht	136

3 Führung und Zusammenarbeit im Team

3.1	Erfolgsfaktoren guter Teamarbeit	143
3.1.1	Die formalen und informellen Faktoren analysieren	143
3.1.2	Teamdiagnose mit den Teamsäulen	146
3.2	Teamentwicklung und Unterstützungsaufgaben	146
3.2.1	Der organische Phasenverlauf der Teamentwicklung	147
3.2.2	Unterstützungsaufgaben der Teamleitung	150
3.2.3	Team-Workshops: Die regelmäßige Teaminspektion	154
3.2.4	Die optimale Teamzusammensetzung	156
3.3	Die Moderation von Teamsitzungen	157
3.3.1	Struktur und Ablauf von Teamsitzungen	158
3.3.2	Der Umgang mit »schwierigen« Gesprächsteilnehmern	161
3.3.3	Leitungs- und Teamentscheidungen: Was passt wann?	164
3.3.4	Der Einsatz von Moderationstechniken	167
3.4	Teamdynamik und Konfliktmoderation	170
3.4.1	Die Konfliktkultur in Kitas	171
3.4.2	Die Moderation der Konfliktbearbeitung im Team	173
3.4.3	Mediation. Vermittlung und Schlichtung im Konfliktfall	177

4 Die Organisation Kindertagesstätte

4.1	Die Kita als Dienstleistungsorganisation	180
4.1.1	Die Werte und das Leitbild der Bildungseinrichtung	181
4.1.2	Die Kundenbedürfnisse erfassen	184
4.1.3	Die Aufbauorganisation	187
4.1.4	Die Ablauforganisation	189
4.2	Die lernende und sich wandelnde Organisation	190
4.2.1	Eine Kultur des miteinander und voneinander Lernens schaffen	191

4.2.2	Feedbackkultur fördern durch Supervision, Coaching, Kollegiale Beratung	195
4.2.3	Die psychodynamischen Prozesse in Zeiten der Veränderung	197
4.3	**Konzeption und Profil der Kindertagesstätte**	**201**
4.3.1	Die pädagogische Konzeption (weiter)entwickeln	201
4.3.2	Das Profil als Alleinstellungsmerkmal	203
4.4	**Qualitätsentwicklung und -sicherung**	**212**
4.4.1	Inhalte und Prozess des Qualitätsmanagements	212
4.4.2	Systematische Beobachtung und Dokumentation	215

5 Soziales Umfeld und Bildungslandschaft

5.1	**Die Sozialfeldanalyse**	**218**
5.1.1	Organisatorische und pädagogische Berücksichtigung der Lebenssituationen	218
5.1.2	Proaktiv statt reaktiv: Trends frühzeitig erkennen	219
5.2	**Öffentlichkeitsarbeit und (Re)Präsentation**	**220**
5.2.1	Wo fängt Öffentlichkeit an?	220
5.2.2	Faktoren wirkungsvoller Öffentlichkeitsarbeit	220
5.2.3	Die Präsentation der Konzeption	222
5.2.4	Öffentlichkeitswirksame Konzepte	224
5.3	**Netzwerkarbeit als Qualitätskriterium**	**226**
5.3.1	Die verschiedenen Arten von Netzwerken	227
5.3.2	Das institutionelle Bildungs-Netzwerk	228
5.3.3	Was macht Netzwerke erfolgreich?	228
5.3.4	Die Analyse des Netzwerks: Kraftfeldanalyse	229
5.4	**Verhandlungen mit Träger und Sponsoren effektiv führen**	**231**
5.4.1	Erfolgreiches Verhandeln nach dem Harvard-Konzept	231
5.4.2	Erstes Beispiel: Den Sponsor gewinnen	235
5.4.3	Zweites Beispiel: Mit dem Träger um Freistellung verhandeln	236

Anlagen 240

Literatur 256

Vorwort

Liebe Leserinnen, liebe Leser,
Sie gehören zu den rund 50.000 Leitungskräften in Kindertageseinrichtungen in Deutschland, sind pädagogische Fachberaterin, Lehrkraft an einer Fachschule bzw. Fachakademie, sonst in einer verantwortungsvollen, steuernden Position im Bereich Bildung und Erziehung von Kindern oder streben eine Rolle als Führungskraft in diesem Zusammenhang an? Dann finden Sie mit diesem Buch ein breites Spektrum an Hilfestellungen, um Einrichtungen bei den gewachsenen und neuen Anforderungen ihres Arbeitsalltags zu unterstützen und voranzubringen.

Im elementarpädagogischen Bereich geht es heute wie zukünftig darum, Kinder auf die Wissensgesellschaft vorzubereiten und ihre Intelligenz und Neugier, ihre lernmethodische Kompetenz sowie ihre Problemlösekompetenz zu fördern. Der Aspekt der gestiegenen Mobilität in der heutigen Gesellschaft erfordert zugleich hochflexible Biografien bei hoher Resilienz. Auch die Vorbereitung der Kinder auf die Arbeitsgesellschaft wird weniger vom industriell geprägten Typus von Arbeit ausgehen, denn die selbstständige Gestaltung von Erwerbs- und Arbeitsformen wird zunehmen und setzten ein hohes Maß an Bildung und Eigenverantwortung voraus. Das Leben in einer Einwanderungsgesellschaft fordert zudem einen konstruktiven Umgang mit der Vielfalt unterschiedlicher Traditionen und Lebenskonzepte. Der demografische Wandel braucht die Öffnung von Betreuungseinrichtungen im Hinblick auf fruchtbare Kooperationen mit anderen Institutionen.

Das alles braucht Organisationsstrukturen und -prozesse, die Halt geben und gleichzeitig offen sind, braucht Personal, das mit Hirn, Herz und Hand bei der Sache ist, braucht einen klaren Blick auf die Ressourcen in einer Kultur des Miteinander-Lernens. Und das alles fällt auch nicht einfach vom Himmel, sondern benötigt als Grundlage eine achtsame, gestaltende Führung mit geeigneten Instrumenten und angemessener Kommunikation.

An dieser Stelle ist es sicher hilfreich, die Begriffe »Management« und »Führung« genauer zu definieren: Bei »Management« handelt es sich um Techniken, die notwendig sind, um effiziente oder effektive Organisationsstrukturen und interne Prozesse zu gestalten. Sie erfordern Fachwissen und Methodenkompetenz, die erlernbar sind. Da macht es Sinn, dass zum Beispiel die erfahrene Erzieherin die fachliche Vorgesetzte einer weniger erfahrenen wird und mit der Leitungsrolle ein erhöhtes Maß an Verantwortung übertragen bekommt. Die Auseinandersetzungen auf dieser Ebene laufen durchaus diskursiv und argumentativ. Bei »Führung« oder »Leitung« dagegen geht es um einen Prozess der Ko-Kreation, bei dem die Problemsituation mit Managementtechniken allein nicht zu lösen ist, weil sie vieldeutig statt eindeutig ist. Führung muss an den verschiedenen Perspektiven ansetzen und diese für die Gesamtorganisation zugänglich machen. Sie muss echten Dialog ermöglichen, um auf der Basis verschiedener subjektiver Realitäten ein gemeinsames Verständnis für die zukünftige Zusammenarbeit herauszuarbeiten. In diesem Buch geht es um Management- und Führungstechniken gleichermaßen, denn Kita-Arbeit braucht beides und darüber hinaus die Klugheit einschätzen zu können, wann das eine oder das andere angebracht ist.

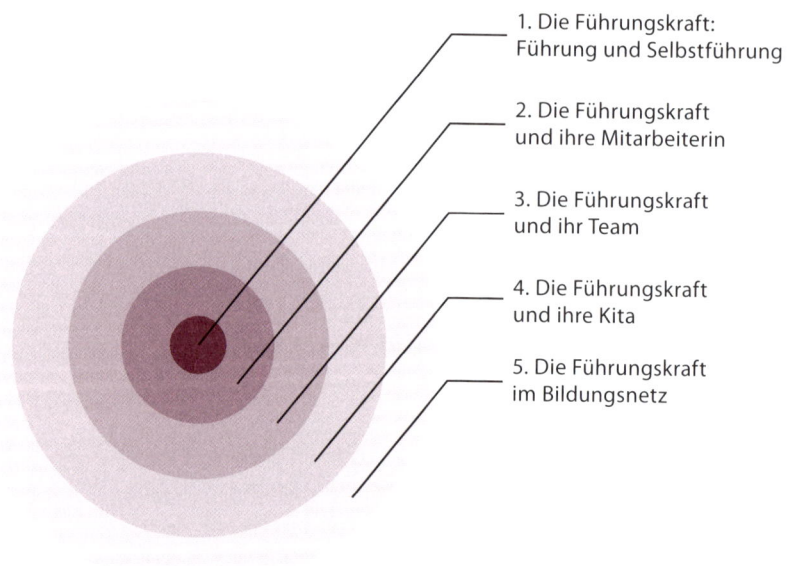

1. Die Führungskraft: Führung und Selbstführung
2. Die Führungskraft und ihre Mitarbeiterin
3. Die Führungskraft und ihr Team
4. Die Führungskraft und ihre Kita
5. Die Führungskraft im Bildungsnetz

Ich arbeite dabei von innen nach außen – beginnend bei der einzelnen Führungspersönlichkeit, deren Selbstverständnis, Rolle und Aufgabenspektrum, deren Selbstorganisation und eigenen Weiterentwicklung. Denn sie ist es, die dann alles Weitere bewerkstelligen können muss. In den nächsten Schritten betrachten wir die Führung einzelner Mitarbeiter/innen sowie die Steuerung von Teamprozessen, um dann auf die Organisation Kindertageseinrichtung als Ganzes zu kommen und zum Ende einen Blick auf deren Einbettung in den gesellschaftlichen und institutionellen Kontext zu werfen. Bei all dem möchte ich Sie unterstützen, Vorgänge besser verstehen zu können, aber auch praktische Hinweise für die Bearbeitung konkreter Situationen zu erhalten. Umfangreiche Checklisten und Arbeitsblätter stehen Ihnen im Anhang zum sofortigen Einsatz zur Verfügung.

> Nach Peter Drucker (*1909), Managementlehrer und -berater, bedeutet Management »… gewissenhaft zu sein, einige wenige Dinge zu tun und sie gut zu tun. Man behüte uns vor dem genialen Manager.«

Ich wünsche Ihnen viel Spaß beim Lesen und Ausprobieren – ganz ohne den Anspruch auf Genialität!

Ihre Viva Fialka

1 Führung und Selbstführung

1.1 Führungstheorien aus historischer Sicht

1.1.1 Die geschichtliche Entwicklung der Führungstheorien

Bücher über gute Führungsarbeit füllen meterweise Regale in Buchhandlungen und Bibliotheken – ob branchenübergreifend oder speziell auf den Bildungs- und Sozialbereich bezogen. Sich in diesem Dschungel zurechtzufinden, das herauszufiltern, was bei der Klärung des eigenen Führungsselbstverständnisses weiterhilft, kommt der Suche nach der sprichwörtlichen Nadel im Heuhaufen gleich.

Was Laien bei der Frage nach Führung als erstes einfällt ist meist die Unterscheidung in kooperativen (das ist dann der gute) und autoritären (den schlechten) Führungsstil. Das ist ungefähr genauso plakativ, wie zu behaupten, man könne Kinder nur antiautoritär oder autoritär erziehen. Der Praxis wird diese Unterscheidung nicht gerecht; sie ist subtiler, individueller, situativer und komplexer.

Die Erfahrung zeigt interessanterweise, dass »autoritäre«, d. h. allein entscheidende, Ziele setzende, anweisende und bestimmende Führungskräfte durchaus einen sehr guten Stand bei ihren Mitarbeiterinnen haben können und mit ihren Teams gute Dienstleistungen und

Führungstheorie und Historie

Projekte umsetzen können. Sie können sogar Fehlentscheidungen treffen, sich Nachlässigkeiten leisten, Dinge vergessen oder missachten und werden trotzdem geschätzt. Dann gibt es andere, die konsequent nach allen Empfehlungen der Führungsratgeber »kooperativ« führen, ihre Mitarbeiter/innen einbinden, Entscheidungsprozesse moderieren, zuverlässig, verbindlich und zugewandt sind und doch abgelehnt werden. Wie kränkend! Und so unverständlich! Oder?

Was den Unterschied ausmacht sind Vertrauen und Wertschätzung! Einer autoritär entscheidenden Führungskraft, der man vertraut und die uns wertschätzt, schließt man sich gerne an, gerade in unwegsamem Gelände. Eine kooperative und moderierende Führungskraft, der man misstraut und die zu wenig Wertschätzung ausstrahlt, verweigert man sich, denn sie gibt keine Sicherheit.

Die Frage danach, wie sich Vertrauen aufbauen lässt – z. B. durch unbedingte Wertschätzung und einen guten Umgang mit Fehlern – erscheint mir sehr viel realitätsnäher als die Frage nach den Führungsstilen »autoritär« und »kooperativ«. So wird in diesem Buch gerade diesem »Schmierstoff« jeder guten Führungsarbeit größte Aufmerksamkeit gewidmet.

- Erinnern Sie sich an eine Führungskraft in Ihrem Leben, z. B. an ein Elternteil, eine Lehrerin, einen Trainer, eine Freundin?
- Welche zentrale Botschaft ging von ihr aus?
- Bringen Sie diese Aussage in einen Satz, ein Motto.
- Welche Rolle spielen dabei Vertrauen und Wertschätzung?
- Was hat diese Erfahrung mit Ihrem heutigen Führungsverständnis zu tun?

Im 20. Jahrhundert sind verschiedenste Führungsmodelle entstanden, die eine Betrachtung im Interesse der eigenen Standortbestimmung wert sind. Und, wie ich aufzeigen werde: Alle Modelle haben nach wie vor ihre Berechtigung und werden im Management des Kita-Alltags elementar gebraucht, auch wenn sie auf den ersten Blick unvereinbar erscheinen.

Die Kita als Ergebnislieferantin (1900 bis 1925)

Zwischen 1900 und 1925 hatten auch Pädagoginnen und Pädagogen immense Chancen, Entwicklungen voranzutreiben. Es war die große Zeit für Persönlichkeiten wie Celestine Freinet, Martin Buber oder Maria Montessori, die dem Sozialdarwinismus der Jahrhundertwende reformpädagogische Ansätze gegenüberstellten. Diese mündeten in klare Vorgaben im Hinblick auf eine konsequente Erziehung im »richtigen« Geiste.

Die Auseinandersetzung mit sich enorm schnell wandelnden gesellschaftlichen Strömungen und Arbeitswelten führte zur gleichen Zeit zur Entstehung erster Führungsmodelle. Allen voran prägte Frederic W. Taylor den sogenannten »Taylorismus«, der sich gegen Laisser-faire und für gezielte Personalführung im Hinblick auf die Lieferung von Ergebnissen und Produkten aussprach. Seine Botschaft blieb freilich nicht unwidersprochen, wurde jedoch umso hartnäckiger aufgegriffen und realisiert – nicht nur in der Wirtschaft, sondern auch im Verständnis der Führung von Bildungseinrichtungen.

Die Leitern als Steuerfrau und Ergebnislieferantin

Die erwartete Rolle war die der **Steuerfrau,** die Initiative übernimmt, Ziele setzt oder vereinbart und effektiv delegiert, die aber auch deutlich als **Schafferin** wahrgenommen wird, indem sie hohes Engagement und Einsatz für die Aufgabenerledigung an den Tag legt. Das gelingt ihr, weil sie sich selbst und andere motivieren kann und ein gutes Stress- und Zeitmanagement praktiziert. Das finale Kriterium ist die Effektivität der Organisation Kindertagesstätte: Ziele, Analysen und Maßnahmenplanung stehen im Vordergrund dieses Führungsverständnisses. Entscheidungen werden von oben getroffen, sind rational und ökonomisch.

Die Kita-Struktur als Ort der inneren Sicherheit (1900 bis 1925)

In der gleichen Zeit entwickelten der französische Managementtheoretiker Henry Fayol und der deutsche Soziologe und Sozialökonom Max Weber ein Modell von Führung, das die internen Prozesse und Planungen in den Blick nimmt. Arbeitsteilung, gemeinsame Orientierung an Plänen, geklärte Verantwortlichkeiten und Kontrolle der Arbeitsschritte gewannen an Bedeutung. Alles sollte an seinem Platz sein, vereinheitlichte Regeln und Routinen sollten Orientierung geben, überprüfbar sein und dadurch die Mitarbeiter an die Organisation binden.

Der alles bestimmende Wert in diesem Führungsverständnis ist der effiziente Arbeitsfluss – die Aufgabe der Führungskraft wird in erster Linie als strukturgebend gesehen. Sie soll **Planerin** sein, die Arbeitsschritte koordiniert oder für deren Erarbeitung sorgt, sich um effiziente Strukturen und Abläufe kümmert und deren Einhaltung kontrolliert. Die Aufmerksamkeit liegt dabei auf logistischen Fragestellungen. Sie soll aber auch die Rolle der **Informationsmanagerin** wahrnehmen, die Informationen beschafft und gleichzeitig die tägliche Informationsflut reduziert, diese aufarbeitet und verwaltet, sinnvoll bearbeitet und weiterleitet. Eine Aufgabe, die sich in den letzten 20 Jahren durch die virtuellen Informationswege noch enorm potenziert hat.

Die Leiterin als Planerin und Informationsmanagerin

Die Kita als Ort der Nähe und Beziehung (1925 bis 1950)

Im zweiten Viertel des letzten Jahrhunderts führten der Börsenkrach 1929 und der Zweite Weltkrieg zu einem Umdenken bezüglich dessen, was gute Führung ausmacht. Booms folgten Zusammenbrüche, bis neue Hoffnungen keimten. Das alte Führungsdenken wurde weitergeführt, jedoch nicht mehr mit Überzeugung. Das war die richtige Zeit für die Entstehung von Gewerkschaften und besseren Entlohnungssystemen, denn permanente Überstunden und unhinterfragter Gehorsam wurden in keinem Arbeitsfeld mehr hingenommen. Der Wert Erholung begann sich zu etablieren, was ebenso ernst genommen wurde wie der Kampf ums Überleben. In der Führungsliteratur tauchten Themen wie »Freude am Arbeiten« auf, die Hawthorne-Studie beschäftigte sich mit der »Bedeutung der zwischenmenschlichen Beziehungen im Arbeitsleben« und stellte einen Paradigmenwechsel in Bezug auf den Taylorismus dar. Sozialpsychologische Aspekte der Demokratisierung und Humanisierung der Arbeitswelt gewannen an Bedeutung. So entstand Mitte des letzten Jahrhunderts das »Human-Relations-Modell«, das die zwischenmenschlichen Beziehungen in der Organisation in den Fokus der Aufmerksamkeit rückte, den Werten Engagement, Zusammenhalt und Moral folgend. Beteiligung, Konfliktlösung und Konsensbildung wurden zu zentralen Führungsaufgaben, das Betriebsklima teamorientiert, mit erhöhtem Einfluss der Mitarbeiter/innen an anstehenden Entscheidungen. Beim Nachlassen von Leistung sollte nun die Entwicklungsperspektive eingenommen und die Mitarbeiter/innen durch ein Bündel an Motivationsfaktoren aufgebaut und gefördert werden.

Die Leiterin als Moderatorin und Kümmerin

Die Führungskraft soll hierzu in der Rolle der **Moderatorin** sicher sein und weniger produkt- als vielmehr prozessorientiert handeln. Ihre Aufgaben werden in der Teambildung, der partizipativen Entscheidungsfindung sowie in Konfliktprävention und -bearbeitung gesehen. Gegenüber ihren Mitarbeiterinnen und Mitarbeitern soll sie die **Kümmerin** sein, mit hoher Selbstklarheit und Empathie, hoher emotionaler und kommunikativer Intelligenz sowie der Fähigkeit und Möglichkeit, die anderen in deren Entwicklung zu unterstützen.

Natürlich gerät dieses Denken zunächst in heftigen Konflikt mit den Vorstellungen einer Organisation als Ergebnislieferantin oder Ort der inneren Sicherheit – sicher gut nachvollziehbar, wenn Sie sich die Konflikte zwischen diesen Führungsverständnissen als Widerstreit in Ihrem Inneren vorstellen: Sie möchten einerseits demokratisch und humanitär handeln, und auf der anderen Seite gleichzeitig strukturierend und ergebnisorientiert. Sicher kennen Sie diese inneren Abwägungen und Zerreißproben. Auch in den 1950er-Jahren geriet dieses Denken oftmals zu einer Art autoritären Wohlwollens und wartete noch auf seine Ausarbeitung und Handhabbarmachung.

Die Kita als offener Teil des sich wandelnden Bildungssystems (1951 bis 1975)
Der wirtschaftliche Wandel nach dem Ölschock beförderte die Produktökonomie zur Serviceökonomie. Technologische Sprünge – das Fernsehen mit seiner Nachrichtenübertragung oder die Computerentwicklung – prägten nun die Zusammenarbeit. Gesellschaftliche Werte der 1950er-Jahre, eher auf Tradition und Konventionen setzend, veränderten sich zugunsten eines toleranteren Blicks auf die Welt. Hervorgerufen u. a. durch den Vietnamkrieg gab es eine Auflehnung gegen staatliche Formen und Autoritäten (»68er«). Persönliche Selbstverwirklichung gewann gegenüber dem Wunsch nach materiellem Wohlstand und Erholung an Bedeutung, und partizipative Führungsinstrumente wie Zielvereinbarungsgespräche etc. hielten auch in Kita-Trägerbereichen Einzug. Bücher zu den Themen Führung und Motivation boomten und an Hochschulen wurden Experimente zu Gruppendynamiken und Organisationsentwicklung durchgeführt. So entwickelte sich Mitte der 1960er-Jahre das Führungsmodell, das die Organisation gegenüber einer sich stetig wandelnden Umwelt wahrnimmt. Nicht Bürokratie

und Festhalten an dem, was früher einmal gut und richtig war, sind vor diesem Hintergrund gefordert, sondern Innovation und Beweglichkeit – auch durch Vernetzung mit anderen Institutionen. Gemeinsame Visionen und Werte als das Gefüge zusammenhaltende Elemente sind von größter Bedeutung, das Risiko von Fehlentscheidungen ist erhöht und muss in Kauf genommen werden.

Die Führungskraft kommt aufgrund ihres großen Einsatzes hinsichtlich konzeptioneller Weiterentwicklung und experimenteller Gestaltung eher wenig zum Planen und Kontrollieren. Entscheidungen sind spontan und kreativ gefordert, und gab es in anderen inneren Führungsmodellen die Gefahr der Stagnation von Entwicklung, besteht hier durch das Mithalten-Müssen in einer schnelllebigen Zeit das Risiko der Erschöpfung. Die Leiterin ist in diesem Führungsmodell nicht mehr die vernünftige Entscheidungsträgerin, die die Abläufe kontrolliert, sondern in der Rolle der **Innovatorin,** die die Wandlungsfähigkeit ihres Teams im Blick hat, Trends erfassen und Zukunftsbilder entwickeln, diese attraktiv und inspirierend verpacken kann. Sie hat das Zukunftsbild fest im Blick und ist gleichzeitig offen für Impulse im Prozess, die von außen, vom Team, den Nutzern des Hauses ausgehen und Beachtung verdienen. Als **Verhandlerin** muss sie externe Unterstützung und Ressourcen durch Träger, Sponsoren oder institutionelle Netzwerke mobilisieren, dabei Image und Erscheinung im Auge behaltend. Sie muss politisch und taktisch geschickt auftreten, gute Kontakte und Netzwerke aufbauen und eine repräsentative, akzeptierte Schnittstelle zwischen Binnen- und Außenstruktur darstellen.

Die Leiterin als Innovatorin und Verhandlerin

Die verrückten 1990er-Jahre und heute
Vieles, was früher richtig war, wird plötzlich mit Fragezeichen versehen. Alles und jedes wird infrage gestellt. Die sogenannte, von dem führenden Organisationspsychologen des 20. Jahrhunderts Fred Edward Fiedler geprägte Kontingenztheorie sagt uns, dass das Führungshandeln von viel zu vielen Variablen abhängt, um einheitlich gesehen werden zu können. So wachsen zum Beispiel die Anforderungen an die Planerrolle proportional mit der Größe der Einrichtung und des Teams. Auch bestimmt die eingesetzte Technologie die Ausprägung der Aufgaben des Informationsmanagements. Und Veränderungsbedarfe und -möglichkeiten gestalten die Ausprägung der Innovatorenrolle. Natürlich sind

Rollen- und Aufgabenvielfalt der Leiterin

auch die Bedürfnisse von Mitarbeiterinnen und Mitarbeitern verschieden und benötigen ein unterschiedliches Maß und eine unterschiedliche Art an Kümmerer-Aufgaben.

Seit den 1990er-Jahren und der Kontingenztheorie sind plötzlich andere Schlagworte im Bereich der Führung zu hören – allen voran der Begriff der Flexibilität. So gilt heute nicht mehr ein bestimmtes Führungsverständnis als das Richtige, sondern eine gute Führungskraft soll sich in allen beschriebenen Rollen und Aufgaben je nach Erfordernis sicher bewegen können und wahlweise von der Kümmerer- in die Planerrolle wechseln können, in einem Moment Ziele setzen und im nächsten Prozess moderieren, dann wieder Informationen verwalten und gleichzeitig innovativ verwerfen oder umdeuten können.

Die Forderung nach hoher Flexibilität ist der Schnelllebigkeit von heute geschuldet, aber auch dem Denken in Netzwerken und Systemen, dem gestiegenen Wert der Selbststeuerung, Partizipation und der

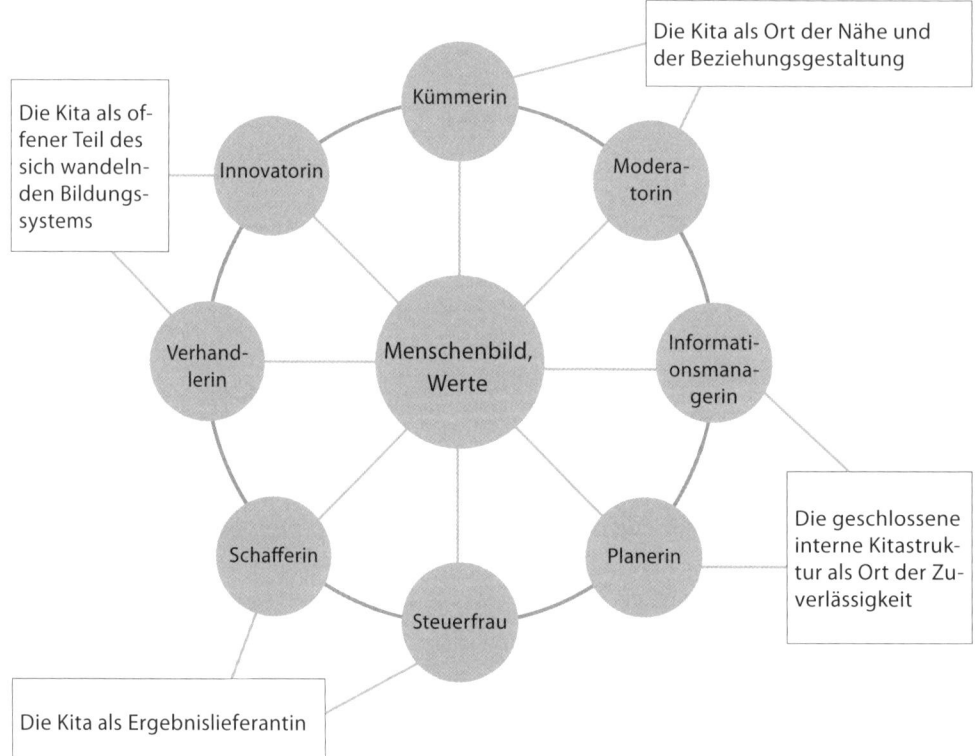

1.1 Führungstheorien aus historischer Sicht

Integration. Auch haben die Begriffe Qualität und Evaluation eine anerkennungswerte Bedeutung bekommen, bei gleichzeitigem erhöhtem Kostendruck und Effizienzbestreben.

Leichter ist es dadurch sicher nicht geworden. Aus dem Anspruch an die Flexibilität in der Ausübung der Führungsrollen jedoch eine Beliebigkeit abzuleiten, wäre nicht unterstützend und die für jede Motivation so wichtigen Erfolgserlebnisse würden mangels erkennbarer Erfolgskriterien ausbleiben.

Betrachten wir nun das Zusammenspiel der historisch gewachsenen Führungsrollen ganzheitlich und in ihrer Konsequenz für die Handhabung. Um zu einer Einschätzung des für Sie persönlich geeigneten Führungshandelns zu kommen ist nicht nur die Frage nach den für Sie wichtigsten und individuell passendsten Führungsrollen relevant. Welche Erwartungen seitens Ihrer Vorgesetzten, Kolleginnen und Mitarbeiter, des Klientels Ihrer Einrichtung und Ihrer Kooperationspartner

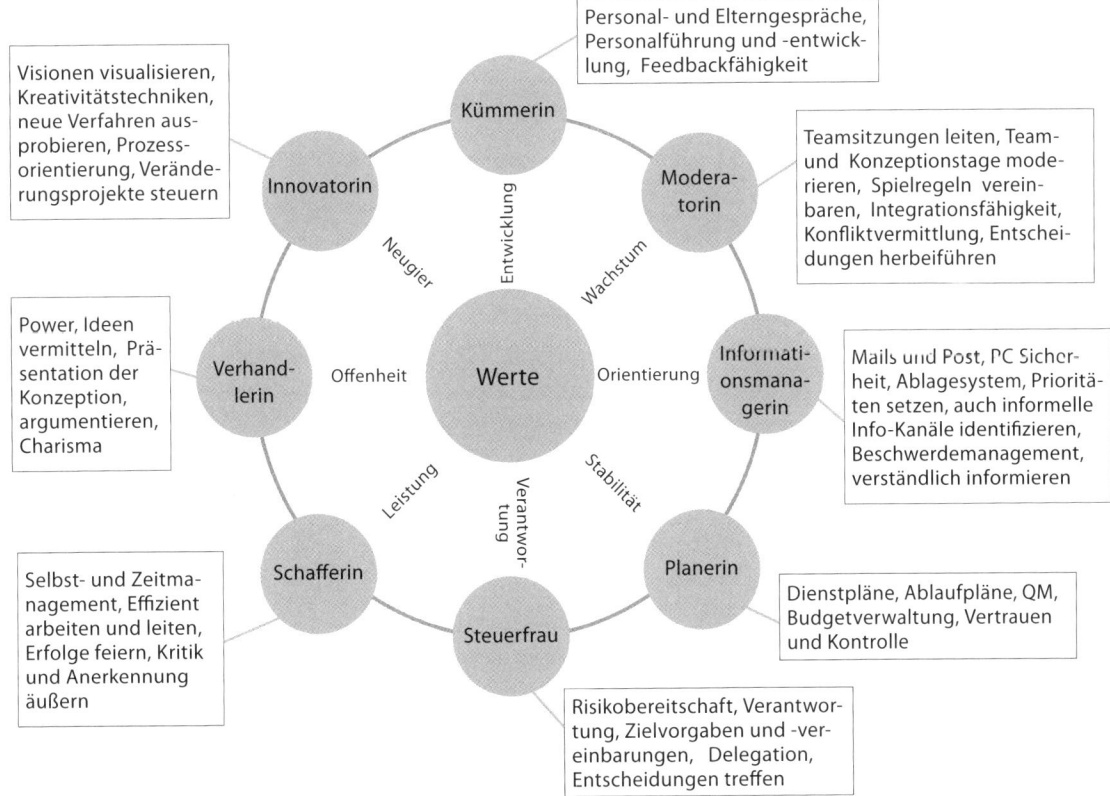

an Sie gerichtet sind und vor allem, inwieweit dies alles kompatibel ist, bestimmt im Wesentlichen Ihre Zufriedenheit mit Ihrer Führungsrolle.

Auch das Thema Werte ist nicht erst angesichts der multikulturellen Gesellschaft, der Finanzkrise oder der Missbrauchsfälle im pädagogischen Bereich bei allen Führungsaufgaben immer mitzureflektieren, führen verschiedene Welt- und Menschenbilder doch zu erheblichen Unterschieden in der konkreten Ausgestaltung.

- Was bedeutet für mich gute Führung?
- Welche Werte leiten mich und welche der Führungsrollen entsprechen diesen am meisten?
- Wo liegen bei den genannten Führungsrollen meine Stärken, wo meine Schwächen?
- Welche Führungsrolle nehmen wohl meine Mitarbeiter/innen bei mir besonders wahr? Wie passt dies zu meinem Selbstverständnis?

1.1.2 Der heutige Stand der Führungsdiskussion und die Bedeutung für den Sozialbereich

Mitarbeiterführung funktioniert nicht immer und überall gleich. Sie muss variieren – je nachdem, ob es sich um einfache oder komplexe Strukturen handelt und das Umfeld stabil oder instabil ist. Von »einfachen Strukturen« sprechen wir in diesem Zusammenhang, wenn die Organisation einfach und verständlich aufgebaut ist und Prozesse relativ leicht durchschaubar sind. Mit »stabiles Umfeld« ist hier die Überschaubarkeit und Vorhersehbarkeit der Entwicklung in Gesellschaft und Betreuungslandschaft gemeint.

Der Bildungsbereich: Ein komplexes und instabiles System

In komplexen und instabilen Arbeitsfeldern wie dem Bildungsbereich des 21. Jahrhunderts verlangt die Führung nach dem Prinzip der Selbstorganisation von Mitarbeiter-Netzwerken besondere Aufmerksamkeit. Diese können auf Impulse von außen schneller und flexibler reagieren als ein Vorgesetzter, der Anweisungen erteilt. Auch schriftliche Vereinbarungen wie Dienstanweisungen, Zielvereinbarungen usw.

```
                    Stabil
                      |
Führung nach dem alten | Regelungsmechanismen wie
Ursache-Wirkungs-Prinzip | strikte Zielvereinbarungen und
(Wenn …, dann …)       | Leistungskontrollen (Überprü-
                      | fung von Ist und Soll)
                      |
Einfach ―――――――――――――+――――――――――――――― Komplex
                      |
Führung nach dem Prinzip | Überlebensmaxime Selbstor-
»Versuch und Irrtum«: Neues | ganisation: Mitarbeiter/innen
ausprobieren und auf Wir- | arbeiten in engen Netzwerken,
kung hin testen        | können so schnell und flexibel
                      | auf Veränderungen reagieren
                      | und Ziele anpassen
                   Instabil
```

(nach: Kruse 2005, S. 64)

brauchen in Zeiten, in denen der Organisation ein kalter Wind um die Nase weht, Menschen, die diese flexibel handhaben und den jeweiligen Bedingungen anpassen können, statt stur auf einmal Verabschiedetem (und vielleicht längst Überholtem) zu beharren.

> So paradox es sich auch anhört: Um flexibel und frei gestalten zu können, sind zuerst einmal klare Standards bezüglich der Verfahrensweisen erforderlich. So ist es zum Beispiel wichtig, dass bei der Dokumentation kindlicher Entwicklung alle mit dem gleichen System arbeiten, um nicht unnötig Zeit damit zu verlieren, sich in Verfahren einzudenken statt Beobachtungen zu reflektieren. Diese Standards werden am besten von den Mitarbeiterinnen und Mitarbeitern selbst entwickelt, die damit arbeiten müssen.

Bleibt die Frage: Was ist dann die Aufgabe von Führungskräften, wenn direktive Führung in solchen Zeiten und Strukturen nicht Erfolg versprechend ist? Bleibt ihnen nur noch das Zurücklehnen und Laufen lassen? Nichts wäre falscher als das!

Führungskräfte haben die Aufgabe, Ziele mit den Mitarbeiterinnen und Mitarbeitern auszuarbeiten und darüber zu entscheiden, welche ihrer Ideen letztlich umgesetzt werden. Die Hauptaufgabe besteht darin, Orientierung zu geben. Gerade bei komplexen Systemen und in bewegten Zeiten ist klare Zielorientierung unabdingbar für erfolgreiches Arbeiten. Gleichzeitig brauchen Mitarbeiterinnen und Mitarbeiter dieser Organisationen Spielräume bezüglich dessen, wie sie diese Ziele erreichen.

Ziele geben der Tätigkeit die Sinnhaftigkeit und stabilisieren emotional, was zukünftige Veränderungen leichter bewältigen lässt. Führungskräfte müssen akzeptieren, dass in dynamischen Zeiten keine langfristigen Planungen und Strategien aufgestellt werden können, und deshalb auf Instrumente, die sich in stabilen Zeiten bewährt haben, verzichten.

1. Paradoxon: Hart und weich zugleich
In instabilen Zeiten müssen Führungskräfte hart sein in der Entwicklung von Zielen und Visionen, sich und ihre Mitarbeiter/innen immer wieder zur Reflexion fordern und ständig überprüfen, ob eine Überarbeitung notwendig geworden ist. Gleichzeitig müssen sie weich sein, indem sie einzelnen Mitarbeitern gegenüber die Rolle des Kümmerers einnehmen, der unterstützt und begleitet auf dem Weg zur Zielerreichung – gerade in Zeiten, in denen nichts so zuverlässig ist wie die Veränderung.

2. Paradoxon: Destabilisierung und Stabilisierung zugleich
Verfahrensweisen und Prozesse, die sich über Jahre eingeschliffen haben und irgendwann nicht mehr den veränderten Bedingungen und/oder veränderten Strukturen entsprechen, müssen durch die Führungskraft zielgerichtet destabilisiert werden. Wichtig ist, Vorbild zu sein im Hinterfragen eingefahrener Verfahrensweisen und im Entwickeln von Kreativität hinsichtlich neuer passenderer Vorgehensweisen. Auf der anderen Seite müssen die Führungskräfte stabilisieren, indem sie gemeinsame Ziele und Visionen entwickeln, die Faszination und Neugier wecken. Sie müssen eine gemeinsame Identität stiften und diese vorleben. Führungskräfte müssen also auf operativer Ebene destabilisieren und auf kultureller Ebene stabilisieren.

1.1 Führungstheorien aus historischer Sicht

Es wird deutlich, dass Führung in erster Linie eine starke Persönlichkeit (Leadership) erfordert. Nach Wolfgang Looss (Vortrag 1996) sind dies vor allem:

1. die Fähigkeit, innere Bilder zu erzeugen
2. die Fähigkeit, Visionen anregend zu kommunizieren
3. die Fähigkeit, nicht weiter zu wissen und es auch zu sagen
4. die Fähigkeit, mit anderen in vielfältige und wirkungsvolle Beziehungen zu treten
5. die Fähigkeit, Grenzen zu überschreiten, ohne allzu viel zu zerstören
6. die Fähigkeit, Stabilität in der eigenen Person zu finden
7. die Fähigkeit, (schneller) zu lernen
8. die Fähigkeit, sich zu freuen
9. die Fähigkeit loszulassen, auch unter Risiko
10. die Fähigkeit, in die Täterschaft einzusteigen.

Eine interessante Betrachtung dessen, was die besonders erfolgreiche Führungskraft auszeichnet, liefert Jim Collins (2006) aufgrund umfangreicher empirischer Untersuchungen: Dabei machte er das Zusammenspiel von »beruflicher Entschlossenheit« bei gleichzeitiger »persönlicher Bescheidenheit« als besonders eindrucks- und wirkungsvolle Eigenschaften aus. Er beschreibt berufliche Entschlossenheit mit dem Ehrgeiz, Spitzenresultate zu erzielen, der Institution statt dem Ego zu dienen, langfristig zu denken und zu handeln und für schlechte Ergebnisse nie äußere Faktoren verantwortlich zu machen. Die persönliche Bescheidenheit äußert sich durch die Scheu vor öffentlichem Lob und eine Unauffälligkeit, aufgrund derer kaum Erwähnung in Öffentlichkeit oder Medien stattfindet. Ruhiges, aber bestimmtes Handeln mit hervorragenden Ergebnissen zeichnet diese Haltung aus. Der Nachfolger wird so ausgewählt, dass die Institution in Zukunft noch erfolgreicher werden kann. Erfolge schreibt diese Führungskraft den Menschen um sie herum zu und sieht in äußeren Faktoren oder Kolleginnen und Kollegen die Gründe für ihren Erfolg.

Entschlossen und bescheiden zugleich

- Welcher der »10 Loos-Punkte« inspiriert mich besonders?
- Welche Verbindung zu meiner Führungstätigkeit / den Führungskräften in meinem Arbeitsumfeld kann ich dabei herstellen?
- Wie schätze ich bei mir das Verhältnis zwischen beruflicher Entschlossenheit und Bescheidenheit ein?

1.2 Das Führungsverständnis der Leitungskraft und die Erwartungen von außen

1.2.1 Die eigene Führungsbiografie und Führungswerte

Bevor Sie sich mit den an Sie gerichteten Erwartungen beschäftigen, reflektieren Sie Ihre eigenen Erfahrungen als Führungskraft und die hierdurch erworbenen Werte, um sich sicher und innerlich unabhängig zu machen. Erst der nächste Schritt ist dann die Frage nach der Kompabilität mit den Erwartungen, die unter Umständen einer klärenden Auseinandersetzung bedarf, um zu einer echten Rollenübernahme Ihrerseits und Rollenakzeptanz bei Ihren Kooperationspartnern zu führen.

- Wo haben Sie in Ihrem Leben schon geführt (als Anregung: Denken Sie auch an Führungsrollen in Ihrer Kindheit, z. B. als älteres Geschwister, Klassensprecher/in, Wanderführer/in, Jugendleiter/in …)?
- Welche Erfahrungen haben Sie dabei gemacht?
- Welche Grundhaltungen haben Sie daraus für sich abgeleitet?
- Welche Führungsfähigkeiten haben Sie daraus entwickelt?
- Denken Sie an Personen, von denen Sie im Laufe Ihres Lebens geführt wurden.
- Von wem ließen Sie sich gerne führen?

1.2 Führungsverständnis der Leitungskraft und Erwartungen

- Von wem oder in welcher Situation ließen Sie sich nur ungern führen?
- Welche Vorbilder von Führungspersönlichkeiten haben oder hatten Sie?
- Womit können Sie sich bei diesen Personen identifizieren?
- Welche Erkenntnisse zum Thema Führung haben Sie daraus abgeleitet?
- Welche Werte sind durch die Bearbeitung der Fragen sichtbar geworden, die für Sie von Bedeutung sind?

1.2.2 Selbstbild und Potenzialanalyse: Wo liegen meine Stärken?

Für Ihre eigene Potenzialanalyse arbeiten Sie am besten mit dem Evaluationsbogen, der die einzelnen Facetten der Leitungsarbeit mit den zugehörigen Aufgaben einer kritischen Betrachtung unterzieht (Anlage 6). Sie erhalten so Ihre Selbsteinschätzung, mit allen blinden Flecken, die wir Menschen so haben. Diese Ergebnisse können Sie dann mit Ihrer Außenwirkung abgleichen, indem Sie eine Vertraute den Bogen bezogen auf Ihre Person ausfüllen lassen. Sie erhalten so ein wunderbares Feedback, aus dem Sie viel lernen können!

Für eine Selbsteinschätzung kann auch die persönliche »Glas-Analyse©« (Anlage 5) herangezogen werden. Sie ist durchaus konkreter als der berühmte Blick in die Glaskugel, bezieht Intuition und Ratio ein, neben Fähigkeiten auch die Freude am Tun, beginnt in der Gegenwart und blickt in die Zukunft, schaut auf das Positive wie das davon Abweichende. Füllen Sie dazu zunächst die vier Felder aus: Was tun Sie gut und gerne, wo sehen Sie Lücken und Lernbedarf, wo Ansatzpunkte und Aufhänger, was sind Ihre Sorgen und was ist Ihnen suspekt?

Sind alle vier Felder ausgefüllt, versuchen Sie zu einer emotionalen Einschätzung zu kommen: Ist mein Glas halb voll oder halb leer?

> Die Glas-Analyse und die abschließende Metapher vom halb vollen und halb leeren Glas führen zu einer Auseinandersetzung mit Haltungen jenseits der »objektiven« Wahrheiten. So oder so gilt es, nachzuschenken! Die Betrachtung als halb volles Wasserglas mobilisiert mehr Energie. Und wenn Sie ausreichend Energien entwickelt haben, fragen Sie sich: Wie werden aus Lücken und zu Lernendem Gut-und-Gerne-Dinge? Und: Welche Ansatzpunkte stecken in den Sorgen und dem Suspekten?

Auf Ihr eigenes Selbstbild und Ihre Ideale stoßen Sie auch durch folgende Reflexionsübung: Stellen Sie sich dazu vor, Sie sind auf einer Trauerfeier, bei der sich die etwa hundert Trauergäste anschließend noch in Ihrem Lieblingslokal zusammensetzen. Da geht Ihre liebste Kollegin ans Pult und hält eine Trauerrede und Sie merken, dass Sie sich auf Ihrer eigenen Beerdigung befinden.

- Welche Elemente Ihres Lebens soll Ihre Kollegin besonders herausheben: Ihre beruflichen Erfolge, Ihre besondere Art, Ihr Verhältnis zu Ihren Mitmenschen …?
- Was soll ihr besonders in Erinnerung sein? Die gemeinsamen freudigen Erlebnisse oder die schwierigen durchstandenen Phasen?
- Was hat sie von Ihnen bekommen? Welche Haltung begleitete den Kontakt?

Nach der Analyse bleibt die Frage: Wohin möchten Sie sich entwickeln? Was soll in Ihrem Leben noch geschehen?

1.2.3 Die Erwartungen von außen und das Klärungsgespräch

Die Führungsrolle ist wie jede Rolle ein kohärentes System von Einstellungen, Gefühlen, Verhaltensweisen und Wirklichkeitsvorstellungen. Dazu gehören jeweils bestimmte Beziehungen. Rollen können sich situativ ändern. Unser soziales Verhalten vollzieht sich weitgehend in

Rollen. Wir können unser Selbst oder unsere Persönlichkeit nicht direkt beobachten, sondern nur wahrnehmen, wie wir uns in unseren Rollen in Beziehung zu anderen Menschen verhalten und wie wir die Rollen gestalten.

Rollenkonflikte treten auf, weil in Rollen auch (An)Forderungen an unser Verhalten enthalten sind – zum Beispiel: Mein Chef erwartet von mir als Leiterin, dass die Projektziele erreicht werden. Die Mitarbeiter/innen erwarten, dass ich ihnen Arbeit abnehme, und Eltern fordern meine ständige Ansprechbarkeit für ihre Belange. Beim Handeln aus einer jeweiligen Rolle heraus können unterschiedliche Rollenkonflikte entstehen:

Vermeiden Sie Rollenkonflikte!

- Zwei Personen erheben gegensätzliche oder widersprüchliche Forderungen an den Rolleninhaber.
- Wir üben viele verschiedene Rollen in kurzer Zeitfolge nacheinander aus. Erfordernisse der einen Rolle stehen mit Erfordernissen einer anderen Rolle in Konflikt.
- Mit einer bestimmten Rolle sind Erwartungen an unser Verhalten verbunden, die nicht zu unserem Selbstverständnis passen.

Rollenkonflikte können sozialen Stress produzieren. Um solchen Stress zu vermeiden, müssen wir uns unserer Rollen bewusst werden, unsere jeweiligen Rollenauffassungen reflektieren (können) und unsere Rollenbeziehungen flexibel und professionell handhaben.

Nehmen Sie ein großes Stück Papier und zeichnen Sie einen Kreis in die Mitte. Schreiben Sie in diesen Kreis Ihre Position und Ihren Namen.
Zeichnen Sie um dieses Zentrum herum kleinere Kreise, die die signifikanten Anderen in ihrem Rollennetzwerk repräsentieren. Sie sind die Personen, die Forderungen an Sie stellen und Erwartungen an Ihre Rolle haben (Träger, Team, Stellvertreterin, Elternbeirat etc.). Umgekehrt stellt Ihre Rolle Erwartungen und Forderungen an diese Personen. Wie stark eine spezielle Verbindung ist, können Sie anzeigen, indem Sie den jeweiligen Anderen näher oder entfernter von Ihnen als Zentrum platzieren. Das Rollennetzwerk könnte folgendermaßen aussehen:

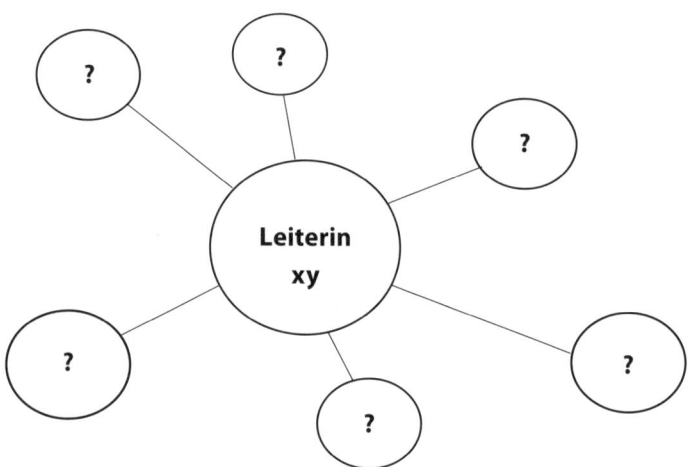

Haben Sie alle bedeutenden Rollenbeziehungen eingezeichnet? Nehmen Sie nun ein anderes Stück Papier und zeichnen Sie eine Tabelle. Auf der linken Seite tragen Sie all die Rollen ein, die Forderungen an Sie stellen. Rechts daneben zeichnen Sie drei Spalten ein: die Erwartungen an mich – meine Erwartungen an sie – mögliche Konfliktfelder.

Rolle	Die Erwartungen an mich	Meine Erwartungen an sie	Mögliche Konfliktfelder
Fachberater/in			
Bereichsleiter/in			
Stellvertreter/in			
Elternbeirat			
Kollegin XY			
…			

Folgende Fragen sind bei der Analyse nützlich:

- Welche Rollen fallen Ihnen in Ihrer Tätigkeit häufig zu bzw. werden durch Arbeitsaufträge oder organisatorische Einbindung unterstützt und gefördert? Welche Rollen können Sie dagegen eher selten übernehmen? Und wie ist das in Ihrem Privatleben?
- Welche Rollen nehmen Sie besonders gerne wahr? In welcher der geforderten Rollen fällt Ihnen der Einstieg / Wechsel besonders schwer? Wie steht es mit erforderlichen Fähigkeiten, Fertigkeiten, Kenntnissen?
- Erkennen Sie bei sich wiederkehrende Muster in einem bestimmten Umfeld oder in besonderen sozialen Situationen (z. B. Kümmerin, Steuerfrau …)?
- Welche zentralen Konflikte tauchen auf
- zwischen Ihnen und den verschiedenen Anforderungen an Ihre Rolle?
- zwischen verschiedenen Erwartungen etc.?
- Wie können Sie diese Konflikte lösen oder mit ihnen besser zurechtkommen?
- Welche Vorteile haben Sie eventuell infolge dieser Konflikte?

Natürlich können Sie die an Sie gerichteten Erwartungen ohne gezieltes Fragen nicht wirklich wissen, sondern bestenfalls ahnen. Aber warum eigentlich nicht fragen? Bevor Sie sich in Spekulationen ergehen, nutzen Sie eine gute Gelegenheit, um im Vier-Augen-Gespräch herauszukitzeln, was von Ihnen in Ihrer Leitungsrolle erwartet wird. Achten Sie dabei unbedingt darauf, offene statt geschlossene Fragen, auf die nur mit Ja oder Nein geantwortet werden kann, zu stellen. Solche »schlechten« Fragen fangen mit einem Verb an: »Kannst du dir vorstellen …?« Oder: »Hättest du gerne mehr …?« »Gute«, offene Fragen dagegen sind sogenannte W-Fragen, denn sie entlocken – bis auf die oft kritisch klingende Frage nach dem »Warum«, die Sie deshalb vermeiden sollten – ein Mehr an Informationen.

Klären Sie Erwartungen

- **W**elches Maß an Nähe und Distanz / an Auseinandersetzung zwischen uns ist oder wäre für dich gut? Oder: Wie könnte ich dich noch besser unterstützen? (Kümmererrolle)
- **W**ie wünschst du dir meine Unterstützung der Teamarbeit? (Moderatorinnenrolle)
- **W**ie klar sind dir meine Vorstellungen und Ziele? (Steuerfraurolle)
- **W**ie gut fühlst du dich motiviert und angeregt durch mich? (Energielieferantinnenrolle)
- **W**ie gut fühlst du dich durch mich informiert? (Rolle der Informationsmanagerin)
- **W**ie gut gefallen dir die Weiterentwicklungsmöglichkeiten? Oder: Wie gut gefällt dir, was auf uns / dich zukommt?

Natürlich stellen diese Fragen nur Vorschläge dar – und Sie werden auch nicht alle Rollen abfragen, sondern sich auf diejenigen beschränken, zu denen Sie die Antwort besonders interessiert. Solche Fragen zu stellen bedeutet im Hinblick auf Vertrauensbildung, die Antworten ernst zu nehmen. Gleichzeitig können Sie aber nicht alle Erwartungen erfüllen, auch wenn Ihnen Ihre Mitmenschen noch so sehr am Herzen liegen. Sie werden in diesem Falle miteinander verhandeln und einen Konsens finden müssen, wie es für Sie beide gut laufen kann. Die Möglichkeit, sich in einer von außen besonders geforderten Rolle, die Sie als Schwachstelle identifiziert haben, fortzubilden oder sich darin zu üben, sollten Sie dabei natürlich immer in Erwägung ziehen.

Ziehen Sie abschließend eine knappe, klare Bilanz, indem Sie das Ergebnis zusammenfassen und geben Sie wertschätzendes Feedback zum Gespräch.

1.3 Menschenbild und Führungsleitbild

Ein sehr vereinfachendes Führungsstilmodell, die XY-Theorie von Douglas McGregor, macht den Unterschied im Führungshandeln am jeweils dahinter verborgenen Menschenbild fest. Es geht von zwei grundsätzlich unterschiedlichen Theorien im Kopf aus, mit denen Führungskräfte – meist unbewusst – agieren.

Theorie X beinhaltet, dass Menschen von Haus aus faul sind, nur am Geld interessiert und daher ständig überwacht und angespornt werden müssen. Ein Vorgesetzter, der der »X-Theorie« zuneigt, wird seine Aufgabe in der Motivation seiner Mitarbeiter/innen sehen. Führungskräfte dieses Typs erzeugen eine Misstrauenskultur.

Dagegen geht Theorie Y davon aus, dass Menschen arbeiten wollen, sich dem Arbeitsplatz verpflichtet fühlen und ihre Fähigkeiten einsetzen möchten. Eine Führungskraft, die dieser Annahme folgt, wird Demotivation vermeiden. Führungskräfte dieses Typs erzeugen eine Vertrauenskultur.

Der Mensch arbeitet von Natur aus gerne?

Theorie X: Der Mensch hat eine Abneigung gegen Arbeit. Er scheut Anstrengung und Verantwortung.	Daraus resultiert ein Führungsstil des Misstrauens.
Theorie Y: Der Mensch arbeitet und strengt sich gerne an. Er sucht Aufgaben und Verantwortung.	Daraus resultiert ein Führungsstil des Vertrauens.

⇨ Ganz ehrlich: Mit welchem Menschenbild, welcher Theorie gehen Sie durchs (Berufs-)Leben?

1.3.1 Systemischer Ansatz und Lösungsorientierung

Die systemische Beratung hat sich in den 1990er-Jahren als wirkungsvoller Ansatz sehr verbreitet. Sie ist kein fest umrissenes Gebäude von Konzepten und Methoden, sondern ein Denkansatz, der auf einigen

Grundannahmen beruht und sich eines Methodenrepertoires bedient, das aus vielfältigen Quellen stammt und in allen Lebenssituationen hilfreich sein kann. Das systemische Denken ist vor allem dort sinnvoll, wo Offenheit in Bezug auf die Lösungsfindung gegeben ist und es auf die Befähigung der Mitmenschen zur Problemlösungsfähigkeit ankommt.

Menschen werden hierbei nicht als einzelne Person, sondern immer in ihrem sozialen Kontext, d. h. ihrem System gesehen und angesprochen. Damit *ist* kein Mensch so oder so, sondern ist es bestenfalls in diesem oder jenem Kontext. Der Mensch wird immer durch Beziehungen zu anderen Personen und Elementen seines »Systems« beeinflusst und nicht nur von seiner Persönlichkeit. Dafür steht das Bild des Mobiles:

Wechselwirkungen und die stete Suche nach Balance

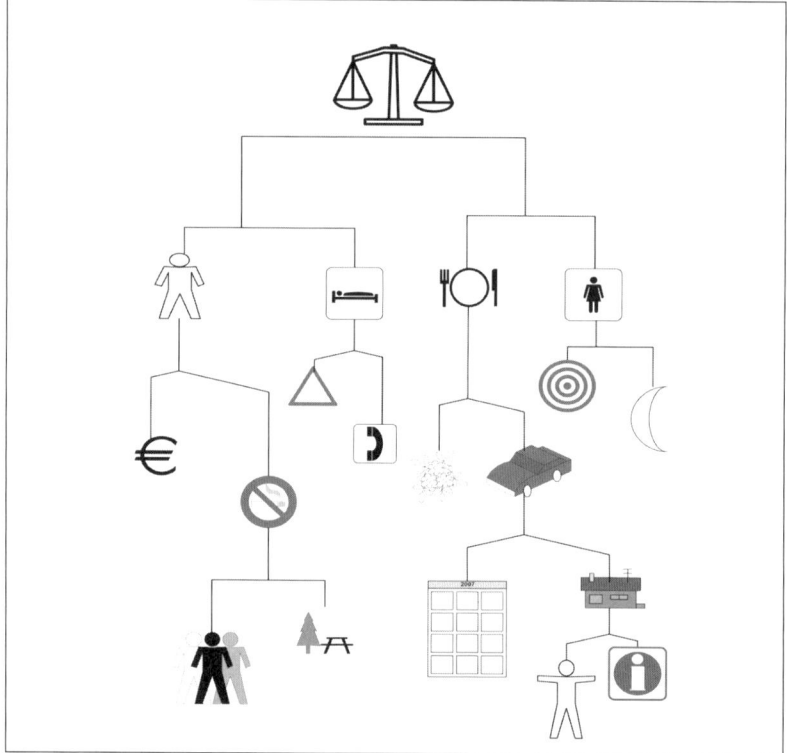

In dem Mobile sind einzelne, beispielhaft ausgewählte Elemente von Kindertageseinrichtungen miteinander verbunden. Wenn ein Element sich bewegt, werden auch die anderen in Bewegung versetzt. Das heißt für die Führung: Alles Neue, Veränderte, aber auch jede Trennung von

1.3 Menschenbild und Führungsleitbild

Ressourcen hat Auswirkungen auf das ganze System und muss gut vorausgedacht werden.

Außerdem wurde erforscht, dass die Sicht des Beobachters immer eine Rolle spielt. Betrachtet er problematisches Verhalten, zum Beispiel Bettnässen, nur auf das Kind bezogen, hat er allein die Störung im Blick. Sieht er das Problem jedoch im Hinblick auf die Familie, kommt durchaus ein Nutzen für das Familiensystem im Ganzen in den Blick. Das bettnässende Kind sorgt dafür, dass es in der Familie Kommunikation und Zusammenhalt gibt, die es ohne das »Problem« nicht gäbe – eine wichtige Prämisse für die Entwicklung geeigneter Lösungen.

Der Beobachter verändert das Beobachtete

Menschliches Verhalten ist – unbewusst oder bewusst – immer auf Sinnstiftung ausgerichtet, dessen (Eigen)Sinn es gilt, zu erforschen. Das aktuelle Verhalten eines Elements erfüllt einen Nutzen, auch wenn es auf den ersten Blick dysfunktional erscheint. Der Nutzen sollte erkannt und gewürdigt werden, um ihn durch gedeihlicheres Verhalten im System ersetzen zu können.

Als Führungskraft müssen Sie demnach Ihr Augenmerk auf die Wechselwirkungen legen: Der Systemische Ansatz, eng verwandt mit dem Konstruktivismus, fußt auf dem zentralen Gedanken, dass es nicht »die« Wirklichkeit gibt, sondern jeder Mensch Wirklichkeiten nach seinen Wahrnehmungen und Vorstellungen schafft. Wirklichkeitskonstruktion wird als eine menschliche Leistung begriffen – sie wird von uns ständig neu vollzogen. Wissenschaftliche Untersuchungen in der Wahrnehmungsbiologie untermauern diese Theorie. Unser Handeln orientiert sich an der Vorstellung, die wir uns von der Welt, einer Situation, dem Gegenüber machen. Diese Vorstellungen sind veränderbar, beruhen jedoch häufig auf Grundannahmen und Wahrnehmungsmustern, die uns nicht bewusst sind. Auch Organisationen als System entwickeln gemeinsame auf Grundannahmen und Wahrnehmungsmustern beruhende Wirklichkeitsvorstellungen.

Auf die Wechselwirkungen kommt es an

Die Relevanz des Systemischen Ansatzes für die Führungsarbeit ist groß: Systemisch orientierte Führungskräfte versuchen, durch aktivierende Fragen und eine Betonung neuer, Sinn erzeugender Möglichkeiten die Lösungsfindung bei ihren Mitarbeiterinnen und Mitarbeitern, Vorgesetzten, bei Eltern und anderen Kooperationspartnern anzuregen. Das bedeutet, dass sich beide Parteien gemeinsam auf einen Erkundungsprozess begeben.

Systemische Führung heißt gemeinsame Erkundung

1.3.2 Die Bedeutung eines Führungsleitbilds

Das Bauchgefühl für die Kultur der Kita

Welche Führungskultur im Hause praktiziert wird ist nicht nur von der aktuellen Führungskraft geprägt, sondern besteht in der Regel aus einer bunten Fülle von Denk- und Verhaltensmustern, die vom Vorgänger / der Vorgängerin, von den eigenen Führungskräften, den Mitarbeiterinnen, den Nutzern der Dienstleistung, den kooperierenden Institutionen und der Öffentlichkeit gemeinsam über viele Jahre hinweg als Summe gemeinsamer Werte und miteinander gemachter Erfahrungen entwickelt wurde. Dabei treffen viele Kulturmerkmale zusammen, die wir eher über den Bauch wahrnehmen und die in vielfältigen Wechselbeziehungen zueinander stehen. Merkmale sind zum Beispiel Trägerstruktur, Angebotsart und -vielfalt, Kunden und -beziehungen, Alter, Geschichte und Image der Einrichtung, Personalstruktur, Nationalitäten, Religionen, Größe, Führung, Architektur und Raumgestaltung, Information und Kommunikation, Regelungsdichte oder eingesetzte Führungsinstrumentarien. Diese mannigfachen Kultur-Faktoren nehmen nicht nur wir, sondern jeder, der das Haus betritt, nicht einzeln aber als Konglomerat anhand seines Erfahrungswissens blitzschnell und sehr unmittelbar auf.

> Aus dem Systemischen Ansatz ergibt sich, dass ein Führungsleitbild, das die Führungskultur in Worte fasst, immer zusammen mit dem Team erarbeitet wird. Prüfen Sie also gemeinsam, wie Ihre Kultur aussieht und in welche Richtung Sie sie (und sich) verändern möchten! Um das bildhaft, erlebbar und damit besprechbar zu machen eignen sich folgende Gedankenreisen. Fragen Sie zum Beispiel:
>
> ▶ Wenn ein Außerirdischer in unser Haus käme – welchen Funkspruch würde der nach oben absetzen?
> ▶ Wenn eine Expedition aus Angarunga unser Haus besuchen würde, wie würden wir in deren Bericht beschrieben werden?
> ▶ Wenn im Jahre 2150 Fotos, Konzeption und andere Unterlagen in die Hände von Historikern, Soziologen, Psychologen, Linguisten, Theologen, Kulturanthropologen fallen würden – was würden die daraus ableiten?

> ▶ Wenn eine Urwaldexpedition sich auf den Weg zu Ihnen machen würde – wie würde sich deren Abschiedsrede anhören?
>
> Fokussieren Sie hierbei vor allem das Thema »Führung und Zusammenarbeit«. Machen Sie dazu Rollenspiele und investieren Sie Zeit und Geduld in die Auswertung.

1.3.3 Implementierung eines Leitbilds »Führung und Zusammenarbeit«

Die einzelnen Führungsleitlinien des Leitbilds können ein Instrument sein, durch das die Führungskultur zu verändern und Führung zu professionalisieren ist. Deren Erarbeitung sollte von Trägerseite aus angestoßen werden, damit auch auf dieser Ebene ein Denkprozess stattfindet, der zu ähnlichem Führungshandeln führen kann. Dieser Grundgedanke legt eine einrichtungsübergreifende Erarbeitung mit einrichtungsspezifischer Konkretisierung nahe.

Die Führungsleitlinien der Bildungseinrichtung beinhalten die gemeinsam als besonders wichtig erachteten Werte und sollten im Einklang mit allgemeinen übergeordneten Leitbildern sein, die es bei konfessionellen Trägern aber auch in Verwaltungen sehr häufig gibt. Die Werte müssen dabei unbedingt auf die wesentlichen reduziert und priorisiert werden, um mehr zu sein als eine bloße Auflistung. So könnte zum Beispiel der Träger maximal fünf Werte als Stichworte vorgeben, die die Bereichsleiter als Führungsgrundsätze formulieren, die Kita-Leitungen auf Führung in ihrer Einrichtung beziehen und mit Beispielen versehen. Im Anschluss könnten diese Leitlinien dann jeweils von der einzelnen Leitung und ihrem Team hinsichtlich ihrer Zusammenarbeit konkretisiert werden; dafür werden Symbole und Bilder entwickelt und stellen dann einen Teil der Einrichtungskonzeption dar. Schließlich sollen sich die pädagogischen Prinzipien ja auch zwischen Leitungskraft und Team widerspiegeln, um glaubwürdig zu sein.

Führung folgt Werten

Ein generelles Thema bei der Entwicklung von Leitbildern ist der Widerspruch zwischen gewollter Verbindlichkeit und Nicht-Realisierung. So sollte bereits im Vorfeld der Erarbeitung geklärt sein, wie man anschließend beabsichtigt, die Leitlinien zu implementieren und lebendig zu halten.

Das Führungsleitbild

- ▶ Erarbeiten Sie die Leitlinien auf einer möglichst breiten Basis über mehrere Hierarchieebenen hinweg. Das erfordert eine klare personifizierte Steuerung des Prozesses.
- ▶ Eine wichtige Voraussetzung ist die Bereitschaft, sich anschließend am Leitbild zu orientieren.
- ▶ Das Leitbild sollte einladend, ermutigend und inspirierend formuliert sein.
- ▶ Das Leitbild muss Aussagen zu den wesentlichen Werten beinhalten (z. B. Delegation, Partizipation …).
- ▶ Der Prozess muss auf Lebendigkeit angelegt sein.
- ▶ Das Leitbild muss jeder betroffenen Führungskraft und allen Mitarbeiterinnen und Mitarbeitern zugänglich und verständlich sein.
- ▶ Das Leitbild sollte auf dem Ansatz des Systemischen Denkens und Handelns basieren, um Umfeldfaktoren konstruktiv zu berücksichtigen.

Ihr erarbeitetes Leitbild »Führung und Zusammenarbeit« braucht eine breite und tiefe nachhaltige Akzeptanz, es soll verwegt werden oder zumindest mittelfristig in den Köpfen sein und eine tragende Rolle spielen. Der häufigste Fehler bei der Leitbildentwicklung besteht darin, viel Zeit in die Entwicklung, aber zu wenig in die Implementierung zu investieren. Das Leitbild existiert dann zwar als Dokument, aber wenn Führungskraft oder Mitarbeiter/innen dazu befragt werden, können sie bestenfalls sagen, dass sie »so etwas haben«. Nach den Inhalten befragt, entsteht eher peinliches Schweigen.

Sie sollten also für den Implementierungsprozess mindestens den gleichen Zeitraum ansetzen wie für den Entwicklungsprozess. Machen Sie daraus einen echten Handlungsleitfaden, erfüllen Sie das Leitbild mit Leben!

1.3 Menschenbild und Führungsleitbild 37

- ▶ Stellen Sie im Dreimonatsrhythmus jeweils eine andere Leitlinie in den Fokus, z. B. durch ein Poster im Besprechungsraum mit Foto einer Situation, die exemplarisch für den Leitsatz steht. Orientieren Sie sich an den großflächigen, markanten, eher minimalistischen Werbeplakaten, in deren unterer Ecke das Motto platziert ist. Verteilen Sie dazu die Leitlinien auf das Team und planen Sie, welche Sätze in welchem Zeitraum durch wen in welchem Stil dargestellt werden.

- ▶ Kombinieren Sie die jeweils dreimonatige Fotoausstellung mit einer Teamsitzung, bei der Umsetzungsideen der betreffenden Leitlinie diskutiert und konkretisiert werden. Darauf bereiten sich alle Mitarbeiterinnen und Mitarbeiter schriftlich vor.

- ▶ Machen Sie das Leitbild als Bildschirmschoner, laminierte Tischsets etc. in vielen Alltagssituationen sichtbar.

- ▶ Das Leitbild stellt die erste Seite in Ihrem Protokollbuch dar. So haben Sie es bei jeder Teamsitzung als Grundlage griffbereit, wenn Sie um Entscheidungen im Einklang mit dem Leitbild ringen.

- ▶ Lassen Sie in einer gemeinsamen Aktion Ihre Teammitglieder je einen zentralen Leitsatz aus dem Leitbild auf Flipchartbogen malen – und zwar so, dass andere die Entstehung des Bildes nicht sehen können. Musik dazu regt den Flow an! Die Bilder sollten mehrfarbig erstellt werden, wobei Intuition im Vordergrund steht. Regen Sie dann einen kommunikativen Austausch über die Bilder an. Anschließend tritt jeder vor sein Bild und wählt den für ihn intensivsten Ausschnitt in Form und Größe einer CD-Hülle aus. Diese Ausschnitte werden vorsichtig ausgeschnitten, markante Linien und Schnittstellen mit kräftigen Farben noch akzentuiert und in leeren CD-Hüllen gerahmt. Diese Bilderrahmen, neben- oder übereinander aufgehängt und beschriftet, ergeben ein Leit*bild,* zu dem jeder seinen kollegialen Teil beigetragen hat.

- ▶ Denken Sie sich weitere Vorgehensweisen aus, wie Sie Ihr Leitbild in den Köpfen, Herzen und Händen Ihrer Mitarbeiter/innen verankern – nicht als moralischen Appell, sondern selbstverständlich und unterschwellig. Sehen Sie das Thematisieren des Leitbilds als stetige Infusion für Sie und Ihr Team!

▶ Schön ist auch, wenn es zu jeder Leitlinie ein oder zwei Verantwortliche gibt, die das Thema »unter ihre Fittiche« nehmen und für dessen Kommunikation sorgen.

▶ Ganz wichtig: Arbeiten Sie die im Leitbild benannten Werte in Ihre Stellenausschreibungen und Anforderungsprofile, Beurteilungsbögen und Feedbackbögen ein, um möglichst hohe Konsistenz zu realisieren.

1.4 Selbstmanagement

Gutes Selbstmanagement stellt eine der wesentlichen Führungsaufgaben dar. Es soll verhindern, sich als Führungskraft zu verzetteln und die Kräfte zu zersplittern. Das Gefährliche besteht darin, dass es in unserer Kultur für eine Führungskraft geradezu hoffähig ist, viele »Baustellen« gleichzeitig zu haben. »Stress« zu haben ist ein Zeichen besonderer Wichtigkeit und rechtfertigt das höhere Gehalt.

Die Konsequenz ist klar: Ich kann zwar auf vielen Hochzeiten gleichzeitig tanzen, werde aber nirgends wirklich erfolgreich sein. Das Qualitätsniveau sinkt mit der Quantität der Projekte und Aufgaben.

Was ist Ihnen wichtig?

In Ihrem Einflussbereich liegt es zum Beispiel, sich der eigenen Ziele klar zu sein sowie Ziele mit Ihren Mitarbeiterinnen und Mitarbeitern zu vereinbaren, um Prioritäten besser setzen zu können. Auch schlechte Organisation schadet der Konzentration und damit der Produktivität. Die Konzentration einer Führungskraft kann in erheblichem Maße durch gutes Selbstmanagement verbessert werden.

Auch gute Kommunikation ist oftmals eine Hilfestellung – gerade dann, wenn unerfüllbare Erwartungen formuliert werden. Geschicktes Neinsagen-können, ohne andere zu verprellen, ist eine Kunst, die Führungskräfte beherrschen sollten (siehe auch 1.4.6.).

1.4 Selbstmanagement

1. Bitte denken Sie an Dinge, die heute, morgen oder nächste Woche bzw. täglich, wöchentlich … zur Erledigung anstehen (z. B. Einkäufe, Telefonate), und formulieren Sie mehrere Sätze, die beginnen mit:

- Ich muss …
- Ich muss …
- Ich muss …

2. Gehen Sie nun die Liste noch einmal durch und prüfen Sie, welches »Muss« Sie unter Berücksichtigung Ihrer Bedürfnisse in ein »Will« umwandeln können. Beobachten Sie sich: Fühlt sich der Satz dadurch anders an? Welche selbsthypnotische Wirkung geht von inneren Sätzen aus?

Diese kleine Übung ermöglicht ein Entkommen aus dem Gefühl von Fremdbestimmtheit und führt zurück zur Selbstbestimmtheit: Sie entscheiden, was Sie wann tun, weil es jeweils Gründe in Ihrer Bedürfnislage dafür gibt! Oder fällt es Ihnen ganz schwer, sich jenseits von Zwängen zu sehen? Dann sollten Sie sich im Interesse Ihrer langfristigen Zufriedenheit Unterstützung im Hinblick auf Ihr Selbstmanagement holen.

Selbstbestimmt statt fremdbestimmt

1.4.1 Die Zielklarheit

Gutes Selbstmanagement erfordert zuallererst Klarheit der eigenen Ziele. Dabei geht es darum, dass berufliche und private Ziele, Gesundheit und Sinnfragen im Einklang und gut ausbalanciert sind. Da die einzelnen Faktoren in wechselseitiger Abhängigkeit stehen, wird eine einseitige zeitliche Betonung eines Lebensbereichs zwangsläufig zur Vernachlässigung der anderen Bereiche führen.

Testen Sie diese Zielbalance mit dem Balance-Modell nach Nossrat Peseschkian, der in seinen Forschungen betont, allen Bereichen genügend Zeit und Aufmerksamkeit zu widmen, um körperlichen Erkrankungen vorzubeugen. Verschaffen Sie sich anhand des Selbsteinschätzungsbogens einen Überblick über die vier Grundelemente Ihres Selbstmanagements.

Sind Sie in Balance?

	A	B	C
Berufliche Leistung – »Zeitfresser«			
Fest vereinbarte Termine werden von mir immer vorbereitet, geplant und auch eingehalten (A = fast immer, B = häufig, C = fast nie)			
Die Ergebnisse meiner Besprechungen sind relativ gut greifbar (A = fast immer, B = häufig, C = fast nie)			
Für die Planung des nächsten Tages nehme ich mir ausreichend Zeit (A = fast immer, B = häufig, C = fast nie)			
Ich setze klare Prioritäten und halte diese auch ein (A = fast immer, B = häufig, C = fast nie)			
Telefonate werden von mir effizient vorbereitet und durchgeführt (A = fast immer, B = häufig, C = fast nie)			
Dinge, die ich nicht zwingend selbst tun muss, werden durch Delegation an andere erledigt (A = fast immer, B = häufig, C = fast nie)			
Ich schiebe unangenehme und schwierige Dinge nicht auf, sondern erledige diese zu vorgeplanten Zeiten (A = fast immer, B = häufig, C = fast nie)			
Durch Störungen wird der Abschluss meiner geplanten Arbeiten nicht verzögert (A = fast immer, B = häufig, C = fast nie)			
Übersicht und Ordnung an meinem Arbeitsplatz lassen mich alles schnell und sicher finden (A = fast immer, B = häufig, C = fast nie)			
Ich habe genügend Selbstdisziplin und Eigenverantwortung, meine geplanten Aktivitäten auch konsequent zu erledigen (A = fast immer, B = häufig, C = fast nie)			
Körperliche Gesundheit – »Warnsignale«			
Bekommen Sie ausreichend Schlaf? (A = fast immer, B = häufig, C = fast nie)			
Treiben Sie regelmäßig Sport? (A = ja, mehrmals die Woche, B = gelegentlich, C = nie)			
Wie oft haben Sie während der letzten Woche mehrere Fernsehsendungen hintereinander gesehen? (A = max. 3 Mal, B = 3 bis 5 Mal, C = an mehr als 5 Tagen)			

1.4 Selbstmanagement

	A	B	C
Sind Sie derzeit auf Heilmittel wie Kreislaufmittel oder Kopfschmerztabletten angewiesen? (A = fast nie, B = manchmal, C = fast täglich)			
Nehmen Sie sich üblicherweise mindestens 15 Minuten Zeit für Ihr Frühstück? (A = fast immer, B = selten, C = fast nie)			
Kauen Sie mindestens 30 Mal, bevor Sie einen Bissen hinunterschlucken? (A = fast immer, B = häufig, C = fast nie)			
Wie stark ist Ihr Arbeitsalltag mit Bewegung bereichert? (A = fast immer, B = öfters, C = fast nie)			
Gehen Sie jährlich einmal zu einer gründlichen ärztlichen Untersuchung? (A = ja, B = selten, C = nie)			
Können Sie schnell und ohne Hilfsmittel (Fernsehen, Tabletten, Alkohol usw.) entspannen? (A = fast immer, B = öfters, C = fast nie)			
Reservieren Sie sich regelmäßig Zeit für »aktive Ruhe« (Entspannung, Hobbys, Sport usw.)? (A = täglich, B = gelegentlich, C = fast nie)			
Beurteilen Sie Ihren »Kontaktbereich«			
Wie wichtig sind Ihnen soziale Kontakte zu Freunden, Verwandten, Nachbarn, Kollegen? (A = sehr wichtig, B = mäßig, C = unwichtig)			
Wie bewusst und intensiv pflegten Sie in den letzten drei Monaten die Beziehung zu Ihrem Lebenspartner? (A = sehr intensiv, B = gelegentlich, C = kaum)			
Halten Sie regelmäßig Kontakt zu Ihren Eltern / Geschwistern? (A = regelmäßig, B = manchmal, C = selten)			
Hatten Sie im letzten Jahr Zeit für Ihre Verwandten (nicht Hochzeit, Taufe, Beerdigung, Geburtstag, Weihnachten etc.)? (A = viel, B = etwas, C = nein)			
Pflegen Sie bewusst Beziehungen zu Freunden? (A = ja, B = unregelmäßig, C = selten)			
Haben Sie gerne Gäste zu Hause? (A = ja, B = gelegentlich, C = nein)			
Wie lange bleiben Sie gewöhnlich auf Festen, Empfängen, Betriebsfeiern, Diskussionsrunden etc.? (A = sehr lange, B = verschieden, C = eher kurz)			

	A	B	C
Beteiligen Sie sich an gesellschaftlichen Organisationen wie Clubs, Vereinen, Parteien, Bürgerinitiativen etc.?(A = intensiv, B = weniger, C = gar nicht)			
Haben Sie Kontakt zu anderen Kulturkreisen? (A = ja, B = manchmal, C = selten)			
Wie lange dauert es, bis Sie über Menschen, deren persönliche Situation und Lebensumstände informiert sind? (A = sehr kurz, B = nach und nach, C = sehr lange)			

Der Sinn –
Analysieren Sie Ihre »Ziele und Wertvorstellungen«

	A	B	C
Haben Sie Wertvorstellungen, an denen sich Ihr Leben orientiert? (A = fast immer, B = häufig, C = nie)			
Überprüfen Sie regelmäßig Ihr Verhalten anhand Ihrer Wertvorstellungen? (A = fast immer, B = häufig, C = nie)			
Nehmen Sie sich täglich Zeit zum Still-Werden? (A = fast immer, B = gelegentlich, C = fast nie)			
Vertrauen Sie in die Zukunft? (A = fast immer, B = häufig, C = fast nie)			
Engagieren Sie sich für Sinn-Fragen (Frieden, Umwelt, Glaube etc.)? (A = regelmäßig, B = gelegentlich, C = fast nie)			
Sind Sie glücklich und zufrieden mit Ihrem momentanen Leben? (A = fast immer, B = häufig, C = fast nie)			
Haben Sie langfristige Ziele in allen vier Lebensbereichen (Leistung, Gesundheit, Kontakt, Sinn)? (A = fast immer, B = häufig, C = fast nie)			
Haben Sie diese Ziele schriftlich fixiert? (A = fast immer, B = häufig, C = fast nie)			
Überprüfen Sie regelmäßig Ihre langfristigen Ziele? (A = fast immer, B = häufig, C = fast nie)			
Sprechen Sie mit Ihrer Familie, Ihren Freunden und/oder anderen Menschen über Sinn-Fragen? (A = häufig, B = gelegentlich, C = fast nie)			

1.4 Selbstmanagement

Auswertung der Selbsteinschätzung

Geben Sie sich für jede **A**-Antwort **1 Punkt**, für jede **B**-Antwort **0,5 Punkte** und für jede **C**-Antwort **0 Punkte** und addieren Sie die Punktzahl für jeden Bereich. Anschließend übertragen Sie Ihre Werte in die untenstehende Grafik und verbinden die Punkte miteinander. So erhalten Sie ein Bild davon, wie gut Sie derzeit Ihre vier Lebensbereiche ausgeglichen haben.

Leistung:		A+B-Antworten		...... Punkte
Gesundheit:		A+B-Antworten		...... Punkte
Kontakt:		A+B-Antworten		...... Punkte
Sinn:		A+B-Antworten		...... Punkte

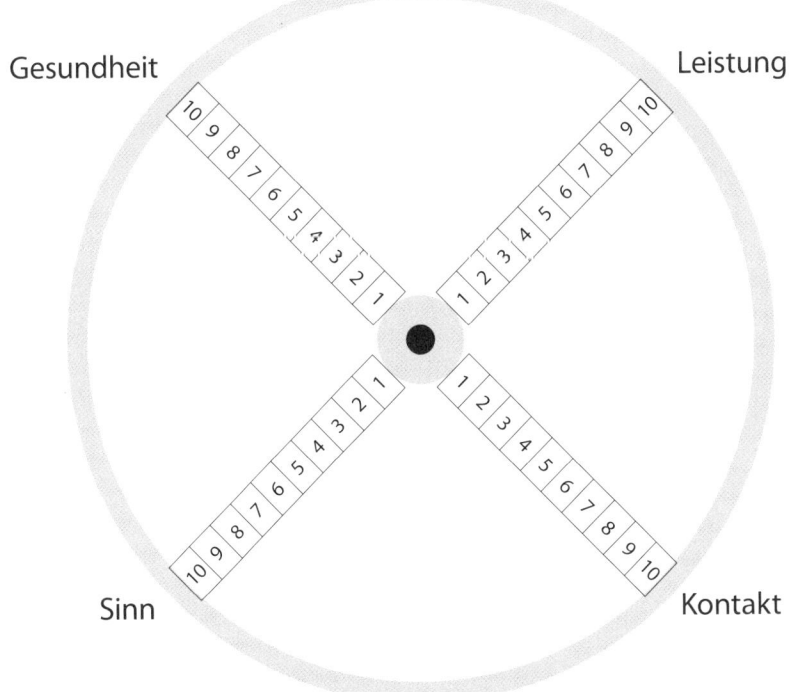

1.4.2 Die Prioritätensetzung

Versuchen Sie einmal, Ihre eigene Arbeitszeit quantitativ wie qualitativ genauer zu analysieren. Sammeln Sie dazu zunächst alle Tätigkeitsbereiche, aus denen sich Ihre Arbeitszeit hauptsächlich zusammensetzt, wie pädagogische Arbeit, Verwaltungstätigkeiten, Telefonate, Besprechungen, Gespräche, Dienstgänge, Dienstreisen usw.

Ordnen Sie dann diesen Tätigkeiten den Anteil an Zeit zu, den Sie dafür in einer durchschnittlichen Arbeitswoche oder einem durchschnittlichen Monat aufwenden. Betrachten Sie dabei Ihre gesamte Arbeitszeit als einen Kuchen, aus dem Sie für Ihre verschiedenen Tätigkeitsbereiche einzelne Stücke abschneiden:

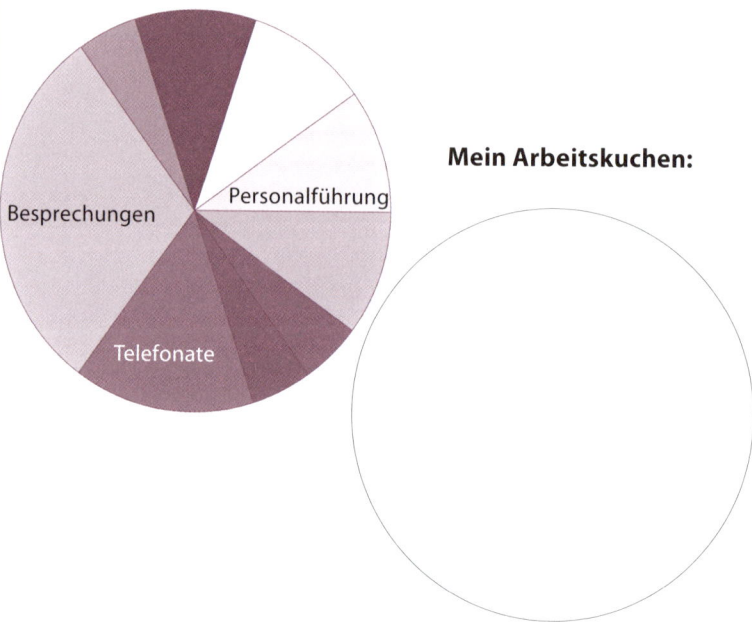

Vergleichen Sie nun den Aufwand an Zeit für die einzelnen Tätigkeitsbereiche

▶ mit der Bedeutung, die sie für Ihre Arbeit haben

▶ mit der Freude, die Ihnen diese Tätigkeiten bereiten.

1.4 Selbstmanagement

Rang	Tätigkeit	Aufwand an Zeit	Bedeutung für meine Arbeit ++/+/0/-/--	Freude an dieser Tätigkeit ++/+/0/-/--

Welche Konsequenzen ziehen Sie aus der Betrachtung?

_____

_____

_____

1.4.3 Die effektive Projekt- und Alltagsplanung

Planung ist nicht alles, denn das Leben verläuft oftmals unvorhersehbar. Anderseits: Was würden Sie davon halten, wenn die Deutsche Bahn entscheiden würde, Fahrpläne abzuschaffen, weil ja sowieso alles viel zu oft anders kommt als geplant?

Nehmen Sie eine Planung vor, die Änderungen möglich macht und aktualisieren Sie diese regelmäßig. Arbeiten Sie vor allem mit einer jährlichen, einer wöchentlichen und einer Tages-Planung. Hierzu jeweils eine Hilfestellung:

Halten Sie in Ihrer **Jahresplanung** (Anlage 11) ihre Projekte mit Meilensteinen, Verantwortlichkeiten und Qualitätsabsprachen fest. Sor-

Meine Jahresplanung

gen Sie dafür, die Planung regelmäßig zu aktualisieren, um immer einen Überblick über Ihre wichtigen Themen zu haben. Geben Sie Ihrer Jahresplanung einen Platz, wo Sie sie immer im Auge haben.

Meine Wochenplanung

Eine Woche ist ein überschaubarer Zeitraum, den wir am Ende vor allem danach bewerten, ob die gesetzten Prioritäten ausreichend Berücksichtigung gefunden haben oder nicht. Betrachten Sie zunächst noch mal Ihren Arbeitskuchen (siehe 1.4.2). Ging es dort in erster Linie um die Frage der Freude, differenzieren Sie bei Ihrer **Wochenplanung** (Anlage 12) Ihre Aufgaben nach wichtig und dringend (= Eisenhowerprinzip). Fragen Sie sich nun:

▶ Ist der Anteil Ihrer C-Aufgaben womöglich größer als 60 Prozent?

▶ Haben Sie für A- und B-Aufgaben je durchschnittlich mindestens 20 Prozent Ihrer gesamten Tätigkeit Zeit?

▶ Was folgt für Sie aus der Betrachtung: Wo müssen Sie Zeit gewinnen für Wichtiges? Wie könnte das gehen? Durch konsequentere »Papierkorb-Nutzung«, durch Delegation, Systematisierung, das Eliminieren von Zeitfressern, durch Rollenklärung …?

Meine Tagesplanung

Für den **täglichen Umgang mit Hochaktuellem** empfehle ich das »Super-Buch«. In bilingualen Kindertageseinrichtungen nennt es sich oft »Daily Routine«, mancherorts schlicht »Kita-Buch«. Sicher finden Sie einen liebevollen Namen für diesen Helfer. Der Clou ist, dass Sie ab sofort auf Schmierzettel verzichten, die sich meistens, wenn Sie sie suchen, nicht auffinden lassen. Sie haben ab jetzt ein Buch, am besten in DIN A5-Format, das Ihnen zur Hand ist, wann immer Sie etwas notieren möchten. Das kann am Telefon wie bei Besprechungen, am Schreibtisch oder auch bei Dienstgängen sein. Sie sammeln so alles Wichtige an einem Ort. Sie legen Notizen, Aufgaben und sonstiges Merkenswerte übersichtlich an und finden es immer gleich wieder. So ist das Super-Buch – zumal mit dem Datum jeder Aufzeichnung versehen – auch eine Art Dokumentation Ihrer Tätigkeit und Sie können Erledigtes schnell noch einmal nachschlagen. Und so arbeiten Sie mit dem Super-Buch:

▶ Morgens schreiben Sie das Datum auf die erste Seite bzw. unter den letzten Eintrag.

1.4 Selbstmanagement

- Schreiben Sie alles Merkenswerte stichwortartig auf – immer, wenn etwas anfällt.

- Ihr Super-Buch hat einen festen Platz am Schreibtisch, z. B. immer rechts von Ihnen, wenn Sie am PC sitzen, oder neben dem Telefon – und zwar aufgeschlagen mit einem Stift. Das Buch muss so unkompliziert wie möglich zu handhaben sein.

- Nehmen Sie Ihr Super-Buch zu Terminen außer Haus mit, so wie Ihren Schlüssel, Ihren Geldbeutel, Ihr Handy.

- Gegen Ende des Arbeitstags pflegen Sie Ihre Eintragungen: Überführen Sie Aufgaben in Ihre Planung für den nächsten Tag, geben Sie Infos weiter usw.

- Kennzeichnen Sie Dinge, die Sie schnell wiederfinden und abarbeiten möchten, mit einem Symbol bzw. Buchstaben (z. B. großes »I« für Information, »E« für Erledigen, »A« für Aufgabe) oder arbeiten Sie mit Textmarkern, die Sie den verschiedenen Kategorien (z. B. Telefonnummern) zuordnen. Aber bitte nicht übertreiben: Ist jede Zeile andersfarbig oder jede Zeile mit Ausrufungszeichen versehen, fördert das nur die Unübersichtlichkeit.

- Schießen Ihnen spontan gute Ideen durch den Kopf, bei denen Sie aber im Moment nicht wissen, wie Sie sie weiterverwerten wollen, weil nicht der richtige Zeitpunkt dafür ist und Sie das erst noch durchdenken müssen: Halten Sie die Idee im Super-Buch fest. Es wäre doch schade, wenn sie verloren geht, denn irgendwann hat alles seine Zeit!

Sie müssen nicht schön schreiben, nur sollten Sie die Aufzeichnungen entziffern können. Machen Sie das Buch zu einem persönlichen Gegenstand, der Sie (unter)stützt. Widmen Sie ihm Zeit, wenn Sie zum Beispiel gerade in einem Leistungstief sind: Durchblättern Sie bei einem Kaffee, was Sie festgehalten haben, und ziehen Sie Ihre Konsequenzen für die nächste Arbeitsphase daraus. Haken Sie Erledigtes genüsslich ab und streichen Sie die ganze Seite diagonal durch, wenn sie abgearbeitet ist. Der Gewinn an Zufriedenheit dient Ihrer Selbstmotivation ungemein!

1.4.4 Sich selbst motivieren

Betrachten wir zunächst einige Thesen zum Thema Motivation:

Demotivation vermeiden!

- Laut weltweiten Mitarbeiterbefragungen ist nicht Geld und nicht Zeit (Zeitgutschriften), sondern die Akzeptanz durch die Führungskraft der wesentliche Motivationsfaktor.
- Man kann Menschen nicht motivieren, sondern motiviert sind Menschen immer irgendwo. Wir können Demotivation vermeiden (= ressourcenorientiertes Menschenbild / Theorie Y).
- Höchste Motivation entsteht bei einem mittleren Anforderungsniveau zwischen Über- und Unterforderung (Flow-Prinzip).
- Von außen zu motivieren ist ein Mensch nur über seine individuellen Motive (die muss ich als Führungskraft kennen!).
- Motivation steht im engen Zusammenhang mit Gefühlen, erfolgt nicht über rationale Argumente.
- Nichts steigert die Motivation mehr als Erfolg (Erfolgserlebnisse ermöglichen und zugestehen, Erfolge feiern!).
- Gerade im Bereich Motivation wirkt die Sich-selbst-erfüllende-Prophezeiung (auch Pygmalion-Effekt). Goethe sagt dazu: »Behandle die Menschen so, als wären sie das, was sie sein sollten, und du hilfst ihnen zu werden, was sie sein können.«

Glück und Erfolg in der Krise
Nicht Fachkompetenz oder Erfahrung sind ausschlaggebend für Glück und Erfolg im Leben, sondern die Erklärungsmuster eines Menschen, die einen wichtigen Ansatz für die Selbstmotivation darstellen. Manche Menschen haben selbst in den schlimmsten Katastrophen jede Menge Zuversicht und ziehen sich an den eigenen Haaren aus dem Sumpf, während andere darin versinken. Amerikanische Forscher fanden heraus, dass nicht Intelligenz oder Fachkompetenz, nicht Erfahrung oder Redegewandtheit im Leben Glück und Erfolg verleihen. Es sind vielmehr die Muster, mit denen sich ein Mensch erklärt, was in der Welt passiert.

Betrachten wir ein Beispiel: Susanne Bauers erstes Gespräch am Elternsprechtag findet mit einer Mutter statt, mit der sie überhaupt nicht

1.4 Selbstmanagement

zurecht kommt, und auch heute sprechen beide nur aneinander vorbei. Sie denkt: »Nicht mein Tag heute!« Der Tag der Kollegin Barbara Leitner beginnt ebenfalls mit einem besonders schwierigen Gespräch und sie denkt sich: »Was soll's! Beim nächsten Gespräch klappt's!«

Einstellungen sind wichtiger als Tatsachen

Was glauben sie nun, wie die beiden den nächsten Eltern gegenübertreten werden? Genau: Susanne geht, weil heute ja nicht ihr Tag ist, missgelaunt in das folgende Gespräch, die nächste Mutter merkt das unbewusst und stellt sich quer. Susanne steht neben sich und findet keinen Zugang. Sie schiebt die Schuld auf den Tag, der nicht ihrer ist. Dagegen beendet Barbara das nächste Gespräch zufrieden, weil sie gutgelaunt und motiviert gestartet ist. Beide haben am frühen Morgen dasselbe erlebt. Doch jede erklärte sich das morgendliche Katastrophengespräch anders. Susannes Erklärung war destruktiv, Barbaras Erklärung konstruktiv.

Erfolgreiche und zufriedene Menschen sehen häufig Rückschläge als klein und vorübergehend an und Erfolge für dauerhaft: »Jetzt klappt's!« Und Erfolg und Misserfolg werden stets als selbstverantwortet interpretiert. Chancen werden wahrgenommen und aufgegriffen.

Rückschläge passieren

Weniger erfolgreiche und zufriedene Menschen betrachten Rückschläge als dauerhaft (Typisch!) und Erfolge als nicht repräsentativ (Zufall! Glück!). Für Erfolg oder Misserfolg sind stets andere verantwortlich. Der eigene Einfluss wird heruntergespielt: »Was kann ich da schon tun?«

Ist Ihnen der Zusammenhang längst klar und haben Sie schon vieles erfolglos ausprobiert, um von Ihren negativen Bewertungen und den daraus resultierenden Gefühlen loszukommen? Dann organisieren Sie für sich ein berufsbezogenes Coaching oder eine Therapie. Oder sprechen Sie mit dem Arzt Ihres Vertrauens: Schließen Sie aus, dass Sie unter einer Depression leiden!

- **Ausbau der eigenen Fähigkeiten** ist eine wichtige Quelle für Motivation. Fragen Sie sich: Welche Aufgaben und Maßnahmen interessieren mich und können neue Fähigkeiten in mir zum Vorschein bringen?
- **Was sind meine Fantasien, Wunschbilder, Tagträume** und wie kann ich diese motivierend ausbauen?

- Wie kann ich erreichte Ziele **noch bewusster feiern, mich belohnen, mir ausreichend Gutes tun**?

- Wie kann ich meine **Arbeitssituation so gestalten,** dass möglichst viele förderliche positive Bedingungen vorhanden sind?

- Wie kann ich **an meinen Verhaltensmustern arbeiten** – zum Beispiel: Wenn ich merke, wie ich unkonzentriert werde, mache ich nicht sofort eine Pause, weil ich mich sonst belohne für mein Mich-Drücken-Wollen. Vielleicht kann ich mir besser noch ein Teilziel vornehmen und mich erst dann mit einer Pause belohnen.

- Denke ich positiv, führe ich ausreichend **positive Selbstgespräche**?

- Wie ist meine **Einstellung, mit der** ich täglich zur Arbeit gehe: Was geht mir morgens durch den Kopf? Was beschäftigt mich? Welches »Kopfkino« könnte mich besser stimmen?

1.4.5 Selbstmanagement heißt auch Synchronisation

Dem individuellen Selbst- und Zeitmanagement eines jeden Menschen sind in erster Linie Persönlichkeits- und Kulturgrenzen gesetzt, aber auch biologische Faktoren spielen eine Rolle. Es geht weiter mit religiösen Grenzen und häufig sind es institutionelle Grenzen wie Arbeitszeitmodelle, Fahrpläne und Öffnungszeiten, die uns einen Strich durch die Zeitrechnung machen. Diese Grenzen sind meist starr und damit in der Regel sogenannte Restriktionen, das heißt Probleme, für die es keine Lösung gibt. Es gilt, diese Grenzen zu akzeptieren, ohne sie zu hypnotisieren.

> Beschäftigen Sie sich so wenig wie möglich mit Restriktionen! Menschen, die sich z. B. allzu lange mit dem Thematisieren der neuen Arbeitszeitmodelle ihrer Arbeitgeber beschäftigen, ohne in

> einer entsprechend einflussreichen Position zu sein wie als Personalrat oder Obere Führungskraft, schwächen sich hierdurch. Denn es entsteht eine Art Problemhypnose, also die Fokussierung der ganzen Aufmerksamkeit auf das Problem ohne Aussicht auf Lösung.

Wie wir gesehen haben, hat Selbstmanagement eine immense individuelle, aber ebenso eine kulturelle und institutionelle Dimension. Um dennoch in Frieden miteinander leben und arbeiten zu können, stellt das Thema auch eine enorme soziale Anforderung an uns – nämlich da, wo es gilt, unsere zeitlichen Vorstellungen und Erfordernisse mit anderen zu synchronisieren. Wie in einem Chor oder Orchester ist das Ergebnis nur dann harmonisch, wenn die Einsätze stimmen, wir die Töne gleich lang aushalten ... Sprich: Wenn wir zusammen anfangen und aufhören. Auch der Tanz ist nur dann ein Genuss, wenn er bei aller Individualität synchron zur Musik und zum Tanzpartner abläuft.

Zeitnot und das Orchesterspiel

Daraus ergibt sich zwangsläufig die Hypothese, dass Zeitprobleme oftmals auch soziale Probleme sind bzw. eine Folge mangelnder Abstimmung und Synchronisation.

> Es ist keine gute Ausrede, keine Zeit für eine Aufgabe gehabt zu haben, denn zumindest Kommunikation mit dem Ziel der Synchronisation wäre dann die Aufgabe gewesen, für die man sich hätte Zeit nehmen müssen.

Zeitnot wird gerne als Ausrede »genommen«. Die Zeit, die es im Anschluss kostet, sich zu erklären und Konflikte aus der Welt zu räumen oder ins Stocken geratene Prozesse wieder in Gang zu setzen, kann durch frühzeitige Abstimmung reduziert werden.

1.4.6 Burn-out-Prävention: Neinsagen, Vernetzen, Achtsamkeit üben …

»Wirklich, er war unentbehrlich!
Überall, wo was geschah
Zu dem Wohle der Gemeinde
Er war tätig, er war da!

Schützenfest, Casinobälle.
Pferderennen, Preisgericht,
Liedertafel, Spritzenprobe,
ohne ihn, da ging es nicht!

Ohne ihn war nichts zu machen,
keine Stunde hatt er frei.
Gestern als sie ihn begruben,
war er, richtig, auch dabei!«

(Wilhelm Busch)

Dem Burn-out trotzen

Burn-out ist ein Zustand, der als Auseinanderfallen der Belastungen und subjektiven Möglichkeiten der Bewältigung zu bezeichnen ist und meist erst nach circa eineinhalbjähriger schleichender Entwicklung, nach mehrmaligen Krankmeldungen, als solcher erkannt wird. Der Verlust an Lebens- und Arbeitsqualität ist enorm, weil Antrieb und Freude stark eingeschränkt sind, während der Druck von außen subjektiv wie objektiv steigt. Mit der psychischen Erkrankung geht eine biologische Reaktion im Gehirn einher, die in der Behandlung Berücksichtigung finden muss. So hilft es nicht, ausschließlich an äußeren Faktoren oder den Symptomen, zum Beispiel einer veränderten, positiven Haltung, anzusetzen, sondern ganzheitlich zu arbeiten.

Besonders in den helfenden Berufen ist Burn-out dem Psychoanalytiker Herbert Freudenberger in den 1970er-Jahren aufgefallen. Burn-out lässt sich vielleicht am besten definieren als einen Zustand geistiger, emotionaler und körperlicher Erschöpfung, dem ein unangemessenes Engagement bei gleichzeitig vorwiegend negativen Gedanken vorausgegangen ist, und bei dem substanzielle Bedürfnisse lange Zeit nicht befriedigt wurden.

1.4 Selbstmanagement

Da die monetären wie nichtmonetären Kosten von Burn-out für die Betroffenen wie für die Arbeitgeber sehr hoch sind und das Zurückfinden in die alte Kraft nicht gewährleistet werden kann, ist die Prävention so immens wichtig und – wie man weiß – auch sehr erfolgreich. Das Aufladen des Akkus ist um ein Vielfaches leichter, wenn er nicht bereits ganz leer ist!

> Die eigenen Bedürfnisse zu erkennen, macht es möglich, von anderen unabhängiger zu sein. Finden Sie zunächst heraus, welche Ihrer Bedürfnisse in der letzten Zeit auf der Strecke geblieben sind. Das Erkennen erfolgt in der Regel über das Bewusstmachen der Gefühle. Gefühle, die wir haben können, wenn unsere Bedürfnisse nicht erfüllt sind (nach Rosenberg 2007): Abscheu, abwesend, ängstlich, ärgerlich, alarmiert, angespannt, angstvoll, apathisch, aufgewühlt, bekümmert, belastet, besorgt, bestürzt, betrübt, bitter, böse, deprimiert, desinteressiert, durcheinander, düster, eifersüchtig, einsam, elend, entsetzt, entrückt, erregt, erschöpft, erschreckt, faul, feindselig, frustriert, furchtsam, gehemmt, gelangweilt, gemein, gleichgültig, gramvoll, hassvoll, hilflos, kalt, kleinmütig, konfus, krank, kribbelig, kummervoll, ethargisch, matt, melancholisch, müde, mutlos, neidisch, nervös, neugierig, niedergeschlagen, nihilistisch, passiv, perplex, pessimistisch, schamvoll, schlaff, schlecht, schmerzvoll, schuldig, schwermütig, träge, traurig, überlastet, ungeduldig, unruhig, unsicher, unstet, verdrossen, verloren, verwirrt, verzagt, verzweifelt, wütend, zappelig, zögernd, zornig.

> Fragen Sie sich: Welche dieser Gefühle erlebe ich besonders häufig? Welche Bedürfnisse sind wohl unbefriedigt?

Ihr Gefühls- und Bedürfnishaushalt

Beschäftigen Sie sich jedoch auch mit den äußeren Faktoren, die unter Umständen zu einer erhöhten seelischen oder körperlichen Belastung beitragen können. Dabei ist natürlich zu beachten, dass jeder Mensch die auf ihn einwirkenden Stressoren anders verarbeitet.

Dabei ist zu berücksichtigen, dass individuell die Ereignisse sehr unterschiedlich bewertet werden können. Auch kann neben den einschneidenden großen Dingen im Leben die Aneinanderreihung von kleinen belastenden Alltagssituationen einen großen Stressfaktor darstellen. So können nicht nur (Ver)Änderungen, sondern gerade auch die Dauerhaftigkeit eines Zustands zum Burnout verursachenden Stressfaktor werden. Die Stärke des Stressors hängt zudem von Intensität und Einwirkungsdauer ab. Außerdem spielen Vorerfahrungen mit ähnlichen Stressoren eine wichtige Rolle.

> Auch Faktoren, die etwas sehr Positives in Ihrem Leben darstellen, wie Hochzeit, Geburt eines Kindes, Fernreise, persönlicher Erfolg sind als Stressoren zu bewerten, da es Energien kostet, sie in das sichere Lebenskonzept zu integrieren. **So betrachtet: Welche Stresspunkte gab es bei Ihnen im Laufe des letzten Jahres?**
>
> _____
>
> _____

Menschen sind offenbar anfälliger für Krankheiten, wenn mehrere Stressanlässe zusammentreffen. Bauen Sie deshalb Stressfaktoren ab! Suchen Sie Entspannungsmöglichkeiten oder Burn-out-Präventions-Coaching, oder sprechen Sie mit einem Arzt.

Sind Sie perfektionistisch?

Sind Sie nur gründlich oder perfektionistisch?

Sie sind genau, Sie sind gründlich? Prima! Ihr »Sei-perfekt-Antreiber« ist vielleicht stärker ausgeprägt als die anderen Antreiber, die »Sei stark« oder »Sei schnell« oder »Sei gefällig« oder »Streng dich an« heißen. Mit hoher Wahrscheinlichkeit lieben Sie klare Strukturen und Verlässlichkeit, konzentrieren sich intensiv auf anstehende Aufgaben, lieben die Beschäftigung mit eindeutigen Fakten, Daten und Zahlen und möchten kein wichtiges Detail übersehen – genauso wie Frau Grund, die Sie unter Punkt 2.3.2 kennenlernen werden. Das ist völlig okay so!

Die Empfehlung lautet hier nicht etwa, zukünftig ungründlich und ungenau zu werden, sondern ein Zuviel im Interesse von Stressreduzierung und nicht dienlichem Zeit- und Energieaufwand zu vermeiden.

1.4 Selbstmanagement

Da stellt sich natürlich die Frage: Wo hört Gründlichkeit auf und fängt Perfektionismus an?

Perfekte Menschen

- wollen die Dinge »besonders« gründlich machen
- machen gerne mehr als gefordert
- rechtfertigen sich: »Wenn ich mehr Zeit gehabt hätte …«; »Naja, das ist schon lange her …«; »Da fehlt eigentlich …«
- lieben Details
- verlangen von anderen die gleiche Gründlichkeit
- bezeichnen weniger aufs Detail bedachte Menschen als oberflächlich oder schlampig
- sehen auch bei Arbeiten anderer als erstes, was fehlt
- vermeiden fordernde Situationen wie Prüfungen, Vorträge etc., wenn sie sich nicht perfekt fühlen (was häufig vorkommt, weil es nie genug ist)
- möchten Anerkennung für ihr Ergebnis erhalten, wenn sie viel Zeit investiert haben und fühlen sich als Opfer, wenn die Anerkennung ausbleibt
- haben nie genug Zeit und selten das Gefühl, »fertig« zu sein, weil es immer noch offene Aspekte gibt und nach ihrem Empfinden das Ergebnis nie wirklich gut ist
- erkennt man an Sätzen wie »Vertrauen ist gut, Kontrolle ist besser«, »Ordnung ist das halbe Leben«, »Fehler können wir uns nicht leisten!«, »Wer will, der kann!«, »Das Beste ist gerade gut genug«
- erkennt man an Worten wie »Optimierung« statt »Verbesserung«, denn das reicht ihnen nicht
- sind grüblerisch perfektionistisch, indem sie sich ständig um das eigene mögliche Versagen sorgen; ihre Gedanken kreisen um Fehler und Katastrophen, die Einhaltung ihrer Werte und Prinzipien, sie können nicht »lockerlassen«
- sind aktionistisch perfektionistisch, indem sie hochorganisiert sind, fanatisch hinter Ritualen und Regeleinhaltungen her sind, mit kritischem Blick durch die Flure laufen und kritisieren, sowie es die Situation zulässt.

»Ja aber, wenn ich doch nun mal so bin? Und überhaupt bin ich doch hier schließlich verantwortlich. Und die Eltern sind doch auch perfektionistisch, haben unrealistische Ansprüche …« Solche Aussagen bestätigen das Zuviel an Genauigkeit und Gründlichkeit. Sie bestätigen den inneren Verantwortungsdruck sowie die Orientierung an äußeren Ansprüchen. Gehen wir aus vom grüblerischen und vom aktionistischen Perfektionismus: Eine hohe Ausprägung beider Dimensionen kann mit einem ungesunden oder dysfunktionalen Perfektionismus in Zusammenhang gebracht werden.

> Steigen Sie aus der Perfektionismusfalle bewusst aus! Geben Sie sich die Erlaubnis, so zu sein, wie Sie sind, so fehlerhaft und unvollständig. Sagen Sie sich das jeden Abend vor dem Einschlafen oder schreiben Sie es als Ihr Motto (z. B.: »Es reichen 80 Prozent«) – eventuell versehen mit einem Bild oder Symbol – so auf, dass Sie es täglich sehen! Überprüfen Sie Ihre Erwartungen jeweils in der aktuellen Situation: Ist das wirklich von mir und dann in dieser Form gefordert? Fragen Sie sich konkret, was tatsächlich passieren würde, wenn Sie diese Aufgabe nur zu 80 Prozent Ihres Anspruchs umsetzen würden. Und seien Sie geduldig mit sich: Schließlich haben Sie jahrelang mit diesem kleinen Perfektionisten in sich gelebt. Er gehört zu Ihnen und will bei Ihnen bleiben. Trennen Sie sich allmählich und sensibel von ihm und gestehen Sie ihm einen gelegentlichen Einsatz zu, wenn es angemessen ist!

Prävention und Intervention
Nach so viel Sebstreflexion und Arbeit am Selbstmanagement ist die Frage, was Sie darüber hinaus Konkretes tun können, um dem Burnout zu entkommen. Worauf ich es hier konzentriere sind Neinsagen, Netzwerke und Achtsamkeit.

Neinsagen hilft!
Warum fällt es uns oft so schwer, nein zu sagen, wo ein Nein richtig und wichtig wäre? Oft steht uns ein ganzes Bündel an Gedankengängen und Bedürfnissen im Weg (nach Nussbaum 2007):

1.4 Selbstmanagement

- Wir möchten geliebt werden und da nichts riskieren.
- Wir möchten nicht als aufmüpfig, kompliziert oder »zickig« gelten.
- Wir können uns dann als guten und hilfreichen Menschen beschreiben.
- Wenigstens wir sind willig. Was wäre schließlich, wenn jeder nein sagen würde!
- Wir gehen dem Konflikt aus dem Weg.
- Wir wissen von uns, wie stark wir sind und dass wir das auch noch schaffen.
- Wir haben dann bei anderen etwas gut.
- Wir können anderen, die nicht so fleißig sind, ein bisschen schlechtes Gewissen machen.
- Wir vermeiden Schuldgefühle, die wir nach einem Nein wahrscheinlich bekommen würden.

Deshalb sagen wir so ungern »nein«!

All diese Gedankengänge erschweren das Abgrenzen. Dabei ist Neinsagen ein äußerst effizientes Instrument der Burn-out-Prävention! Nicht nur das: Es macht auch selbstbewusster, stärker und unabhängiger und erhöht die Wahlmöglichkeiten in vielen Situationen. Wir entscheiden jetzt! Das muss nun nicht zwangsläufig und immer »nein« heißen (bitte nicht!), aber es kann ein Nein oder ein Ja sein!

Neinsagen hilft gegen Burn-out

Das Nein hat gerade in der Erziehungsarbeit eine stark einschränkende Funktion: Nein beim Spielen mit dem Essen, Nein beim Klettern auf den Baum, Nein beim Stupsen, Nein beim Nasebohren, Nein beim Lautsein … Nein bedeutet immer dagegen sein, reglementieren, andere begrenzen und einschränken. Der Neinsager weiß zwar um die Wichtigkeit des Neinsagens im Sinne von Erziehung und Gefahrenabwehr, mag sich aber oft nach einem Tag des häufigen Neinsagens selbst nicht mehr. Zu sehr erinnert ihn das an die eigene Kindheit und die viel zu vielen Neins der Erwachsenen.

Das Nein ist also durch unsere eigene Kindheit und zwangsläufige Erfahrungen gefühlsmäßig negativ besetzt und muss doch in der pädagogischen Arbeit tagtäglich genauso an die Kinder weitergegeben werden.

Ein Nein wird als lästig empfunden, in Verbindung gebracht mit Ausgebremstwerden, während ein Ja einhergeht mit Gefühlen von Freude und Spaß. Jasagen fühlt sich besser an als Neinsagen! Die Hürde der Veränderung muss im Interesse einer besseren Abgrenzung und Selbstbestimmung genommen werden. Die Verbindung zwischen dem negativen Nein und dem Bedürfnis nach dem lebensbejahenden Ja stellt die Kommunikation dar, die deshalb nicht negativ gefärbt sein muss, sondern durchaus freundlich sein kann.

Sagen Sie sich:

- … mit Egoismus hat ein Nein nichts zu tun, denn unter Umständen haben Sie damit Zeit gewonnen für andere sinnvollere Tätigkeiten!
- … ein Nein muss die Gefühle anderer nicht verletzen! Aber wenn Sie die Befindlichkeit der Mitmenschen schon beschäftigt: Machen Sie sich klar, welche Wirkung Sie im umgekehrten Fall auf andere haben, wenn Sie sich lieb Kind machen oder Aufgaben annehmen, diese aber halbherzig – womöglich begleitet von Stöhnen und Augenrollen – durchführen.
- … ein Nein macht sie beliebt! Sie verschaffen sich Profil und die anderen wissen, dass Sie es wirklich meinen, wenn Sie »ja« sagen.
- … ein Nein löst in den seltensten Fällen Konflikte aus. Prüfen Sie, ob die gegenteilige Erwartung nicht eine völlig unnötige Vorsichtsmaßnahme und damit vorauseilenden Gehorsam darstellt. Konflikte entstehen eher durch Unklarheit, durch unklares Ja oder Nein!
- … nicht jede Nettigkeit muss »bezahlt« werden. Nettigkeit ist wie ein Geschenk und Geschenke werden auch nicht bezahlt. Sind andere nett zu Ihnen, haben Sie sich Ihre Nettigkeit damit nicht erkauft. Zeigen Sie dem anderen Ihre echte Freude, das genügt!

So üben Sie sich im freundlichen und
unmissverständlichen Nein

- **Schauen Sie dem anderen in die Augen** (falls Sie nicht per Telefon oder Mail kommunizieren).
- **Begründen Sie Ihr Nein nicht**, denn jede Begründung reizt den anderen zu Gegenargumenten.
- **Notfalls bitten Sie um Bedenkzeit** und melden sich dann in einer Stunde wieder, um zu sagen, dass es trotz reiflicher Überlegung leider nicht geht. Sie signalisieren damit ihr Bemühen!
- **»Das passt im Moment leider gar nicht«** zeigt dem anderen, dass es an der **momentanen Situation** und nicht an Ihrer Beziehung zu ihm liegt.
- **Seien sie wertschätzend:** »Ich würde das gerne machen, weil ich Sie und Ihre Arbeit schätze ...« Auch hier gilt: Verschweigen Sie, was gerade wichtiger ist! Sonst geraten Sie ein einen Selbstrechtfertigungsstrudel!
- **Bei häufig wiederkehrenden Situationen** erarbeiten Sie sich ein **grundsätzliches Nein.** »Ich mache das grundsätzlich nicht.« Dem anderen wird klar, dass es nichts mit ihm zu tun hat, sondern die Aufgaben prinzipiell betrifft.
- **Verkaufen Sie Ihr Nein geschickt:** »Ich kann das heute nicht mehr machen, aber ich biete Ihnen an, nächste Woche ...« Etwas »anbieten« hört sich immer gut an, Sie zeigen damit Respekt vor dem Wunsch des anderen und gegenüber der Sache. Und Sie zeigen Ihren guten Willen!
- **Machen sie sich robust gegenüber Jammern,** ohne deshalb hart zu werden und ein Pokerface aufzusetzen: Konzentrieren Sie sich auf den inhaltlichen Gehalt der Anfrage! Der andere »lernt« sonst, wie Sie zu »knacken« sind.
- **Lachen Sie, machen Sie einen Scherz:** »Ja, das wäre schön, wenn ich das jetzt machen würde, gell?« Humor lockert und nimmt dem Nein die Schärfe. Aber bitte wohlwollender Humor, bei dem der andere mitlachen kann.
- **Machen Sie sich Manipulationsversuche bewusst,** damit sie ihre Wirkung verlieren (Schuld zuschieben, loben, schmeicheln ...).
- **Halten Sie Zeiten ein,** zu denen Sie grundsätzlich nicht mehr erreichbar sind.

- **Kein »Normalerweise« oder »Eigentlich«:** »Eigentlich wollte ich gerade gehen« oder »Normalerweise ist da xy zuständig« – Diese Worte signalisieren Verhandlungsspielraum und laden den anderen ein, Sie zu überreden.
- **Üben Sie ein Nein** – z. B. am Käsestand, wenn Sie gefragt werden: »Darf's ein bisschen mehr sein?« Üben Sie ein Ja, wenn es von der Bedeutung her ein Nein meint, z. B. wenn Sie gefragt werden: »Stört es Sie, wenn ich rauche?«
- **»In der Sache hart, zum Menschen weich!«** Programmieren Sie sich mit diesem Satz: Er bringt eine große Kunst auf einen griffigen Nenner, die man auch Diplomatie nennt.
- **Werden Sie sich klar, welche Rollenhüte Sie tragen** und wie diese zu Ihrem Selbstverständnis passen.

Ein stabiles Netzwerk hilft!
Sicher haben Sie die Kita institutionell gut vernetzt – nur, wo bleibt Ihr persönliches überlebensnotwendiges Netzwerk, das Sie stabilisiert und nährt?

Es gibt sehr viele interessante Studien mit demselben Ergebnis: Netzwerke führen zu einer höheren Resilienz, zur verbesserten Bewältigung von Unglück, Krankheit oder Traumata und verlängern so unser Leben. Mit dem Begriff »Netzwerk« werden sehr unterschiedliche Formen assoziiert, die von vielen losen Kontakten bis hin zu netzartigen Organisationsformen reichen. Gemeinsam sind ihnen zunächst die Freiwilligkeit und der Einstieg über die Erwartung von Synergien. Immer geht es primär um Stärkung und Ausbau der eigenen Rolle oder Position und gleichzeitig um die Reduzierung von Risiken.

Welches Netzwerk brauche ich?

Worum geht es Ihnen in erster Linie? Steht für Sie das Interesse an einem *instrumentellen* Netzwerk, das sich gegenseitig mit Material, Geräten, Arbeitskraft, Ideen aushilft, im Vordergrund? Oder kommt Ihnen am ehesten ein *emotionales* Netzwerk entgegen, bei dem es vorrangig um gegenseitigen Rat und ein offenes Ohr für die Probleme der anderen Netzwerkpartner/innen geht, wie in gemeinsamen Leitungssupervisionen, Leitungsfortbildungen, bei Kollegialer Beratung? Vielleicht suchen Sie auch das *gesellige* Netzwerk, möchten Gelegenheiten gewinnen, zu Jubiläen oder Festen eingeladen zu werden? Werden Sie sich darüber klar, welches der drei genannten Bedürfnisse Ihr persönliches Netzwerk befriedigen soll. Bedenken Sie dabei, dass sich ein Netzwerk im Laufe der Zeit verändern kann. Leitungssupervisionen, von Leiterinnen selbst organisiert, sind zum Beispiel in erster Linie emotionale Netzwerke, aus denen sich durchaus auch ein instrumentelles oder geselliges Netz entwickeln kann.

Achtsamkeit hilft!
Achtsamkeit ist nicht nur ein wichtiges Lebensprinzip, sondern vielleicht das wichtigste überhaupt, und für die Führungskraft, die einer Fülle von Stressoren ausgesetzt ist, als das wesentliche Heilmittel anzusehen. Achtsamkeit, eng verwandt mit Aufmerksamkeit oder Präsenz, bedeutet das Gegenteil vom Aufmerksamkeits-Defizit-Syndrom, unter dem nicht nur Kinder sondern auch Erwachsene leiden können.

Konzentration erfordert eine bewusste Fokussierung, einen Willensakt, dessen Energie für gewöhnlich mit der Zeit nachlässt. Das können wir beim Spiel, beim Arbeiten, beim Sport, beim Lesen oder auch beim Zähneputzen gleichermaßen beobachten. Wir haben es hier mit einer ganzheitlichen Fähigkeit zu tun, die neben dem psychischen und mentalen auch einen stark körperlichen Aspekt beinhaltet.

> Um persönliche Präsenz spürbar zu machen, lade ich Sie zu folgender Übung ein (nach Wiehlens/Kothes 2006): Atmen Sie dreimal ganz tief aus und spüren Sie Ihr Gewicht auf dem Stuhl. Holen Sie sich die Führungspersönlichkeit, die Ihnen Vorbild ist, vor Ihr inneres Auge:
>
> ▶ Welche herausragenden Eigenschaften finden Sie an dieser Person? Bemerken Sie deren Präsenz?
>
> ▶ Wenn ja, wie fühlt sich diese an? Wie Schnee, Kristall, Seide …, kalt oder warm, hart oder weich, transparent oder farbig …?
>
> ▶ Wenn Sie diese Eigenschaft nun stofflich wahrnehmen: Wie ist Ihr Bewegungsimpuls zu ihr? Angezogen oder abgestoßen?
>
> ▶ Welche Erkenntnis folgt aus der ganzheitlichen Betrachtung? Was sagen Ihnen das Bild und Ihr Bewegungsimpuls?

Üben Sie sich in Achtsamkeit, um Ihre innere Lebensfreude zu erhöhen. Yoga- oder Meditationskurse gibt es heute in jeder Region. Durch Ihre so gestiegene Präsenz verbessern Sie zudem Ihre Authentizität als Führungskraft und Ihre Beziehungsqualität.

Methode mal anders

Nehmen Sie auch einmal eine Analyse der Teamsituation oder Einrichtungskultur nicht mit dem Kopf vor, sondern allein mit dem Herzen und voller Achtsamkeit: Machen Sie sich innerlich leer von Mustern und Modellen, Fragen und Kriterien. Sehen und hören, riechen und fühlen Sie einfach nur. Halten Sie dazu die Zeit an und beobachten Sie, was passiert. Sie werden anders und anderes wahrnehmen!

1.5 Entwicklung und Karriere im Sozial- und Bildungsbereich

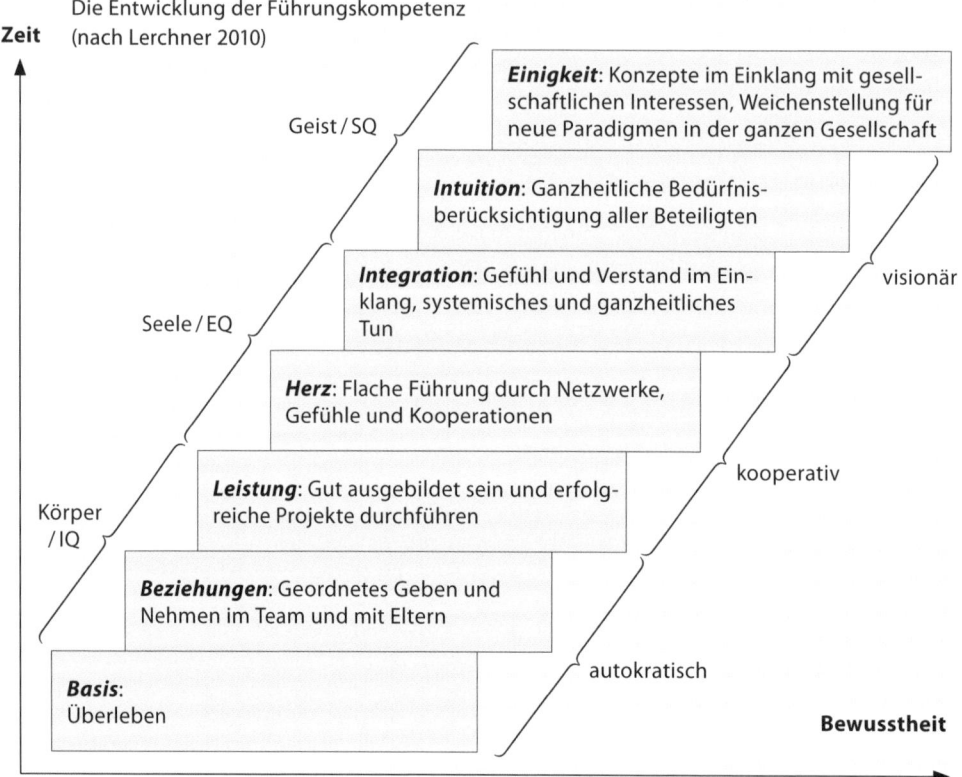

Wenn alles organisch und gesund verläuft, entwickeln sich Führungskräfte in ihrer Persönlichkeit, aber auch in ihrer Führungskompetenz ein Leben lang weiter. Mit der Zeit und Bewusstwerdung verändern und erweitern sich die Orientierungen von der des Überlebens bis dazu hin, ein neues Paradigma für die ganze Gesellschaft schaffen zu wollen. Jede erklommene Stufe wird dabei in das Handlungsrepertoire integriert. Die letzten beiden Stufen sind eher selten anzutreffen. Wir sprechen hier von wahrlich besonderen Persönlichkeiten, von charismatischen Menschen oder Visionären, bei denen Körper, Herz und Geist im Gleichgewicht sind und deren Führung man sich gerne anvertraut.

Das Wachsen der Führungskraft an ihren Aufgaben klappt aber nicht automatisch: Sie muss sich auch öffnen für neue Orientierungen und sich selbst immer wieder infrage stellen können.

Die Grundlage für das Modell von Lerchner bildet eine alte Weisheit: die Notwendigkeit, dass Körper, Geist und Seele eine Einheit bilden mögen. So reicht es nicht, Organisationen ausschließlich autokratisch, materiell, strukturell und technokratisch orientiert unter Einsatz des Intelligenz-Quotienten (IQ) zu führen (Rolle der Informationsmanagerin, Planerin, Schafferin und Steuerfrau). Die Forderung nach mehr emotionaler und sozialer Intelligenz (EQ) ist Ausdruck einer ganzheitlicheren Sicht (Rolle der Kümmerin und Moderatorin, Verhandlerin und Innovatorin). Wirklich ganzheitlich wird diese Sicht jedoch erst durch die Hinzunahme der spirituellen Intelligenz (SQ), dem Sinn gebenden Überbau von IQ und EQ, der geprägt ist von Sinn und Klarheit der Richtung bei hoher Achtsamkeit gegenüber dem was ist. Nur bei Nutzung der Potenziale aller sieben Stufen ist die Führungskraft »ganz«, passen Worte und Taten zusammen.

- Auf welcher Stufe befinde ich mich? Was wäre zu integrieren?
- Wage ich mit der neuen inneren Orientierung eine neue äußere Herausforderung (z. B. wichtige konzeptionelle Veränderung in meiner Einrichtung, anspruchsvollere Aufgabe in der Kita, Übernahme einer größeren oder besonderen Einrichtung, Bewerbung auf eine Fachberatungsstelle …)?

1.5.1 Die Aufgaben der Fachberatung: Bin ich geeignet?

Fachberater/innen sind im pädagogischen Bereich definierte professionelle Stellen wie auch »Abteilungsleitung«, »Fachdienstleitung« etc., was keinerlei Aussagekraft über die Art der Tätigkeit beinhaltet und noch nicht mal bedeutet, dass tatsächlich Beratung im Vordergrund steht. Fachberatungsstellen machen die klassische Aufstiegsmöglichkeit für Kita-Leitungen aus und verdienen deshalb hier besondere Betrachtung.

Die gesetzliche Grundlage für die Arbeit der Fachberatungen bietet Paragraph 72, Absatz 3 SGB VIII, der »Fortbildung und Praxisberatung« als für die Kitas verpflichtende Aufgabe der Jugendämter ansieht. Die Bundesarbeitsgemeinschaft der Landesjugendämter hat sich 2003 mit der Frage der Ausgestaltung beschäftigt und »Empfehlungen zur Fachberatung« herausgegeben, die die Vielfalt der Interpretationsmöglichkeiten und die Notwendigkeit einer inhaltlichen Klärung nur bestätigen. Es gibt Fachberater/innen

- mit oder ohne Leitungsaufgaben
- mit voller Stelle und solche, die wie im schulischen Bereich eine Freistellung von wenigen Stunden haben
- mit 10 bis zu 100 zu betreuenden Einrichtungen
- mit und ohne zuarbeitende Sachbearbeitung
- mit und ohne Beraterausbildung
- mit Schwerpunkt Beratung oder mit Schwerpunkt Aufsicht und/oder Verwaltung
- im Angestelltenverhältnis und auf freiberuflicher Basis etc.

Den Begriff Fachberatung findet man in jeder Literatur zum Thema Beratung sowie in allen Theorieeinheiten von beraterischen Weiterbildungen. Stets wird konsequent unterschieden zwischen Fach- und Prozessberatung – als Beschreibungen unterschiedlicher Ansätze und Rollen (Slupetzky 1994).

Fachberatung

Betrachten wir die hier relevanten Beratungsansätze genauer: In der Fachberatung wird die Beraterin als Fachperson oder Expertin auf ihrem Fachgebiet angesprochen. Nach einer Analysephase entwirft sie auf Grundlage ihres Fachwissens eine passende Lösung und bietet sie den Ratsuchenden als Empfehlung an. Fachberatung zielt auf Standardisie-

1.5 Entwicklung und Karriere im Sozial- und Bildungsbereich

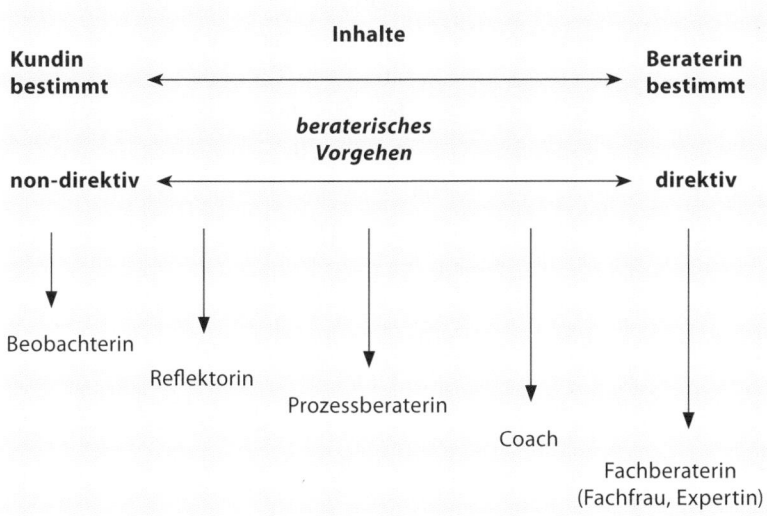

rung von Schlüsselprozessen. Von Ratsuchenden wird erwartet, dass sie dem Ratschlag folgen, um ihre Lage zu verbessern.

Klassische Fachberatung erleben wir zum Beispiel beim Rechtsanwalt oder Arzt, beim Steuer- oder Finanzberater, wo die Verantwortung für das Ergebnis beim Berater liegt und er sogar schadensersatzpflichtig gemacht werden kann.

Die pädagogische Fachberatung würde nach dieser Definition also Beratung auf dem Fachgebiet der Pädagogik ausüben, d.h. sie würde den Ratsuchenden sagen, welches Vorgehen in der konkreten Situation das geeignete ist.

Im Unterschied dazu gestaltet die Beraterin in der Prozessberatung den Problemlösungs-Prozess, indem die Ratsuchenden ihr Thema selbstständig bearbeiten und eigene Lösungen entwickeln können. Die Beraterin achtet vor allem auf die Art und Weise, wie die Klienten mit dem Anliegen (dem Problem, der Veränderungsaufgabe) umgehen, weil es in erster Linie um die Problemlösungsfähigkeit und nicht die Lösung selbst geht. Sie steuert zum Beispiel Kommunikations- und Interaktionsprozesse in und zwischen Organisationen, Gruppen, Klienten und Öffentlichkeit und zielt darauf ab, Konzepte so effizient wie möglich umsetzbar zu machen. Bei der Prozessberatung bleibt die Verantwortung für das Ergebnis bei den Ratsuchenden.

Prozessberatung

Der Träger als Kunde von Fachberatung

Die Teilnehmer/innen aus Fachberater-Seminaren erinnern sich häufig, dass seinerzeit auch fachliche Beratung der Trägerbereiche stattfinden sollte. Fachberater/innen sollten fachliche Stellungnahmen schreiben, wenn neue Einrichtungen oder strukturelle, konzeptionelle Veränderungen der bestehenden Kitas geplant waren. Sie hatten also eine Art gutachterliche Rolle, die das verwaltungstechnische, juristische oder bautechnische Know-how des Trägers um das pädagogische Wissen ergänzen sollte.

Der Träger braucht beraterische Unterstützung

Die Praxis sah und sieht jedoch häufig so aus, dass die pädagogischen Stellungnahmen der Fachberatung unmittelbar in höhere Kostenbedarfe münden, was die Akzeptanz der Fachberatung – zumal bei knappem Haushalt – eher erschwert hat. Mit der Zeit fanden die Träger auch heraus, dass es landesweite gesetzliche Mindestanforderungen gibt, an denen sie sich unkompliziert orientieren können. Insofern hängt das Aufgreifen darüber hinausgehender pädagogischer Argumente heute stark von der individuellen Akzeptanz und Verhandlungsfähigkeit der Fachberatung ab. So müssen sich Kita-Leitungen in ihrer Vorbereitung auf eine Fachberatungsstelle darauf einstellen, dass höchstes Verhandlungsgeschick und Durchhaltefähigkeit gebraucht werden.

Die Kita als Kundin von Fachberatung

Fachberatungsbedarf wurde auch in Bezug auf die Mitarbeiter/innen der Kindertageseinrichtungen gesehen. Unterdessen ist jedoch fraglich, inwieweit Fachberatung im wörtlichen Sinn die Art von Beratung darstellt, die dem heutigen Bildungsverständnis entspricht, das stark auf die Eigenverantwortung des Ratsuchenden setzt. Auch ist die Pädagogik wie alle Geisteswissenschaften eine sogenannte pluralistische Wissenschaft, bei der es nicht nur »eine richtige« Antwort auf eine Frage gibt wie im Steuerrecht oder in der Mathematik. Auch die neuen Bildungspläne gehen von dieser Grundannahme aus.

Die Kita braucht beraterische Unterstützung

Auch wenn in der traditionellen Beratungsliteratur vertreten wird, zwischen Fach- und Prozessberatung zu trennen, empfehle ich aufgrund umfangreicher Beratungs-Erfahrungen eine geschickte Kombination aus beiden Komponenten.

1.5 Entwicklung und Karriere im Sozial- und Bildungsbereich

Prozessorientierte Fachberatung oder
fachbezogene Prozessberatung
Die situative Unterscheidung der Beraterrollen in Fach- und Prozessberatung ist für die Gesprächsführung nützlich, um die Ziele zu klären und die Beratungsleistung abzustimmen. Sie werden als »Fachberatung« stets beides brauchen und ihre Rollen je nach Situation auch unterschiedlich für sich, aber auch für Ihr Gegenüber definieren müssen.

> Es ist auch möglich, dass im Laufe der Zusammenarbeit verschiedene Rollen gefordert werden. So kann bei der Vermittlung neuer Inhalte Fachberatung von größerer Relevanz sein, damit Erzieher/innen zum Beispiel die Prinzipien des neuen Bildungsplans und deren Bedeutung für die pädagogische Arbeit nachvollziehen können. Ist der Bildungsplan dann erst einmal kognitiv verarbeitet und der nächste Schritt besteht in der Bewältigung des Veränderungsprozesses, ist eher Prozessberatung vonnöten, die die einhergehenden Dynamiken wahrnimmt und steuert, und zwar jenseits fachlicher Fragen. Fazit: Gute Fachberater/innen beherrschen immer beides: Fach- und Prozessberatung!

Sie brauchen für die Fachberatung entwicklungspsychologische, pädagogische und didaktische Kenntnisse und eine hohe Feldkompetenz im Bereich Kindertageseinrichtungen und Schule. Für Prozessberatung benötigen Sie Fähigkeiten und Erfahrung in Systemtheorie und Organisationsentwicklung, um Gruppenprozesse steuern zu können sowie Teams und Führungskräfte in ihrer Entwicklung zu unterstützen. Klären Sie Erwartungen gut ab!

Der etablierte Begriff »Fachberatung« stiftet also eher Verwirrung, als dass er erklären könnte, um was es bei der Aufgabe geht. Sicher wäre – im Zusammenhang mit einen Ausbau des Fachberaternetzes, wie es im Zusammenhang mit der Implementierung neuer Bildungspläne oder des Krippenbereichs geplant ist – eine Diskussion auf breiter Ebene zu diesem Begriff notwendig. Sie sollte zudem in eine Empfehlung an die Träger darüber münden, was die Rolle an Aufgaben beinhaltet und wie sie strukturell auszugestalten ist.

Solange dies nicht geschehen ist, bleibt Ihnen nichts anderes übrig, als diese Klärung individuell mit Ihrem (potenziellen) Arbeitgeber herzustellen. Eine Rolle entsteht immer durch Kongruenz von eigenem Selbstverständnis und Erwartungen der anderen. Rollenkonflikte entstehen durch Nichtkongruenz!

Klären Sie folgende Fragen:

- Was versteht der Träger unter »Fachberatung«? (Wie äußert er sich mündlich oder schriftlich zur Fachberatung? Wie definiert er die Aufgaben?) Was ist sein Ziel von Fachberatung, d. h. was soll dabei »rauskommen«?

- Geht es ihm überhaupt um Beratung? Wer soll wie (fachberaterisch oder prozessberaterisch) beraten werden?

- Ist die Stelle vorgeprägt durch eine Vorgängerin? Was für ein Beratungsverständnis gab es? Hat sich dieses mit den diversen Erwartungen gedeckt?

- Wie groß sind die Spielräume für Veränderungen des Fachberatungskonzeptes?

- Was erwarten die pädagogischen Mitarbeiter/innen? Wollen sie Fachberatung oder Prozessberatung – was mehr, was weniger?

- Welche Interessen an der Fachberatung gibt es noch (Schulen, Beratungsstellen …)?

- Was ist mein Selbstverständnis von mir als »Fachberatung«? Wen sehe ich als meine »Kundschaft« an (Träger, Kitas, Eltern, Kinder …)? Oder: In wessen Auftrag sehe ich mich als Fachberatung?

- Wo habe ich eher meine Stärken: in Fachberatung oder Prozessberatung? Wo müsste ich (noch) besser werden?

- Wie schätze ich mein Verhandlungsgeschick ein (siehe 5.4)?

- Wo gibt es Abweichungen oder Unklarheiten zwischen meinem Selbstverständnis und den Erwartungen anderer? Wo muss ich was klären? Wie gehe ich vor?

Fachberatung mit oder ohne Weisungsbefugnis?

Als Fachberatung *und* Führungskraft haben Sie neben der Beratungsaufgabe die damit verbundenen Entscheidungen zu treffen, Ziele zu vereinbaren und Aufgaben zu übertragen. Sie müssen Ihren Mitarbeiter/innen Feedback geben und die Sinnhaftigkeit von Neuerungen hochhalten, sie sind nach außen Ansprechpartner/in für Ihre Einrichtungen und müssen mit der übergeordneten Ebene geeignete Rahmenbedingungen verhandeln.

Natürlich sind Sie als Führungskraft sehr viel stärker an der Umsetzung bestimmter inhaltlicher Themen interessiert, als sich daran freuen zu können, dass überhaupt eine Auseinandersetzung mit einem Thema in Gang kommt. Mit anderen Worten: Sie werden, wenn Sie gleichzeitig Führungsverantwortung tragen, mit größerer Wahrscheinlichkeit eher fachberaterisch agieren als prozessberaterisch. Sie werden zum Beispiel nicht völlig offen darauf hinarbeiten, dass eine Form der Zusammenarbeit mit den Schulen konzipiert wird, und ergebnisoffen moderieren, sondern Interesse an einer *bestimmten* Zusammenarbeit haben. Denn für diese werden Sie anschließend Bedingungen schaffen, ihren Kopf hinhalten müssen und darauf auch in allen Konsequenzen angesprochen werden.

Beratung und Führung: Geht das zusammen?

Die Fachberatung aus der Führungsrolle heraus hat ihren Preis, da die Eigenverantwortung der Mitarbeiter/innen weniger gefördert wird und das Risiko von Widerstand um ein wesentliches höher ist, wenn das Gefühl von Manipulation und Druck in eine bestimmte Richtung einer konstruktiven Auseinandersetzung im Wege steht. Auch werden Sie von sich aus beraterisch aktiv werden und nicht nur auf Anfrage.

- ⊃ Ob Sie als Fachberatung mit oder ohne Weisungsbefugnis erfolgreicher und glücklicher werden, kann pauschal nicht beantwortet werden, da beides Vor- und Nachteile hat und zu viele Variablen im Spiel sind. Fragen Sie sich, was Ihnen mehr entspricht!

- ⊃ Reflektieren Sie Ihre eigenen Erfahrungen: Wie erleben Sie sich in der Beraterrolle? Wie erleben Sie sich in der Führungsrolle? Wo fühlen Sie sich besser und erfolgreicher?

Welche Kompetenzen brauche ich als »Fachberatung?«

Ethische Kompetenz

Die ethische Kompetenz ist sozusagen das »Schmiermittel« für alle weiteren Kompetenzen. Wir Menschen haben feine Sensoren dafür, mit welchem Menschenbild uns andere begegnen. Die Philosophie der Bildungspläne geht von einem humanistischen Menschenbild (Theorie Y) aus. Die Fachberatung muss sich selbst zurücknehmen können, um anderen Menschen Raum für deren Entwicklung zu geben.

Rollen-Kompetenz

Die Fachberaterin sollte in mehreren beruflichen Rollen sattelfest sein, um die Bandbreite der Beratungsarbeit in einem komplexen Feld mit unter Umständen divergierenden Erwartungen wirklich nutzen zu können. In den meisten Fällen kommen Fachberater/innen aus dem pädagogischen Beruf, aus ein oder mehreren Berufsfeldern wie Schulleitung, Kita-Leitung, Supervisor/in, Fachschullehrer/in, Coach, Organisationsberater/in, Fortbildner/in. Weitere professionelle Rollen zu beherrschen ist von großem Vorteil.

Vernetzungs-Kompetenz

Fachberatung braucht einen geschulten Blick – nicht nur auf die Einzelperson oder -institution, sondern auf die Verflechtungen und Wech-

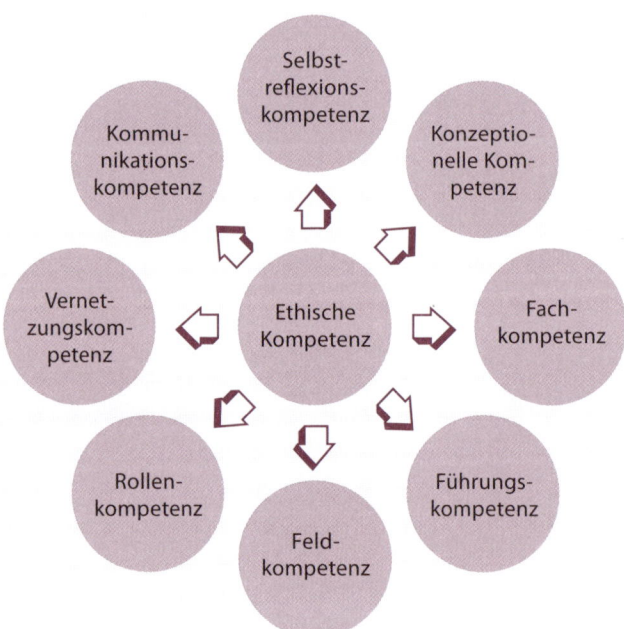

selwirkungen im institutionellen Netz. Sie erschließt Einflussfaktoren auf dieses Netz und kann Prozesse einrichtungs- wie trägerübergreifend initiieren und steuern.

Hohe Bedeutung hat die Kommunikation der Fachberatung, d. h. die Fähigkeit, einen tragfähigen Kontakt zu Träger, Kitas und anderen Interessengruppen aufzubauen und zu erhalten, um Themen entsprechend ihrer Bedeutung für die Klienten und das soziale Netzwerk zu bearbeiten. Dies setzt die gekonnte Benutzung eines umfangreichen Kommunikations- und Verhandlungsinstrumentariums sowie Methoden der Konfliktbearbeitung und -vermittlung voraus. *(Kommunikations-Kompetenz)*

Die Fachberatung sorgt für sich selbst, indem sie eigene Supervisionen oder Coaching mit einer Fachperson oder Intervisionen für die Reflexion der eigenen Haltung und Verhaltensweisen nutzt, sich selbst überprüft und aus anderer Perspektive betrachtet. Die eigene Veränderungs- und Weiterentwicklungsbereitschaft gehört zum Repertoire jeder guten Fachberatung. *(Selbstreflexions-Kompetenz)*

Das Denken in Prozessen und Wechselwirkungen gehört zu einer weiteren Kernaufgabe einer guten Beratungsarbeit. Hierbei geht es um die Planung und Koordinierung verschiedener aufeinander abgestimmter Ziele und Arbeitsschritte, um das Entwickeln und Halten eines roten Fadens. Dazu gehört auch die gezielte Bearbeitung individueller, gruppenspezifischer und struktureller Hindernisse. *(Konzeptionelle Kompetenz)*

Die erforderliche Fachkompetenz besteht in der Kenntnis entwicklungs- und lernpsychologischer Forschungen und Erfahrungen, aber auch im Vertrautsein mit den Inhalten des jeweiligen Bildungsplans und aktueller Konzepte. Ergibt sich im Rahmen der Auftragsklärung mit der einzelnen Kita oder dem ganzen Bereich eine Erwartung an reine Prozessberatung ohne »Einmischung« in die Inhalte, so kann diese Kompetenz – so würde man meinen – vernachlässigt werden. Da jedoch das Ziel der Beratung immer die Erarbeitung eines Konzeptes nach den Prinzipien heutiger Bildungsforschung und -ansätze darstellt, muss die Fachberatung dieses Fachwissen zumindest kennen und den Prozess immer auch unter dem Gesichtspunkt der Kompatibilität beobachten und notfalls Impulse zur Reflexion setzen. *(Fach-Kompetenz)*

Fachberatung bedeutet nicht automatisch Führungsarbeit im Sinne einer hierarchischen Tätigkeit, jedoch ist Führungskompetenz zum Beispiel zur Leitung von Beratungs- und Verhandlungsgesprächen *(Führungs-Kompetenz)* und zum Gestalten von Veränderungsprozessen hilfreich. Auch wird Fachberatung bei Stellenbesetzungen und strategischen Entscheidungen des Trägers hinzugezogen und übernimmt hiermit wichtige führende, einflussreiche und Verantwortung tragende Aufgaben. Fachberatung muss sich selbst führen und produktiv sein und auch insofern Führung übernehmen können.

Feld-Kompetenz

Bildungs- und Erziehungsplänen ist gemeinsam, dass sie besonderen Wert auf die Vernetzung verschiedener Institutionen im Sozialraum legen. Dieses Netzwerk wenigstens ein wenig zu kennen, es nicht als fremd sondern vertraut zu empfinden, dessen Kultur einschätzen zu können, sind Mindestvoraussetzungen für die Fachberatung. Feldkompetenz bedeutet die Kenntnis des Arbeits»feldes«, d. h. Erfahrung im oder mit dem schulischen oder Kinderbetreuungsbereich, um Fragen, Probleme und Themen der Klienteneinrichtungen verstehen zu können. Bei Unkenntnis besteht die Gefahr des sich Zurückziehens auf den »psychologischen« Teil der Beratung.

Bin ich als Fachberaterin geeignet?

Gehen Sie alle genannten Kompetenzbereiche durch und fragen Sie sich selbstkritisch, wie ausgeprägt Ihre Fähigkeiten in den jeweiligen Feldern sind. Um die Einschätzung der Kompetenzbereiche vornehmen zu können, kann auch Feedback von wohlwollenden und ehrlichen Menschen äußerst hilfreich sein, denn wir alle haben unsere blinden Flecken, wenn es um uns selbst geht.
Nach der Abklärung des Zuschnitts der neuen Aufgabe und Ihrer Eignung hierfür geht es nur noch – doch das ist vielleicht die wichtigste Frage überhaupt – darum, zu prüfen, ob Sie die Herausforderung eingehen möchten. Ob Sie den Mut haben, ob Sie die Kraft haben, ob Sie eventuell auch bereit sind, einen Preis dafür zu zahlen (z. B. Verlust der Nähe zum Team, Anfahrtszeit). Fragen Sie sich: Wie groß ist meine Bereitschaft, die Herausforderung anzunehmen?
Doch vorher reflektieren Sie: Wie hoch muss meine Bereitschaft sein, um die Entscheidung treffen zu können? Brauche ich wirk-

1.5 Entwicklung und Karriere im Sozial- und Bildungsbereich

lich hundertprozentige Sicherheit, um den Schritt gehen zu können? Und ich muss Ihnen leider sagen: Hundert Prozent sicher können wir vor keiner Veränderung sein, denn sie enthält immer eine Menge Dinge, die nicht vorhersehbar sind. Wenn Ihre Bereitschaft und Sicherheit bisher 40 Prozent betragen haben und Sie nun nach der Beantwortung aller bisher aufgeführten Fragen bei 65 Prozent angekommen sind, aber gleichzeitig sagen, dass Sie zumindest 80 Prozent gefühlte Sicherheit haben wollen, dann fragen Sie sich nun: Was brauche ich noch, um von 65 auf 80 Prozent zu kommen? Werden Sie hierbei konkret! Was genau können Sie noch tun, um sich einer Entscheidung näherzubringen?

1.5.2 Die Klärung und Verfolgung der eigenen Karriereziele

Was auch immer Sie sich vornehmen: Diese Übung hilft Ihnen, Ihren persönlichen Zielen näherzukommen.
Nehmen Sie sich genügend Zeit, mindestens 45 Minuten, und ein Blatt Papier und zeichnen Sie darauf Ihre persönliche Entwicklungslinie. Dabei können Sie sich auf Ihre berufliche Entwicklung konzentrieren oder Beruf und Privates gemeinsam betrachten.
Beginnen Sie folgendermaßen: Markieren Sie zunächst Ihren momentanen Standort!

Wo in Ihrer Berufskarriere stehen Sie?

Zeitqualität

* Ruhestand

Zeit

Meine berufliche Weiter-Entwicklung

Fragen Sie sich: Wo in meiner beruflichen Entwicklung stehe ich heute? Sind Sie noch relativ am Anfang und blicken in die Zukunft, dann werden Sie Ihr Kreuz eher in der linken Bildhälfte haben. Stehen Sie eher in der Mitte Ihrer beruflichen Laufbahn, wird Ihre Position mehr im Zentrum des Bildes sein. Und fühlen Sie sich in Bezug auf die momentane Situation eher »oben«, eher »unten« oder »so dazwischen«? Diese Position zeigen Sie an in Bezug auf die Zeitqualität: Wie zufrieden sind Sie mit Ihrer derzeitig erreichten Situation?

Gehen Sie danach von Ihrem jetzigen Standort aus gedanklich zurück. Betrachten Sie in Ruhe Ihre berufliche Entwicklung und die wesentlichen Stationen: die persönlichen Höhen, die Zeiten des Aufbruchs, des Glücks – aber auch die Tiefpunkte, die persönlichen Abstürze, Unglücke, die schweren Zeiten. Markieren Sie die wichtigsten Punkte in Ihrer beruflichen Laufbahn mit kleinen Kreuzen, die Sie mit Symbolen, Namen oder kleinen Bemerkungen versehen. Verbinden Sie diese dann mit einer Linie, die Ihr bisheriges Berufsleben mit all seinen Höhen und Tiefen darstellt.

Kehren Sie gedanklich wieder zu Ihrem aktuellen Standort zurück: Was wollen Sie (noch) erreichen? Wer oder was bestimmt Ihre Zukunft? Wollen Sie erhalten und bewahren, was Sie schon erreicht haben? Worauf wollen/können Sie aufbauen? Wollen Sie weiter aufsteigen? Wie weit? Welche Träume haben Sie? Wo sehen/erkennen Sie Ihre eigenen Begrenzungen? Erscheint Ihnen der Weg bereits vorgezeichnet? Wollen Sie den Weg weitergehen wie bisher – oder noch einmal von vorn beginnen? Zeichnen Sie Ihre Fantasien ein!

Betrachten Sie jetzt bitte noch einmal Ihre ganze Entwicklungslinie:

- Was empfinden Sie, wenn Sie Ihren Weg so ansehen? Mut, Hoffnung, Enttäuschung, Freude, Zuversicht, Energie, Zufriedenheit …? Ärger über verpasste Chancen, verpatzte Situationen, Lust auf die Zukunft?
- Wie stark sind in Ihrer Entwicklungslinie die Ausschläge nach oben oder unten? Gleicht Ihre Karriere einem zerklüfteten Ge-

1.5 Entwicklung und Karriere im Sozial- und Bildungsbereich

birge, mehr einer harmonischen Hügellandschaft oder mehr einer Ebene?
- Welche Überschrift könnte Ihre Entwicklungslinie tragen?
- Welche Ziele, Ambitionen – welche Energien stecken in der Weiterführung Ihrer Entwicklungslinie vom jetzigen Standort an?
- Was müssen Sie selbst tun – was in Ihrem Umfeld verändern, um Ihre Entwicklungsziele zu erreichen?
- Was verändert sich in Ihrem Leben, wenn Sie diese Ziele anstreben – was ändert sich, wenn Sie diese Ziele erreichen?
- Unter welches Motto wollen Sie Ihre zukünftige Karriere stellen?

Notieren Sie jetzt die aus Ihrer Entwicklungslinie heraustretenden Ziele – wohl wissend, dass sich Ziele stetig ändern –, aber auch die Schritte dahin und das Motto, das Sie begleiten wird. Von diesem geht eine besondere Umsetzungskraft aus!

Meine beruflichen Ziele: **Mein Weg dorthin:**

Mein Motto:

(nach Riekehof 2001)

1.6 Kompetenzentwicklung mit Führungsfeedback und Coaching

Arbeit an der Führungsqualität

Zahlreiche Befragungen haben eindeutig und repräsentativ ergeben, dass die Zufriedenheit mit der Art der Führung die Arbeitsfreude der Mitarbeiter/innen sehr viel effektiver zu fördern vermag als monetäre oder zeitliche Vergünstigungen. Qualität der Führung gehört so zu den wesentlichen Elementen, wenn nicht sogar Voraussetzungen einer qualitätsbewussten Organisation. Das Führungsfeedback ist ein Verfahren zur Einschätzung der Führungsqualität, der Rückmeldung dieser Einschätzung an die Führungskräfte sowie der Strategieentwicklung zur Verbesserung von Führungsqualität. Das Führungs-Coaching unterstützt die Führungskraft im Anschluss darin, an ihren aufgedeckten Entwicklungszielen professionell zu arbeiten und deren Erreichung nicht dem Zufall zu überlassen.

1.6.1 Das Führungsfeedback und sein vielfältiger Nutzen

Der Nutzen für die Führungskraft …
ist zum einen ein *Diagnosenutzen:* Die Führungskraft kann aufgrund dessen ihre Selbsteinschätzung mit der Fremdeinschätzung abgleichen und bekommt ein besseres Bewusstsein für ihre Stärken und deren Schattenseiten. Auch der *Entwicklungsnutzen* ist enorm: Die Führungskraft kann eigene Entwicklungsziele definieren und erhält damit eine Orientierung, wohin für sie die Reise weitergehen könnte. Auch der *Selbstkontrollnutzen* ist nicht zu verachten: Durch das nächste Führungsfeedback kann sie überprüfen, inwieweit ihre Anstrengungen gefruchtet haben, und hat die Chance auf Erfolgserlebnisse, was als *Motivationsnutzen* nicht zu unterschätzen ist. Auch die entstehende Nähe zu den Mitarbeiterinnen dient diesem Nutzen.

Der Nutzen für Mitarbeiter/innen …
ist ebenfalls ein *Motivationsnutzen* durch die Möglichkeit der Mitgestaltung von Führung und Zusammenarbeit, dem wesentlichen Faktor der eigenen Zufriedenheit. Der *Steuerungsnutzen,* die Erfahrung der Einflussgewinnung, macht Mitarbeiter/innen stark in der Verantwortungs-

übernahme. Der *Dialognutzen* dient der Gleichstellung im Team, schafft Nähe und wirkt sich auch in der Diskussion anderer Themen positiv aus.

Der Nutzen für den Arbeitgeber …
ist zum einen der *Qualitätssicherungsnutzen* durch Ermittlung des individuellen Verbesserungsbedarfs im Bereich Führungsqualität. Der *Personalentwicklungsnutzen* besteht in der Entwicklung zugeschnittener Maßnahmen der gezielten Förderung und Weiterentwicklung. Auch der *Evaluationsnutzen* ist wesentlich, weil durch das nächste Feedback die Wirksamkeit von Maßnahmen überprüft werden kann. Auch ist der *Personaleinsatznutzen* nicht zu übersehen, denn aufgrund des Feedbacks kann die Führungskraft noch besser entsprechend ihrer Kompetenzen und Potenziale eingesetzt werden.

Voraussetzung für die positive Wirkung des Führungsfeedbacks sind allerdings Anonymität, Konstruktivität sowie die Verpflichtung für die Führungskräfte bei Freiwilligkeit für die Mitarbeiter/innen.

1.6.2 Der Ablauf des Führungsfeedbacks und die Umsetzung mithilfe von Coaching

Die einzelnen Schritte:

▶ Am Feedback teilnehmende Mitarbeiter/innen füllen individuell (nicht im Team) einen Feedbackbogen aus, der im Vorfeld anhand definierter Führungskompetenzen erarbeitet wurde (Anlage 2). Dieser Schritt dient dazu, die Führungs- und Kooperationsbeziehung zwischen ihnen und der Führungskraft zu reflektieren. Er liefert mit den gewählten Kriterien und vier Möglichkeiten zum Ankreuzen ein erstes Vehikel zur Orientierung und um sich zu positionieren. Die Führungskraft füllt zu ihrer Selbsteinschätzung und dem anschließenden Abgleich ebenfalls einen Bogen aus.

▶ Die ausgefüllten Feedback-Bögen werden einer Person mit entsprechender Moderationskompetenz, die nicht selbst Beteiligte des Feedbacks ist (extern), zugeleitet und von ihr zusammengefasst. Die Anonymität der teilnehmenden Mitar-

beiter/innen bleibt so gewahrt. Es erfolgt keine statistische Auswertung mit Mittelwerten; Ziel ist ein auf den ersten Blick sichtbares »Gesamtbild«.

▶ Der Moderator/die Moderatorin bespricht das Ergebnis der Auswertung getrennt mit der Führungskraft und der Gruppe der Mitarbeiter/innen und bereitet die Beteiligten auf das gemeinsame Gespräch vor. Ziel für Mitarbeiter/innen und Führungskraft ist es, das Gesamtergebnis der Auswertung kennenzulernen (es geht nicht darum, Punkt für Punkt den Fragebogen durchzugehen). Die Führungskraft kann sich im Anschluss Gedanken über ihr wichtige Veränderungsziele machen. Die Mitarbeiter/innen können diskutieren, was wirklich wichtige Schwerpunkte sind, die im folgenden Gruppengespräch angesprochen werden sollen. Die Bereitschaft zum Dialog wird dabei gefördert.

▶ Auf der Grundlage der Auswertung der Feedbackbögen und der Vorgespräche findet das vom Moderator/der Moderatorin geleitete Gespräch zwischen Führungskraft und Mitarbeiter/innen statt. Ziel ist ein Dialog darüber, welche Veränderungen im Führungsverhalten gewünscht werden, damit alle ihre Arbeit reibungsloser, zufriedener und mit mehr Erfolg bewältigen können. In diesem Zusammenhang machen sich die Mitarbeiter/innen auch darüber Gedanken, wie ihr eigener Beitrag zu diesen Veränderungen aussehen kann. Diese Veränderungen werden konkretisiert und sollen in gemeinsam getragene Vereinbarungen münden.

▶ Wesentliche Ergebnisse des moderierten Gruppengespräches (Feedback und getroffene Vereinbarungen) werden am Ende einvernehmlich schriftlich festgehalten.

Unterstützung des Führungslernens durch Coaching

Sehr zu empfehlen ist Führungskräften im Anschluss an das Feedback die Inanspruchnahme eines berufsbezogenen Coachings, um gezielt an den ermittelten Entwicklungszielen zu arbeiten. Der Deutsche Berufsverband Coaching (DBVC) definiert den Begriff »Coaching« auf seiner

Homepage so: »Coaching … ist die professionelle Beratung, Begleitung und Unterstützung von Personen mit Führungs-/Steuerungsfunktionen und von Experten in Unternehmen/Organisationen.

Zielsetzung von Coaching ist die Weiterentwicklung von individuellen oder kollektiven Lern- und Leistungsprozessen bzgl. primär beruflicher Anliegen … In einer solchen Beratung wird der Klient angeregt, eigene Lösungen zu entwickeln. Ein grundsätzliches Merkmal des professionellen Coachings ist die Förderung der Selbstreflexion und -wahrnehmung und die selbstgesteuerte Erweiterung bzw. Verbesserung der Möglichkeiten des Klienten bzgl. Wahrnehmung, Erleben und Verhalten.«

Coaching kann dabei einzeln oder in Gruppen wahrgenommen werden, mit gelegentlichen oder regelmäßigen Sitzungen. Führen Sie hierzu zunächst ein unverbindliches Vorgespräch mit einem DBVC-ausgebildeten Coach in Ihrer Region.

2 Mitarbeiter/innen individuell führen

2.1 Führen mit Zielen

Kaskadenartige Zielvereinbarungen

Das Führen mit Zielen ist nicht neu. Insbesondere das Wachsen der Organisationen und das Schwinden der persönlichen Kontaktmöglichkeiten zwischen »oben« und »unten« machten Abstimmungsnotwendigkeiten immer schwerer und Zielvereinbarungen sinnvoll.

Diese müssen in ein humanistisches Führungsverständnis eingebettet sein. Sie verfolgen immer zwei Zwecke: Zum einen will man auf der Sachebene sicherstellen, dass die Leistung aller Mitarbeiter/innen in das Zielsystem des Unternehmens von oben nach unten sinnvoll eingebunden ist. Zum anderen sollen auf der Beziehungsebene mögliche Konflikte zwischen Organisations- und persönlichen Zielen der Mitarbeiter/innen überbrückt werden.

2.1.1 Den Nutzen von Zielen für alle Beteiligten sicherstellen

Das Führen mit Zielen muss mit dem Führungsleitbild (s. 1.3) übereinstimmen und als Instrument darin festgeschrieben sein. Das damit einhergehende Führungsverhalten ist in Denken, Reden und Handeln von den Führungsleitsätzen geprägt. Werden diese Führungsleitsätze nicht gelebt, werden die darin zur Anwendung kommenden Führungsinstrumente ihre Wirkung verfehlen.

Eine der wesentlichen Voraussetzungen des Führens mit Zielen besteht darin, dass in diesen Prozess alle Mitarbeiter/innen mit ihrem Arbeitsplatz gleichermaßen einbezogen werden. Der Systematik der Messbarkeit nach werden Ziele naturgemäß in quantitative (als in irgendeiner Form messbare) und qualitative (in aller Regel nicht oder nur über Hilfsgrößen messbare) eingeteilt. All diejenigen Aufgaben, die im Rahmen der Prozesskette mit messbaren Zielgrößen gesteuert werden, bringen auf der reinen Sachebene in aller Regel keine Schwierigkeiten in Bezug auf Zielfestlegung und Zielkontrolle mit sich. Schwieriger wird es, wenn sich gar keine messbaren Hilfsgrößen heranziehen lassen. In diesen Fällen kommt es dann einzig und allein auf die mehr oder minder subjektive gemeinsame Beschreibung und Kreativität im Hinblick auf die Überprüfbarkeit an.

Das Führungsverständnis muss stimmen

2.1.2 Das Zielvereinbarungsgespräch

Das Führen von Zielvereinbarungsgesprächen unterscheidet sich wesentlich von den tagtäglichen Gesprächen, die Sie mit Ihren Mitarbeiterinnen führen.

Die in der Regel einmal jährlich durchgeführten, vorbereiteten Zielvereinbarungsgespräche laufen bei vielen Trägern auch unter dem Begriff »Jahresgespräch«, der dessen institutionellen, anlassfreien, herausgehobenen Charakter ganz gut beschreibt und von anderen Gesprächsarten abgrenzt. Als Struktur hat es sich bewährt, zwischen Aufgabenzielen, Zielen der Zusammenarbeit sowie Entwicklungszielen zu unterscheiden (Anlage 3). Vereinbaren Sie dabei nicht mehr als ein bis zwei Ziele pro Zielart und Jahr. Nicht erreichte Ziele sind Anlässe, an Verbesserungen oder – in besonders aussichtslosen Fällen – Trennungen zu arbeiten.

2.1.3 Die Zielformulierung im pädagogischen Bereich

Worauf kommt es bei der Zielformulierung an? Zuerst vergegenwärtigen Sie sich den Unterschied zwischen Zielen auf der Verhaltensebene (etwas tun oder lassen) und auf der Haltungsebene (eine bestimmte

Einstellung entwickeln). Auch macht es einen Unterschied, ob das Ziel in einer bestimmten Situation oder situationsunabhängig sichtbar werden soll.

Smart oder nicht-smart – das ist hier die Frage

Die meisten Leitungskräfte wünschen sich über das Zielvereinbarungsgespräch eine neue oder andere Haltung der Mitarbeiter/innen, die aber in der Regel nur schwer überprüfbar sein wird. Insofern greifen

Der Unterschied zwischen Zielvereinbarungsgesprächen und alltäglichen Gesprächen

Zielvereinbarungsgespräch	hinsichtlich	Alltägliche Gespräche
Weiterentwicklung Mittelfristige Ziele Festlegen von Schwerpunkten	**Inhalte**	Tagesgeschäft Laufende Aufgaben Freie Themen
Mitarbeiter/in und direkte/r Vorgesetzte/r Unter vier Augen	**Teilnehmer/innen**	Auch in der Gruppe
Symmetrisch Vereinbarung	**Beziehungsstruktur**	Komplementär, bei Bedarf Anweisungen
Von beiden Gesprächspartner/innen	**Vorbereitung**	Auch unvorbereitet
Sich Zeit nehmen Anlassfrei Störungsfrei	**Rahmen**	Je nach Anlass
Geplant	**Zeitpunkt**	Ad hoc, kurzfristig
Einmal jährlich, bei Bedarf häufiger	**Häufigkeit**	Bei Bedarf
Schweigepflicht Weitergabe nur nach Vereinbarung beider Teilnehmer/innen	**Dokumentation**	Weitergabe nach sachlichen Gründen

bei der Vereinbarung einer neuen Haltung die empfohlenen »smarten« Formulierungen (s = spezifisch, m = messbar, a = anspruchsvoll, r = realistisch, t = terminiert) nicht unbedingt. Aus diesem Grund enthält der empfohlene Bogen den Satzanfang: »Das Ziel ist erreicht, wenn …« Hier werden Sie beschreiben, wie sich die neue Haltung zeigen wird. Das macht es leichter, später die Zielerreichung zu überprüfen.

Die Vereinbarung einer Haltung kann eine größere Wirkung entfalten, da sie mit mehr Emotionen versehen ist. Das (Verhaltens)Ziel, zum Beispiel auf dem nächsten Elternabend die Konzeption vorzustellen, ist sehr viel weniger emotional besetzt als das (Haltungs)ziel, zukünftig Eltern gegenüber selbstsicher und konstruktiv aufzutreten. Das Haltungsziel ist oftmals ein Identitätsziel, hat eine größere Spannbreite und Tiefenwirkung. Es zu erreichen bedeutet allerdings sehr viel mehr Arbeit und ist nicht so leicht überprüfbar. Fragen Sie sich jeweils: Worum geht es bei der jeweiligen Mitarbeiterin, beim jeweiligen Mitarbeiter?

Haltung oder Verhalten?

Die vier Möglichkeiten der Zielformulierung
(nach Storch 2009)

Haltung

1 – Situationsspezifisches Haltungsziel	2 – Situationsübergreifendes Haltungsziel
»Ich werde Eltern wertschätzen«	»Ich werde mich mehr auf das Positive in meinen Mitmenschen konzentrieren«

Situationsspezifisch — *Situationsübergreifend*

3 – Situationsspezifisches Verhaltensziel	4 – Situationsübergreifendes Verhaltensziel
»Ich werde bei Telefonaten mit Eltern freundlich nach deren Anliegen fragen und Angebote machen«	»Ich werde zukünftig mehr fragen und verbindliche Antworten geben«

Verhalten

Möchten Sie, dass die Mitarbeiterin zukünftig in gewissen Situationen etwas Bestimmtes tut bzw. lässt, vereinbaren Sie konkret messbare, smarte Ziele auf der Verhaltensebene. Diese sind relativ leicht umsetzbar, widersprechen in der Regel höchstens Gewohnheitsmustern. Möchten Sie jedoch eine tiefer gehende Veränderung einleiten, lehrt uns die Motivationspsychologie, dass die Entwicklung nur fruchten wird, wenn das Ziel mit Gefühlen verbunden ist und die Mitarbeiterin sich die Veränderung zu ihrem eigenen Ziel macht. Die damit verbundene Arbeit muss einen längerfristigen, echten Gewinn darstellen, um von Bedürfnis und Motiv über den Rubikon in den Umsetzungswillen und von da in die tatsächliche Umsetzung überzugehen. Ohne Mobilisierung von Affekten entsteht keine Willenskraft, die in Handlung umgesetzt werden kann.

Die Zielvereinbarung allein reicht nicht

Die Formulierung des Ziels allein reicht da noch nicht aus: Vor allem beim Haltungsziel braucht die Mitarbeiterin Unterstützung! Das kann durch Coaching oder Workshops, die gezielt zur Arbeit an der beabsichtigen Haltungsänderung stattfinden, erfolgen. Vor allem der wissenschaftlich fundierte ganzheitliche Ansatz des Zürcher-Ressourcen-Modells (entwickelt von Frank Krause und Maja Storch für die Uni Zürich) kann hier große Erfolge in einem überschaubaren Zeitraum nachweisen.

2.2 Delegation von Aufgaben

Die Delegation von Leitungsaufgaben ist eine besonders wichtige Führungsaufgabe, denn sie bringt nicht nur Entlastung für die Leitungskraft, sondern ist auch eine Chance für die Mitarbeiter/innen, sich fachlich und persönlich weiterzuentwickeln.

Eine noch so kompetente Leitung kann in ihrem Führungsalltag nicht alles gleich gut können und gleich gerne machen – und keiner erwartet das. Auch bei Zeitknappheit oder in Krisenzeiten werden Sie den nahe liegenden Ratschlag zu hören bekommen, doch »einfach« mehr Aufgaben zu delegieren, um sich Entlastung zu verschaffen. Und obwohl Ihnen das durchaus einleuchtet, fällt Delegieren mitunter schwer. Denn dabei laufen auf beiden Seiten – sowohl auf der delegierenden als auch auf der Empfängerseite – Mechanismen ab, die in den Blick ge-

2.2 Delegation von Aufgaben

nommen werden müssen. Zunächst gilt es jedoch zu klären, was unter Delegation zu verstehen ist.

Was heißt Delegation?
Unter Delegation versteht man die Übertragung einer Aufgabe an eine Mitarbeiterin oder einen Mitarbeiter, die diese selbstständig wahrnehmen sollen. Damit verbunden ist die Befugnis, die zur Aufgabenerfüllung notwendigen Entscheidungen zu treffen, sowie die Übertragung von bzw. die Information über die Ressourcen. Diese Definition enthält bereits alle wesentlichen Aspekte, auf die es bei Delegation ankommt. Es geht immer auch um

Zur Delegation gehören Befugnis und Information

- die Selbstständigkeit bei der Aufgabenerfüllung; das Gegenteil wäre die bloße auftragsgemäße Ausführung von Vorgaben ohne jeglichen Gestaltungsspielraum
- die Erteilung der Befugnis, die dafür notwendigen Entscheidungen zu treffen
- die Bereitstellung der notwendigen Ressourcen bzw. die diesbezügliche Information.

2.2.1 Test: Wie gut delegiere ich?

> ⮑ Ob dieses Kapitel für Sie als Leitung überhaupt relevant ist, reflektieren Sie bitte zunächst anhand des Fragebogens auf der folgenden Seite.

2.2.2 Grundsätze effektiver Delegation

Die Beachtung der folgenden Grundsätze hilft Ihnen dabei, die Übertragung von Aufgaben an Ihre Mitarbeiter/innen erfolgreich zu gestalten.

- Fragen Sie sich zunächst: »**Welche Aufgaben** möchte und kann ich mittelfristig delegieren?« Sind es routinemäßige Bestellungen, Bo-

Wie gut delegieren Sie?

	Ja	Nein
1. Nehmen Sie regelmäßig Arbeit mit nach Hause?	❏	❏
2. Arbeiten Sie öfters länger als Ihre Mitarbeitenden?	❏	❏
3. Verbringen Sie Zeit damit, Dinge für andere zu erledigen, die diese genauso gut selbst erledigen könnten?	❏	❏
4. Sind Postfach und Schreibtisch überhäuft, wenn Sie von einer Abwesenheit zurückkommen?	❏	❏
5. Werden Sie oft mit Fragen oder Bitten zu laufenden Projekten oder Aufgaben unterbrochen?	❏	❏
6. Wenden Sie Zeit für Routinedetails auf, die andere erledigen könnten?	❏	❏
7. Wollen Sie überall Ihre Hand im Spiel haben?	❏	❏
8. Müssen Sie sich beeilen, um Termine einhalten zu können?	❏	❏
9. Misslingt es Ihnen oft, sich auf Ihre Prioritäten zu konzentrieren?	❏	❏

Auflösung

0–1 Ja-Antworten: Sie delegieren auf ausgezeichnete Weise!
2–3 Ja-Antworten: Sie sollten Ihre Delegation verbessern!
4 und mehr Ja-Antworten: Die Delegation stellt für Sie wohl ein ernsthaftes Problem dar. Der Lösung dieses Problems sollten Sie absoluten Vorrang einräumen! Treffen Sie hierzu eine Zielvereinbarung mit sich selbst und planen Sie Schritte, wie Sie daran arbeiten!

Auswertung und Konsequenzen

Was hinderte Sie bisher daran, mehr Aufgaben zu delegieren?

Was können Ihre Mitarbeitenden fallweise oder dauerhaft von Ihren Aufgaben übernehmen?

Wie können Sie delegierte Aufgaben regelmäßig und wertschätzend kontrollieren?

Welche Art von Selbstkontrolle können Sie mit der Mitarbeiterin, an die sie delegiert haben, vereinbaren?

Gibt es Punkte, die Trägeraufgaben betreffen und die Sie dort klären müssen?

tengänge oder die Verwaltung eines Etats? Geht es um die Verantwortung für die Backups und Updates in Ihrer Bürotechnik? Oder handelt es sich um die Beauftragung und Abrechnung von Reparaturen? Sind damit die Dokumentation von Unfällen oder das Beschwerdemanagement angedacht? Vielleicht hätten Sie aber auch gerne eine Qualitätsmanagerin? Bedenken Sie aber, dass es nicht delegierbare Leitungsaufgaben gibt, zum Beispiel das Führen von Mitarbeitergesprächen, Zielvereinbarungen oder Konfliktgesprächen. Auch womöglich langfristig relevante Absprachen mit dem Träger sind ausschließlich Leitungssache. Sind also Ihre grundsätzlichen Werte und langfristigen Ziele betroffen, vermeiden Sie lieber falsche Weichenstellungen. Im Hier und Heute gibt es genügend Delegationsmöglichkeiten.

▶ Wählen Sie entsprechend der Aufgabe eine **Mitarbeiterin bzw. einen Mitarbeiter** aus. Setzen Sie dabei an deren Stärken an. Delegation darf nicht den Anschein von Strafe bekommen! Fragen Sie sich: Wer hat für genau diese Aufgabe die erforderlichen fachlichen methodischen, sozialen und persönlichen Kompetenzen? Und natürlich: Wer hat für die Übernahme der Aufgabe die benötigten zeitlichen Ressourcen, und sei es durch die Möglichkeit des Wegfalls oder des Verschiebens anderer Aufgaben?

Wer kann was wie?

▶ Wenn Sie eine Aufgabe delegieren, müssen Sie diese ganz **klar und eindeutig kommunizieren.** Stellen Sie Ihrer Mitarbeiterin Fragen (z. B. »Was hast du für Ideen, wie du das machen könntest?«) und lassen Sie sie Fragen stellen, um sicherzugehen, dass die Aufgabe verstanden worden ist. Legen Sie die Aufgabe (z. B. Einladung schreiben), die Kompetenzen (entscheiden, mit welchen Worten und in welchem Stil) und die Verantwortung (der Brief geht bis Freitag raus), die mit der Aufgabe verbunden sind, fest. Nur zu sagen: »Kannst du mal schnell …« ist keine effektive Delegation!

▶ Klären Sie für sich und für Ihre Mitarbeiter/innen auch, ob es sich um eine **befristete oder unbefristete Übertragung** handelt.

▶ Halten Sie die **Kommunikationskanäle offen** und machen Sie klar, dass Sie für Überlegungen und Unterstützung zur Verfügung stehen, ohne dauernd selbst nachzufragen.

▶ Lassen Sie die Mitarbeiter/innen die Aufgabe **auf ihre Art und Weise** ausführen. Zeigen Sie Vertrauen in ihre Fähigkeiten. Vermei-

Gestehen Sie Gestaltungsräume zu!

den Sie aber auch eine zu hohe Erwartungshaltung. Die Mitarbeiter/innen braucht eine echte Chance!

- **Überprüfen Sie den Fortschritt** der Aufgabe, aber übertreiben Sie es nicht mit Hilfsangeboten beim ersten Anzeichen eines Fehlers. Vertrauen Sie auch hier auf die Problemlösekompetenz Ihrer Mitarbeiter/innen.
- Halten Sie an der Verantwortung, die die Mitarbeiter/innen für die jeweilige Aufgabe zu tragen haben, fest. Aber tun Sie dies **als »Coach« und nicht als »Polizistin«**. Finden Sie notfalls heraus, was falsch gelaufen ist, und unterstützen Sie die Mitarbeiter/innen, wenn sie das möchten, beim Entwickeln von Lösungen.
- **Erkennen Sie das Engagement der Mitarbeiter/innen an.** Das klingt banal, aber es gibt immer noch Leitungskräfte, die nach dem Motto führen: »Nicht geschimpft ist auch gelobt!« Oder die die Erledigung übertragener Aufgaben für zu selbstverständlich halten, als dass sie Anlass für Anerkennung sein könnte.

»Warum fällt es mir so schwer, zu delegieren?«
Diese Frage stellen viele Leitungskräfte – und nicht nur jene, die aus der Kolleginnenrolle heraus in Führungsverantwortung gelangt sind und nun fürchten, dass der Rollenwechsel durch die Delegation zu augenfällig werden könnte.

Die psychologischen Hürden bei der Delegation

Da gibt es die Befürchtung, den Mitarbeiter/innen fehlten die Kenntnisse, um eine Aufgabe zufriedenstellend zu erledigen. Manche Leitungskräfte fühlen sich auch unwohl bei der Vorstellung, Aufgaben zu delegieren. Dahinter steckt nicht selten die grundsätzliche Frage, ob man einen anderen um etwas bitten darf bzw. ob man es wert ist, dass einem Arbeit abgenommen wird – ob man sich das erlauben darf.

Es könnte auch um Geschwindigkeit gehen. Das mag in manchen Fällen tatsächlich ein objektiver Grund sein, Dinge schnell selbst zu erledigen, denn Gewohnheit und Routine beschleunigen die Abläufe. Doch im Einzelfall ist zu prüfen: Bin ich so im Stress, dass Delegation meine Rettung wäre, ich aber genau aus diesem Grund nicht die Ruhe habe, effektiv zu delegieren?

»Meine Mitarbeiter/innen sind sowieso schon so beschäftigt!« Auch das mag stimmen, aber nur im Einzelfall und nicht generell. Es ist zu prüfen, ob dies jetzt gerade und bezüglich dieser Aufgabe tatsächlich der Fall ist.

Hinter mangelnder Delegation steckt nicht selten die Angst vor Kontrollverlust, die sich in dem Bedürfnis ausdrückt, alles jederzeit selbst im Griff zu haben und bei Anfragen Auskunft über den Stand der Dinge geben zu können. »Was ist, wenn mich jemand danach fragt?!« Da kann man nur sagen: »Ja und?«, denn Delegation ist eine völlig legitime Führungsaufgabe!

»Wenn jemand einen Fehler macht, bin ich dafür verantwortlich!« Auch das ist eine Annahme, die der Realität nicht standhält. Denn erstens geht es meistens nicht um »Leben und Tod« und zweitens haben Sie ja im Delegationsgespräch die Verantwortung übertragen. Die Verantwortung, die bei Ihnen bleibt, ist die, wem Sie welche Aufgabe übertragen. Selbst wenn also eine übertragene Aufgabe zu einer tragischen Konsequenz, z. B. einem Unfall, führen sollte, wird höchstens geprüft werden, ob Sie »falsch« delegiert haben. Ausschlaggebend wird dann sein, ob der Unfall bei dieser Mitarbeiterin mit einer höheren Wahrscheinlichkeit eingetreten ist, als dies bei Ihnen oder einer Kollegin der Fall gewesen wäre, und ob Sie das hätten wissen müssen.

Ein meist unbewusster Grund für Nichtdelegation ist auch das Bild von sich selbst als fleißige Arbeiterin. Ständig »am Anschlag zu sein« führt bei uns – anders als in manchen fernöstlichen Kulturen – nicht zu Scham darüber, dass man es nicht besser schafft, Prioritäten zu setzen oder auf das eigene Wohlbefinden zu achten, sondern wertet uns eher auf.

Manche Führungskräfte fühlen sich auch unwohl, wenn ihre Mitarbeiter/innen in einer aktuellen Sache mehr wissen als sie selbst und sie sich auf deren Urteil verlassen müssen. Sie befürchten, dadurch die eigene Position zu schwächen.

Auch die Haltung »Ich bekomme doch auch mehr Geld als meine Mitarbeiter/innen« verhindert Delegation höchst effektiv. Die Leitungskraft sieht sich durch ihre Position nicht mit dem Recht ausgestattet, komplexere Aufgaben auszufüllen und einfachere zu delegieren und damit der Kita zu dienen. Bei einer solchen Haltung sollte sie sich ernsthaft fragen: »Wofür kriege ich mehr Geld?«, um in ihrer Rolle stärker zu werden. »Das treibt einen Keil ins Team« lautet eine weitere Befürchtung, die bei guter, effektiver und fairer Delegation nicht eintreten muss. Selbst nicht genügend Kenntnisse zu haben für die Erledigung einer Aufgabe macht es schwer, zu delegieren. Es besteht die Sorge, dass durch die Einmischung der Mitarbeiterin die eigene Inkompetenz zutage treten könnte. Last, but not least fürchten manche Führungskräfte mangelnde Akzeptanz oder gar den Verlust von Achtung, wenn Sie Aufgaben an ihre Mitarbeiter/innen delegieren. Hier wäre es wichtig, sich mit der Akzeptanz als Leitung auseinanderzusetzen und der Frage der Stärkung der eigenen Position nachzugehen.

Die Reaktion der Mitarbeiter/innen
Auch wenn Mitarbeiter/innen von der Delegation immens profitieren können, weil sie an den Aufgaben wachsen, mehr und anders wahrgenommen werden und Anerkennung bekommen, ist ihre Begeisterung zuweilen gebremst, wenn es darum geht, sich auf die übertragene Aufgabe einzulassen. Es gibt eine Reihe möglicher Einwände gegen Delegation:

Häufig ist es die Angst vor Verantwortung: »Wenn das nichts wird, bin ich es gewesen«, denn »mit der Übernahme der Aufgabe wächst mein Risiko«. Mit dieser Vorstellung im Kopf bremst die Mitarbeiterin ihr Engagement aus. Oft ist es auch das Gefühl, nicht ausreichend informiert zu sein, was stimmen mag, wenn bisher die Leiterin die Aufgabe ausgeführt hat. Nur: Informationen können eingeholt werden!

Es gibt natürlich auch den Mitarbeiter/innentyp, der sich bei Anforderungen schnell überfordert fühlt. Oft sind das diejenigen, die auch in der Schule bzw. Ausbildung bereits unter Leistungsdruck und Versagensängsten gelitten haben. Dabei könnten sie aus der Übernahme der Aufgabe gute Hinweise dafür erhalten, wie sie Kinder ermutigen können, Dinge anzupacken.

Ein Einwand könnte auch sein: »Was sagen meine Kolleginnen dazu?« Ähnlich wie in der Schule, wo man herausgefunden hat, dass Schüler/innen hinter ihren Leistungen zurückbleiben, weil sie in den Augen der anderen nicht als »Streberin« oder »Schleimer« dastehen wollen.

Durch die Übernahme von Leitungsaufgaben entsteht auch größere Nähe zur Leitungskraft, und dies führt zwangsläufig dazu, mehr beobachtet zu werden. Das interpretiert die selbstsichere Mitarbeiterin als Chance, ihr Können zu beweisen, die weniger selbstsichere hat dagegen das Gefühl, unter Kontrolle zu stehen.

2.2 Delegation von Aufgaben

Die Haltungen und Gefühle, die durch die Delegation ausgelöst werden, sind in den seltensten Fällen bewusst, sondern äußern sich in spontanen Abwehrimpulsen, die eine Art Rückdelegation der übertragenen Aufgabe darstellen. Anstatt den Ball aufzufangen, den die Leitung ihr zuwirft, wirft die Mitarbeiterin ihn zurück oder lässt ihn fallen. Die Rückdelegation kann ganz unterschiedliche Formen annehmen, die nicht selten genau auf den wunden Punkt der Leiterin abzielen. Das Unbewusste arbeitet auch hier äußerst intelligent und effektiv! Für Sie als Leitung geht es darum, diese Abwehrversuche zu erkennen und dadurch unwirksam zu machen.

Wenn Mitarbeiter/innen mauern

- ⮕ Malen Sie sich aus, was durch die (vermehrte) Delegation von Leitungsaufgaben für Sie, Ihr Team und in Ihrer Kita anders laufen würde! Vielleicht nehmen Sie die Anregung wörtlich und malen ein Bild dazu, das Sie in Zukunft trägt?
- ⮕ Wohin würde sich idealerweise Ihr Aufgabenzuschnitt verlagern?
- ⮕ Was würden Sie gewinnen und wie würden Sie das nutzen?
- ⮕ Mit was für einem Team hätten Sie es in Ihren Wunschträumen zu tun?

Und gehen Sie das Thema praktisch an:

- ▶ Welchen Nutzen sehe ich für mich in der erfolgreichen Delegation von Aufgaben?
- ▶ Welche Aufgaben kann ich delegieren?
- ▶ Welche Aufgaben muss ich selbst erledigen?
- ▶ Was kann ich an wen delegieren?
- ▶ Was muss ich bei der Delegation von Aufgaben berücksichtigen?
- ▶ Wie sollte ich Aufgaben delegieren? Wie sollte ich konkret vorgehen?
- ▶ Auf welche Techniken der Rückdelegation muss ich mich einstellen?
- ▶ Wie werde ich damit umgehen?

2.3 Mitarbeiter/innen individuell führen

Um der grundsätzlichen Philosophie von Kindertageseinrichtungen gerecht zu werden und die Erzieher-Kind-Beziehung auch auf der Ebene Leitung-Erzieherin zu gewährleisten, gilt hier wie da die individuelle, situative, ressourcenorientierte Herangehensweise. Alles standardisierte Führungshandeln weicht hiervon ab und geht an den geführten Personen vorbei.

2.3.1 Der situative Führungsstil

Jede Führungssituation ist anders

Der sogenannte situative Führungsstil nach Hersey und Blanchard (vgl. Rosenstiel 2003) greift die Erfahrung vieler Führungskräfte auf, dass Führungshandeln unterschiedlichen Situationen angepasst werden muss. Dies ist vor allem im Bildungsbereich zu beachten, weil es dem pädagogischen Standard der individuellen statt standardisierten Menschenführung entspricht. Schließlich arbeiten die meisten Einrichtungen ja auch nach dem »situativen Ansatz«.

Stellen Sie sich zunächst vor, Sie kümmern sich nur darum, dass sich Ihre Mitarbeiter/innen wohl fühlen. Was passiert? Alle verstehen sich prima, aber gearbeitet wird unter den Qualitätsansprüchen. Kümmern Sie sich dagegen nur noch darum, dass Prozessziele erreicht werden, dann ist die Atmosphäre dahin. So ist zu erklären, was zahlreiche Untersuchungen bis zum heutigen Tage immer wieder bestätigen: Führungskräfte müssen sich sowohl um die Mitarbeiter als auch um die Zielorientierung der Einrichtung kümmern. Bereits aus diesen beiden Orientierungen ergeben sich unterschiedliche Stile.

- Bin ich eher am Befinden der Mitarbeiter/innen orientiert? Oder bin ich eher zielorientiert? Überlasse ich die Entwicklung in beiden Bereiche eher dem alltäglichen Geschehen? Oder gelingt es mir, mit Blick auf beides gleichermaßen engagiert zu sein?
- Wie würden meine Mitarbeiter/innen mich beschreiben?

2.3 Mitarbeiter/innen individuell führen

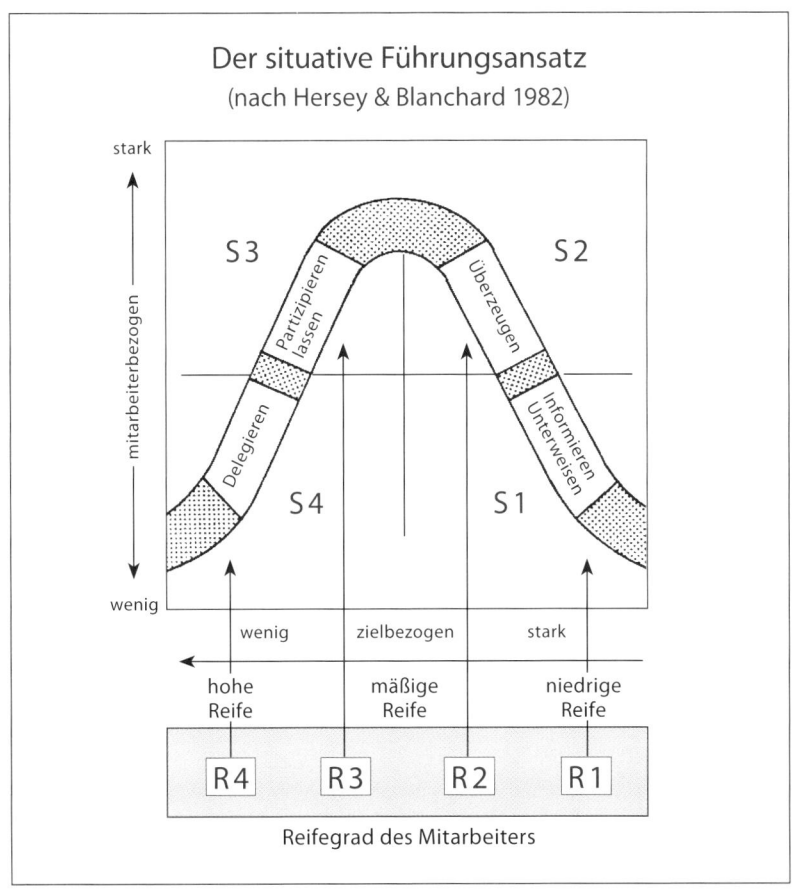

In der Abbildung zum Hersey & Blanchard-Modell sehen Sie eine Achse für zielbezogenes Verhalten und eine weitere Achse für mitarbeiterbezogenes Verhalten. Zielbezogenheit gibt dabei an, wie sehr die Führungskraft bestimmt, was der Mitarbeiter zu tun hat. Stark zielbezogen ist die Führungskraft dann, wenn sie vorgibt, wozu, was, wie der Mitarbeiter etwas zu tun hat. Wenig zielbezogen ist die Führungskraft dann, wenn sie delegiert, ohne viel zu kommentieren.

Stark mitarbeiterbezogenes Verhalten heißt: viele Gespräche, viel Anerkennung, viel menschliche Unterstützung und Hilfestellung, während bei gering mitarbeiterbezogenem Verhalten dies weniger stark ausgeprägt ist.

Aus der Verbindung von zielbezogenem und mitarbeiterbezogenem Verhalten ergeben sich nun vier unterschiedliche Führungsstile:

S1 = Informieren und unterweisen
S2 = Überzeugen
S3 = Teilnahme oder Partizipation
S4 = Delegieren.

Die Kurvenlinie durch das Quadrat zeigt an, welcher Stil in welcher Situation angemessen ist. Welchen Führungsstil eine Führungskraft anwendet, ist demnach vom »Reifegrad« der Mitarbeiter/innen abhängig. Passender hört sich für Pädagoginnen das Wort »Entwicklungsstand« an, welches im Weiteren verwendet wird.

Der Entwicklungsstand einer Mitarbeiterin kann nur auf eine klar abgegrenzte Aufgabe hin definiert sein. Kein Mensch kann in einem umfassenden Sinne als reif oder unreif bezeichnet werden: Eine Sekretärin kann vielleicht hervorragend Schreibmaschine schreiben, hat hier also einen hohen Entwicklungsstand; sie tut sich aber schwer, Tagungen gezielt vorzubereiten, hat hier also einen niedrigen Entwicklungsstand. Zugleich lassen sich vier unterschiedliche Entwicklungsstufen von Mitarbeiter/innen unterscheiden:

R1 = niedrige Reife
R2 – R3 = mäßige Reife
R4 = hohe Reife.

Definition des Entwicklungsstands
(nach Hersey & Blanchard 1982)

Entwicklung		Führungsstil
niedrig	Geringe Kompetenz und nicht motiviert	Informieren, anweisen
niedrig bis mäßig	Mäßig kompetent und wenig motiviert	Überzeugen
mäßig bis hoch	Fähig und mäßig motiviert	Beteiligen
hoch	Fähig und stark motiviert	Delegieren

Ist die Mitarbeiterin weder kompetent noch motiviert (R1), dann ist es am sinnvollsten, durch klare Anweisungen, gezielte Information und Unterweisung eine sichere Basis zu schaffen, auf der sie aufbauen kann. Das Führungsverhalten ist primär zielorientiert (S1).

Ist die Mitarbeiterin kompetenter geworden, aber noch wenig motiviert (R2), muss die Führungskraft zwar immer noch Informationen geben, sollte aber zusätzlich durch motivierende Gespräche überzeugen. Das Führungsverhalten ist sowohl ziel- als auch mitarbeiterorientiert (S2).

Ist die Mitarbeiterin weitgehend fähig, aber nur mäßig motiviert (R3), kann die Führungskraft sich mit Anweisungen und zusätzlichen Informationen zurückhalten, muss aber stark motivierend wirken, in diesem Falle die Mitarbeiterin mehr an Entscheidungen teilnehmen lassen, Gespräche mit Eltern zum Beispiel selbstständig, aber unter Beobachtung durchführen lassen. Das Führungsverhalten ist nun primär mitarbeiterorientiert (S3).

Wenn die Mitarbeiterin schließlich sowohl fähig als auch stark motiviert ist (R4), muss die Führungskraft nur noch die Aufgabe / das Ziel sowie die damit verbundene Kompetenz und Verantwortung delegieren. Sie muss sich weder zielbezogen noch mitarbeiterbezogen stark engagieren (S4).

Der situative Führungsstil bedeutet die Begleitung einer Entwicklung – von S1 hin zu S4. Leitungskräfte arbeiten bei diesem Führungsansatz an einem gemeinsamen komplementären Entwicklungsprozess.

Kompetenz und Engagement entscheiden

Der situative Führungsstil setzt auf Entwicklung

> Sprechen Sie mit Ihren Mitarbeiterinnen und Mitarbeitern über das Modell von Hersey & Blanchard und machen Sie das positive Menschenbild dahinter deutlich. Lassen Sie, bezogen auf klar definierte Ziele, Ihre Mitarbeiter/innen ihren eigenen Entwicklungsstand einschätzen. Sie tun desgleichen. Anschließend klären Sie: Wo decken sich Ihre Einschätzungen, wo gibt es Unterschiede? Vereinbaren Sie schließlich mit jeder Mitarbeiterin, wie Sie sie – bezogen auf ihren jeweiligen Entwicklungsstand, bei einer klar umrissenen Zielsetzung – führen werden. Damit wissen beide, was von ihnen erwartet wird, und das Konfliktpotenzial vermindert sich. Machen Sie auch deutlich, weshalb Sie unterschiedlich führen: Nicht wegen Willkür oder »Nasenfaktor«, sondern wohl durchdacht, aus dem gleichen Grund, der für den individuellen Umgang mit Kindern und Eltern spricht: Nur der Mensch hinter dem sichtbaren Verhalten zählt!

2.3.2 Die verschiedenen Mitarbeitertypen

Ihre Menschenkenntnis sagt Ihnen schon lange, dass Sie Menschen nicht nach Schema F nehmen können, sondern sich auf deren Unterschiedlichkeit einstellen müssen – jenseits von Kompetenz und Engagement, sondern im Hinblick auf deren einzigartige Persönlichkeit. Menschen sind so verschieden wie ihre Fingerabdrücke, und eine Klassifizierung ist immer gefährlich, sodass Ratgeber à la »Man gehe wie folgt vor …« an einem Teil des Menschen vorbeigehen. Um nicht zu verallgemeinernd zu sein und dabei doch die Komplexität etwas handhabbarer zu machen, kann folgende Veranschaulichung der vier Pädagog/innentypen hilfreich sein. Basis ist das Grundmodell von Fritz Riemann und Christoph Thomann (Thomann 2004).

In seinem Buch »Grundformen der Angst« betrachtet der Psychoanalytiker Fritz Riemann die menschlichen Handlungen und Stimmungen vor dem Hintergrund von vier Grundimpulsen, von denen jeweils zwei polare Gegensätze darstellen. Das eine Gegensatzpaar lässt sich beschreiben als Streben nach Dauer versus Streben nach Wandlung oder Wechsel. Das andere Gegensatzpaar beinhaltet Streben nach Selbstbehauptung, Distanz versus Streben nach Selbsthingabe, Nähe. Das Streben in eine Richtung resultiert aus der Angst vor dem Entgegengesetzten: So entsteht zum Beispiel das Streben nach Dauer aus der Angst vor der Veränderung, Wechsel bzw. Wandel. Fritz Riemann beschreibt das

Grundkräfte im Kosmos	Grundkräfte beim Menschen	Ängste vor	Streben nach	Typ
Drehung der Erde um ihre Achse	*Ich-Typ*, kreist um sich selbst	Selbsthingabe Ich-Verlust Abhängigkeit	Selbstbewahrung	A (Distanz-Typ)
Drehung der Erde um die Sonne	*Du-Typ*, kreist um andere	Selbstwerdung Ungeborgenheit Isolierung	Selbsthingabe	B (Nähe-Typ)
Beharrungskräfte (Schwerkraft)	*Ordnungstyp*; relativ starr	Wandlung Vergänglichkeit Unsicherheit	Sicherheit	C (Dauer-Typ)
Bewegungskraft (Fliehkraft)	*Bewegungstyp*; relativ unbeständig	Endgültigkeit Unfreiheit Zwängen	Risiko	D (Wechsel-Typ)

2.3 Mitarbeiter/innen individuell führen

Wesen der Angst in vier elementaren, d. h. an den Grundkräften des Kosmos orientierten Ausprägungsvarianten.

Das Modell zeigt jeweils zwei gegensätzliche Grundkräfte (A – B und C – D), die einerseits als widersprüchlich, andererseits als sich anziehend empfunden werden. Persönliche Weiterentwicklung heißt unter anderem, immer wieder ein Gleichgewicht zwischen diesen vier Grundkräften anzustreben.

Das Modell vermittelt mehr Selbst- und Fremdverständnis sowie den Sinn für die Zusammenhänge, in die wir involviert sind. Angst ist dabei etwas Natürliches, was in jedem Menschen in unterschiedlicher Ausprägung vorhanden ist. Sie beeinflusst unsere Persönlichkeitsstruktur und hat damit Auswirkung auf unser Verhalten in Lebenssituationen und auf unser Verhalten in Gruppen. Riemann beschreibt dabei einen Doppelaspekt der Angst: Einerseits aktiviert sie und fordert uns auf, sie zu überwinden, andererseits kann sie uns lähmen.

Verstehen, was uns zu unterschiedlichen Persönlichkeiten macht

Dauer: Struktur und Sicherheit

Frau Treu:
Mir liegt eine vertrauensvolle Atmosphäre besonders am Herzen – für Kinder, Eltern und uns. Eine homogene Gruppenstruktur bietet mehr Ruhe und Geborgenheit als eine heterogene. Ich nehme mir Zeit für Beobachtungen, Einzel- oder Kleingruppenarbeit und führe (zeit)intensive Elterngespräche. Ich bereite mich gründlich auf Elternabende vor, um das Risiko von Konflikten gering zu halten.

Frau Grund:
Ich bevorzuge die Arbeit mit Material und Raum. Ich finde Programme und Curricula hilfreich hinsichtlich Struktur und Orientierung, fördere Kinder sehr gezielt und dokumentiere selbstverständlich deren Entwicklung. Meine Projekte plane ich gewissenhaft und professionell und versuche andere damit zu überzeugen. Regeln erleichtern mir den (pädagogischen) Alltag.

Nähe: Beziehungen und Kontakte

Vielfalt pädagogischer Haltungen

Distanz: Individualität und Ich-Stärke

Frau Scherz:
Ich arbeite gerne mit der ganzen, gerne heterogenen Gruppe und ihrer Dynamik und versuche, Synergieeffekte herzustellen. Ich beziehe dazu gerne Eltern aktiv mit ein und kümmere mich um die Öffentlichkeit. Ich pflege lebhafte Kontakte zu Kooperationspartnern. Bei meiner Arbeit ist mir Spaß besonders wichtig.

Frau Kämpfer:
Ich liebe künstlerisches Arbeiten in offener Gruppenstruktur, bei der ich an den Ressourcen der Kinder ansetze. Ich probiere Neues gerne aus, auch mit dem Risiko des Misslingens. Ich liebe alles, was die Routine durchbricht. Ich liebe Vielfalt an Material, aber auch die heterogene Kindergruppe (altersgemischt, viele Nationalitäten …).

Wechsel: Vielfalt und Veränderungen

Nutzen Sie dieses Modell, um für sich neue Zugänge zu einzelnen Mitarbeiter/innen zu bekommen. Oder vermitteln Sie es dem Team, um gemeinsam zu reflektieren, weshalb es zwischen Einzelnen manchmal hakt, oder um Aufgaben und Projekte noch besser auf die individuellen Potenziale zuzuschneiden. Das befördert die Kommunikation, ist damit sehr aufschlussreich, schafft ein neues Verständnis füreinander und macht eine eventuell neue Aufgabenverteilung möglich.

2.3.3 Die ressourcenorientierte Mitarbeiterführung

> ⊃ Wenn Sie nach den Mitarbeitern gefragt werden, mit denen Sie es als Führungskraft zu tun haben: Von wem erzählen Sie als erstes? Wer ist dann an der Reihe? Welchen Zeitanteil werden wohl bei Ihrer Erzählung welche Mitarbeiter/innen beanspruchen?

Sehr häufig sind es die »schwachen« Mitarbeiter/innen, das heißt diejenigen, die die Erwartungen nicht hundertprozentig erfüllen, die als erstes thematisiert werden. Dabei besteht einer der wesentlichen Grundsätze der Elementarpädagogik darin, sich auf die vorhandenen Stärken zu konzentrieren. Sonst machen Sie bestenfalls aus den großen Schwächen kleinere Schwächen, während die vorhandenen Stärken verkümmern oder die guten Leute gehen! Wenn auch nur die Stärken gleiche Stärken bleiben, die nicht gesehen und genutzt werden, haben Sie nichts gewonnen. Ihr Ziel sollte immer sein, Stärken mit Aufgaben zur Deckung zu bringen, das heißt Menschen dort einzusetzen, wo ihre Stärken liegen. Dies gilt sowohl im Hinblick auf die Erzielung guter Resultate als auch für die Arbeitsfreude der Menschen!

Ressourcenorientiert statt defizitorientiert führen

Heißt das nun, Schwächen zu ignorieren? Keineswegs! Wichtig ist jedoch nicht, sie zu kennen, um sie zu beseitigen. Denn Sie können Menschen nicht ändern, oder zumindest stehen die erforderlichen Energien in keinem Verhältnis zu den möglicherweise zu erzielenden Verbesserungen (darüber hinaus stellt sich die ethische Frage, ob diese Absicht überhaupt legitim ist). Aber Sie sollten sie kennen, um Menschen nicht genau dort zu fordern, wo deren Schwächen liegen.

2.3 Mitarbeiter/innen individuell führen

Führungskräfte sind gut beraten, wenn sie beobachten, was ihre Mitarbeiter/innen gerne tun und was sie gut tun. Und wenn sie das Gespräch suchen! Und wenn Sie darauf achten, ob ihre Leute auch richtig, d. h. entsprechend ihrer Stärken, eingesetzt sind.

2.3.4 Klassische Beziehungsmuster zwischen Leitung und Mitarbeiter/in

Die Transaktionsanalyse (TA) ist in erster Linie ein Modell, mithilfe dessen man Konfliktsituationen in Gesprächen lösen bzw. von vornherein vermeiden kann. Sie geht auf den Arzt und Psychiater Eric Berne zurück, der beobachtete, dass sich das Verhalten des Menschen eigentlich nur auf drei Ebenen (Ich-Bereichen) abspielt: dem sogenannten Eltern-Ich, dem Erwachsenen-Ich und dem Kindheits-Ich. Ähnlich wie beim Instanzenmodell nach Freud spricht die TA damit von bestimmten Ich-Bereichen der Persönlichkeit, die unser Verhalten und damit auch unser Verhalten in Gesprächen bestimmen.

Das Eltern-Ich

Aus dem Eltern-Ich reagieren wir nach Werten und Normen, die wir von unseren Bezugspersonen im Laufe unserer Erziehung mitbekommen und verinnerlicht haben. Wir reagieren entweder

- kritisch (= *kritisches* Eltern-Ich): »Termine sind da, um eingehalten zu werden.«

  oder

- fürsorglich (= *fürsorgliches* Eltern-Ich): »Halb so schlimm, das bekommen wir schon wieder hin.«

Das Erwachsenen-Ich

Aus dem Erwachsenen-Ich treffen wir sachliche Aussagen, wie »Es ist gerade fünf Uhr«, erfragen Fakten, z. B. »Wann wird das Kind XY abgeholt?«, oder wägen ab: »Den Termin können wir sicher nur halten, wenn jeder rechtzeitig kommt.«

> **Das Kind-Ich**
> Aus dem Kind-Ich reagieren wir in Gesprächen ungezwungen und geben unseren Gefühlen freien Lauf oder passen unser Verhalten bestimmten Normen an durch
>
> ▶ spontane Aussagen (= *freies* Kind-Ich): »Ganz toll, wie Sie die Sache hinbekommen haben!«
>
> ▶ Formulierungen (= *angepasstes* Kind-Ich): »Sie haben recht, da habe ich einen Fehler gemacht.« »Entschuldigung, es kommt nicht wieder vor!«

Wie kann man nun mithilfe des Erklärungsmodells der Transaktionsanalyse »Transaktionen analysieren«? Wichtig ist, zu verstehen, dass Botschaften aus dem Eltern-Ich mit hoher Wahrscheinlichkeit eine Reaktion aus dem Kind-Ich provozieren und umgekehrt, weil dies komplementäre Rollen und Wechselspiele sind, die wir in früher Kindheit kennengelernt haben. Botschaften aus dem Erwachsenen-Ich sprechen das Erwachsenen-Ich im anderen an und befördern dadurch mit hoher Wahrscheinlichkeit eine Reaktion ebenfalls aus dem Erwachsenen-Ich.

Oben-Unten-Spiel oder auf Augenhöhe?

Machen Sie sich Ihre spontanen Reaktionsmuster bewusst, wenn Sie mit dem Gesprächsverlauf und eingefahrenen Interaktionsmustern nicht zufrieden sind. Achten Sie darauf, aus welchem Ich die Aussage des Gesprächspartners kommt, um aus dem entsprechenden heraus reagieren zu können und es damit zu einem positiven Gesprächsverlauf kommen zu lassen. Ein Beispiel:

Chefin: »Sie waren heute schon wieder zu spät!« (Kritisches Eltern-Ich)
Reaktion 1: Mitarbeiterin geht schuldbewusst an den Arbeitsplatz (Angepasstes Kind-Ich).
Reaktion 2: »Sie kommen doch selber dauernd zu spät!« (Kritisches Eltern-Ich)
Reaktion 3: »Stimmt, das ist wirklich ärgerlich. Soll ich es Ihnen erklären, was los war oder worum geht es?« (Erwachsenen-Ich) Die Situation kann sachlich geklärt werden. Allerdings nur, wenn auch die Körpersprache erwachsen und nicht kritisch oder kindlich ist!

Wichtig ist wie immer in der Kommunikation die Authentizität: Der andere merkt sehr genau, ob die Reaktion Folge antrainierter Technik ist oder Ausdruck der inneren Haltung. Fragen Sie sich jeweils: In welchem Ich-Zustand bin ich tatsächlich? Sehe ich mich elternhaft überlegen, kindlich unterlegen oder erwachsen auf Augenhöhe mit dem Gesprächspartner?

2.4 Die Führungskraft als Coach

Coaching ist eine Beratungsform, bei der es um die Unterstützung, Weiterentwicklung und auch die Veränderung beruflichen Handelns einer Person geht (siehe 1.6.2). Externe Coachs haben eine spezifische Qualifikation und arbeiten nach einer eigenen Methode. Führungskräfte hingegen sind oft nicht zum Coach ausgebildet, und dennoch schlage ich hier Coaching für Führungskräfte aller Ebenen vor – als Haltung und Ansatz, den Sie in Ihr vorhandenes Führungsrepertoire integrieren, als eine Spezifizierung der Kümmererrolle.

Aufgrund ihres Verantwortungsbereichs hat die Vorgesetzte im Gegensatz zum externen Coach immer auch eigene Interessen an einem schnellen und vielleicht auch messbaren Coachingerfolg. Sie möchte gerne, dass ihre Mitarbeiter/innen in ihrem Sinne beruflich handeln und den Erfolg der Institution im Blick haben. Der Umgang mit Interessenkonflikten kann während des Coachings zum Beispiel durch direktes Ansprechen erleichtert werden.

Die Coachingrolle der Führungskraft

2.4.1 Der Rollenanteil Coaching im Wechselspiel mit anderen Führungsaufgaben

Natürlich ist nicht jede Führungssituation für die Coachingrolle geeignet. Für das Coaching bieten sich zum Beispiel folgende Situationen an:
- Wenn Mitarbeiter/innen neu anfangen und eingearbeitet werden müssen
- Wenn Mitarbeiter/innen neue Aufgabenbereiche übertragen werden – Delegation
- Wenn Mitarbeiter/innen in ihrem Aufgabenbereich auf Schwierigkeiten stoßen

- Wenn Veränderungen in der Kita bevorstehen
- Wenn sich das Verhalten einer bestimmten Mitarbeiterin ändern soll
- Wenn Mitarbeiter/innen von sich aus um Unterstützung anfragen.

Diese Beispiele verdeutlichen zum einen, dass Coaching jeweils ein sehr individueller Prozess ist und stark von der jeweiligen Situation abhängt. Zweitens ist Coaching von Mitarbeiter/innen eine Maßnahme, die sich offensichtlich in ganz vielen Situationen anbietet und daher eher als Führungsstil, denn als Führungsinstrument bezeichnet werden sollte. Und Führungsstil hat in erster Linie mit Haltung zu tun!

Haltung der Führungskraft als Coach

Beim Coaching ist es wichtig, dass die Führungskraft eine spezifische innere Haltung einnimmt. Es geht nicht nur darum, den Mitarbeiter/innen neue Fertigkeiten beizubringen oder ihr Verhalten zu korrigieren, sondern darum, ihnen insgesamt zu mehr Erfolg und Zufriedenheit zu verhelfen. Coaching ist eine Grundhaltung, ein Rollenverständnis und charakterisiert einen inneren Prozess, weniger eine Vorgehensweise. Ein Coach braucht als innere Haltung Interesse für die Meinung und Position des anderen und muss diese respektieren können, außerdem geht es hier um Offenheit, positive Wertschätzung und Glaubwürdigkeit.

Das echte Interesse der Führungskraft an der Meinung und den Auffassungen der Mitarbeiter/innen muss ehrlich gemeint sein. Ohne echtes Interesse am anderen ist kein Verstehen möglich. Dieses Interesse ist Voraussetzung für die Herausbildung eines vertrauensvollen Umgangs miteinander im Coaching. Positive Wertschätzung und Respektieren der Sichtweise des anderen sind die wichtigsten Bestandteile der inneren Haltung, die eine Führungskraft beim Coachen von Mitarbeiter/innen braucht.

Glaubwürdigkeit der Führungskraft stellt für die Mitarbeiter/innen eine Möglichkeit dar, am Modell zu lernen. Das heißt, dass eine Führungskraft als Coach selbst so handeln und reden muss, wie sie es von ihren Mitarbeiter/innen erwartet. An dieser Stelle konsequent zu sein, steigert die Glaubwürdigkeit einer Führungskraft ganz wesentlich. Dazu kommt, dass die Mitarbeiter/innen eher bereit sind zu lernen, wenn die Führungskraft selbst auch bereit dazu ist, dazuzulernen und eigene Fehler einzugestehen und zu bearbeiten.

Das Coaching von Mitarbeiter/innen durch die Führungskraft wird durchaus unterschiedlich diskutiert. Es gibt Stimmen, die ein solches Vorgehen für schwierig, wenn nicht gar für unmöglich halten. Und einiges davon hat seine Berechtigung und sollte bedacht werden:

▶ So sind und bleiben die **hierarchischen Unterschiede** zwischen Führungskraft und Mitarbeiter/in vorhanden. Dieses Problem kann durch Ansprechen zwar nicht aus der Welt geschafft, aber doch erleichtert werden. Transparenz ist vertrauensfördernd.
▶ Eine Aufgabe von Führungskräften ist die **Beurteilung der Mitarbeiter/innen**. Das wissen diese natürlich auch. Und allzu leicht werden Befürchtungen wach, im Coaching durch die Führungskraft beurteilt zu werden. Da es realistischerweise nicht möglich ist, Beurteilung und Coaching voneinander unberührt nebeneinander durchzuführen, sollte die Führungskraft ebenso wie bei den hierarchischen Unterschieden Transparenz durch Offenheit herstellen und Gesprächsbereitschaft zu diesem Thema zeigen.
▶ Bei einem Coaching durch einen externen Coach können zum Beispiel auch private Themen unbefangen besprochen werden. Coaching durch die Führungskraft macht das normalerweise nur eingeschränkt möglich, auch wenn ein vertrauensvoller Umgang besteht. Manchmal wirken die **privaten Themen** aber stark in das berufliche Handeln hinein.
▶ Coaching von Mitarbeiter/innen kann nicht funktionieren, wenn es ein schwerwiegendes **Problem zwischen Führungskraft und Mitarbeiter/in** gibt. In so einem Fall ist unbedingt erst das Problem zu klären.
▶ **Freiwilligkeit** ist eine notwendige Bedingung für jedes Coaching durch Führungskräfte. Führungskraft und Mitarbeiter/in müssen die Möglichkeit haben, Coaching abzulehnen oder zu beenden, ohne dadurch negativen Konsequenzen ausgesetzt zu sein.

Grenzen beim Coaching von Mitarbeiter/innen

2.4.2 Dialog und lösungsorientierte Kommunikation

Das Dialogmodell der Kommunikation
Nach Bernd Schmid und Stefan Mathias Wahlich agieren und verständigen sich Menschen grundsätzlich auf zwei Weisen – bewusst-metho-

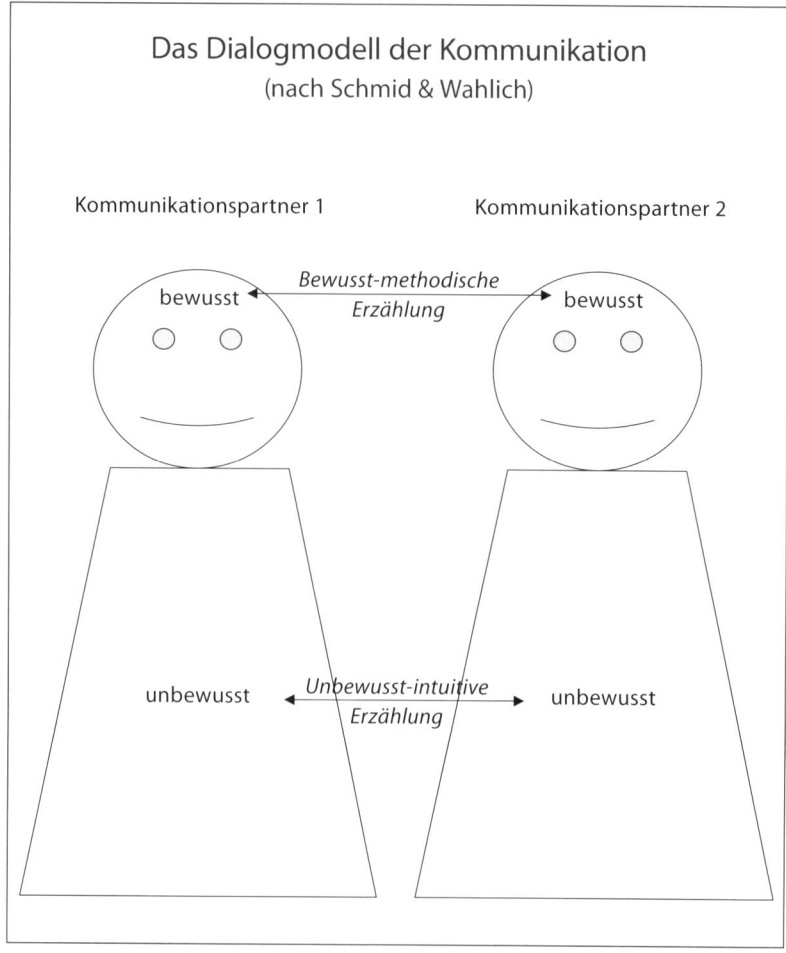

disch und unbewusst-intuitiv. Nehmen wir einmal zwei Personen, die sich darüber verständigen wollen, welches Anliegen Person A an Person B hat. Auf der bewusst-methodischen Ebene wird Person B vielleicht den Kommunikationsprozess durch folgende Frage zu steuern versuchen: »Was ist Ihr Anliegen?« Person A würde daraufhin bewusst-methodisch antworten, indem sie beispielsweise sagt: »Wir sollten einmal über das Verhalten von Frau XY beim gestrigen Elternabend sprechen.« Unbewusst-intuitiv aber werden beide von vielfältigen Bezügen beeinflusst, die zum jeweiligen Zeitpunkt nicht bewusst erörtert werden (können). So wird Person A Vermutungen über die Haltung von Person

B haben, diese aber nicht zum Gegenstand des Gesprächs machen, weil sie ihr selbst noch nicht klar ist und gerade die Abklärung des Themas »Frau XY« im Vordergrund steht. Für Person B mag im Gespräch mitschwingen, dass Person A einen sehr barschen Ton an den Tag legt, doch thematisiert sie es nicht, weil es ihr nicht ins Bewusstsein tritt.

Dass wir im Kommunikationsprozess viele Fragen und Aspekte ausblenden, bedeutet jedoch nicht, dass diese nicht steuerungsrelevant sind – im Gegenteil, die Steuerung einer Gesprächssituation erfolgt in hohem Maße intuitiv.

Das Dialogmodell folgt der Grundthese: Qualitativ hochwertige Erzählungen haben über den bewusst-methodischen, inhaltlichen Anteil hinaus einen zweiten unbewusst-intuitiven Anteil. Der Begriff »Erzählung« steht hier für »Wirklichkeitsinszenierung« (siehe 1.3.1). Die Kommunizierenden erzeugen einen Rahmen, in dem sowohl bewusst-methodische als auch unbewusst-intuitive Inhalte zu einer gemeinsamen Erzählung verschmelzen.

Der unbewusst-intuitive Anteil ist in der Kommunikation bei weitem größer. Dies lässt sich leicht verstehen, denn unbewusst bedeutet in diesem Zusammenhang nicht, wie in der psychoanalytischen Tradition, verdrängt oder abgespalten, sondern lediglich »momentan nicht mit Aufmerksamkeit besetzt«. Es wird uns nie gelingen, alle relevanten Aspekte bewusst in den Fokus zu nehmen und zu steuern. Trotzdem (oder gerade weil) die unbewussten Anteile in der Kommunikation so groß sind, geschieht mit einiger Verlässlichkeit eine hochkomplexe Abstimmung. All dies zeigt sich in unserer Sprache und unseren Erzählungen, ohne dass es bewusst bemerkt würde oder steuerbar wäre.

Ein Beispiel: Einstellungsinterviews dienen dazu, der Kita Personen zuzuführen, die geeignet sind, an der Entwicklung der Familien und der Einrichtung mitzuarbeiten. Oft kommt es dazu, dass der methodische Anteil das Gespräch bestimmt und sich am Ende zeigt, dass sowieso jeder bereits seine bevorzugte Kandidatin oder seinen Kandidaten im Kopf gehabt hatte. Da diese Prozesse ohnehin ablaufen, kann es für die Bewerberauswahl sinnvoll sein, die Intuition genauso zu schulen wie die Arbeit an den Auswahlkategorien und die Festlegung des Prozedere. Bei entsprechender Schulung zu Einstellungsinterviews könnte zum Beispiel auch über Bilder gesprochen werden, die in den Entscheider/innen auftauchen.

Bewusstes und Unbewusstes in der Kommunikation

Die Führungskraft als Dienstleister

Dialogische Führung setzt auf die Fülle an Ideen und Impulsen der Mitarbeiter/innen, die dem großen Ganzen zur Verfügung stehen und sieht ihre wesentliche Rolle in der des

- Dienstleisters, der die Arbeit der Mitarbeiter/innen möglich macht durch Koordination, Information, Ressourcenbeschaffung, Unterstützung etc.
- Beraters, der seinen Mitarbeiter/innen hilft, Entscheidungen zu treffen
- kritischen Beobachters mit der Pflicht, Handlungen und deren Folgen zu spiegeln.

Dieses Rollenverständnis erfordert meist eine tiefgehende Haltungsänderung auf beiden Seiten – von Führungskraft und Mitarbeiter/innen –, weicht sie doch stark von unserem sozialisierten Führungsverständnis ab. Einen solchen Veränderungsprozess mit allen Konsequenzen in Gang zu setzen wird sich jedoch in einem deutlichen Qualitätssprung auf allen Ebenen (Werte, Freude, Verantwortung, Konflikt- und Burn-out-Prävention) auszahlen.

Die lösungsorientierte Kommunikation

Entwickelt von Steve de Shazer und Isoo Kim Berg folgt diese Form der Gesprächsführung konsequent dem Grundsatz: Reden über Probleme schafft Probleme, reden über Lösungen schafft Lösungen. Probleme zu lösen ist eine wichtige Führungsaufgabe. Noch wichtiger – weil wirkungsvoller – ist jedoch, nach den Chancen im Problem zu suchen! Diese zu erlernende Fähigkeit steht im engen Zusammenhang mit der Fähigkeit zur Selbstmotivation.

Wichtig ist, positives Denken nicht als »unter den Teppich kehren von Problemen« zu verstehen. Im Gegenteil: Positiv denkende Menschen beschäftigen sich stark mit anstehenden Problemen. Sie können auch niedergeschlagen und frustriert sein wie alle anderen Menschen. Der Unterschied liegt darin, dass sie es nicht lange bleiben oder gar darin verharren, sondern dieser Zustand irgendwann in einen konstruktiven Zustand übergeht, indem sie sich fragen: Wie kann ich das bestehende Problem nutzen? Welche Chance steckt auch darin?

2.4 Die Führungskraft als Coach

> Das lösungsorientierte Gespräch widmet sich nicht dem Vertiefen der Probleme, sondern setzt sich ein für die Entwicklung der Vorstellung einer möglichen Lösung. Nicht nur für die gezielt angesetzten Personal- oder Elterngespräche ist lösungsorientierte Sprache förderlich, sondern auch Ihren alltäglichen Sprachgebrauch sollten Sie einer kritischen Betrachtung unterziehen – genauso, wie die Sprachförderung von Kindern nicht nur in ausgewählten Stunden stattfindet, sondern in der tagtäglichen Kooperation.

Die geradezu hypnotische Wirkung von Sprache weisen verschiedene Experimente nach, auf die sich die »Lösungsorientierte Beratung« (de Shazer 2009) beruft: Eine Reihe von Probanden sollte, verteilt auf verschiedene Räume, Fragebogen ausfüllen zum Thema Lebensqualität. Ein Teil der Probanden verwendete eher positive Begriffe – zum Beispiel: Freude, gut, Qualität, Freunde, schön, Entspannung …, während der andere Teil eher Negativformulierungen benutzte: Ärger, schlecht, Auseinandersetzung, Konflikt, Spannung … Anschließend sollten alle Teilnehmer/innen an diesem Experiment ihren Fragebogen im Sekretariat abgeben, und zwar dem Professor persönlich. Nun geschah Folgendes: Die Probanden mussten erst vor abgeschlossener Tür warten und anschließend kam zwar die Sekretärin, aber nicht der Professor. Die Reaktionen wurden dabei beobachtet und dokumentiert. Und siehe da: Die Probanden mit den Negativformulierungen waren sehr viel schneller ungeduldig oder sogar aggressiv, während die positiv Gestimmten sich geduldig und kooperativ gegenüber der Sekretärin verhielten. Dieses Experiment wurde mehrmals mit dem gleichen Ergebnis wiederholt.

Was nützen uns diese Erkenntnisse? Eine ganze Menge! Wie oft sprechen Sie in Teamsitzungen von »Problemen«, »Hindernissen«, »Schwierigkeiten«, »Konflikten«, »Beschwerden« oder »Verschlechterung«? Könnten Sie nicht auch genauso gut fragen nach »Themen«, nach »Situationen«, nach »Diskussionsbedarf«, nach »Gesprächen« oder »Wünschen«? Wohlgemerkt: Es geht hier nicht um das Verleugnen von Problemen, sondern um das Formulieren der anderen Seite der »Problem-Medaille«: die Lösungssuche. Das halb volle Wasserglas ist genauso voll

Die (selbst)hypnotische Wirkung der Sprache

wie das halb leere, die Perspektiven fühlen sich aber ganz unterschiedlich an. Und letztlich geht es natürlich immer ums Nachschenken!

> Fragen Sie Ihr Team zum Beispiel nie: »Was macht das Problem mit den Eltern xy?«, sondern eher: »Wie sieht die jüngste Entwicklung der Eltern xy aus?« Sie lenken so durch eine bewusst formulierte Frage die Aufmerksamkeit auf Entwicklungen. Fragen Sie auch zu Beginn der Teamsitzung nicht danach, was es noch für »Probleme« gibt, sondern immer nach »Themen«. Sucht eine Mitarbeiterin mit Ihnen das Gespräch, eröffnen Sie es mit einem freundlichen »Was gibt es?« oder »Um was geht es?«. Denken Sie dran: »Wer fragt führt!« Und Sie wollen Ihr Team ja in die Lösungssuche führen.

- Wie problem- oder lösungsorientiert ist meine Sprache?
- Führt mein Team besonders häufig das Wort »Problem« im Mund?
- Wie könnte ich meine Sprache unterstützend ändern?

Es gibt eine außerordentlich Erfolg versprechende Sammlung an lösungsorientierten Interventionen aus der Schule Milton-Ericsons, dem Begründer der Hypnotherapie, die besonders geeignet sind für die Arbeit mit Menschen, die zur Fokussierung von Problemen neigen. Die Zusammenstellung zeigt minimale Interventionen mit größtmöglicher Wirkung und ist somit von höchster Effizienz für die Lösungsorientierung: Der Gesprächspartner wird angeregt, seine individuell für ihn passende Lösung zu kreieren. Die Interventionen sind (Prior 2009)

▶ beiläufig, wie nebenbei in jeder Gesprächsführungssituation anwendbar
▶ in verschiedensten Kontexten anwendbar
▶ unscheinbar und dadurch wenig oder keinen Widerstand erzeugend
▶ leicht beschreibbar und praktikabel

- schnell erlernbar und nutzbringend umsetzbar
- auf einem fundierten und anspruchsvollen Konzept basierend.

Es macht einen Unterschied, ob die (vermeintliche) Schwäche vorhanden ist oder »bisher« bzw. »in der Vergangenheit« da war. Sprechen Sie immer in der Vergangenheitsform, wenn Sie von Schwächen, Störungen oder anderem Ungewollten reden.

»In der Vergangenheit …«

Auf die Frage »Ich möchte wissen, *ob* Sie sich schon Gedanken gemacht haben« ernten Sie als lösungsorientierte Führungskraft eher ein Nein, wo vielleicht kein hundertprozentiges Ja zu geben ist, jedoch bereits 10 bis 20 Prozent zu verbuchen wäre, was Sie als positiv anerkennen könnten. Für den weiteren lösungsorientierten Gesprächsprozess ist es sehr viel ergiebiger zu erfahren, *welche* Überlegungen oder *welche* Verbesserungen erfolgt sind.

»Wie«, »was« und »welche« statt »ob«

»Sie möchten also nicht …? Was stattdessen?«, oder schlicht: »Sondern?« Diese Frageform stellt einen Denkimpuls dar, sich über Ziele bewusst zu werden, ohne zu lehrmeistern (»Es ist wichtig, dass Sie Ihr Ziel kennen, weil …«). Die Sondern-Frage lenkt zudem den Blick auf Positives, auf Erstrebenswertes – ein wichtiges Zugpferd für Veränderung.

»Was stattdessen?«

»Mit der gibt's immer Streit!« Diese Formulierung gibt darüber Auskunft, dass eine Situation als übermächtig erlebt wird. Das Wörtchen »immer« macht eine Situation objektiv und subjektiv schlimmer als sie tatsächlich ist, denn kein Streit findet immer statt. Eine hilfreiche Intervention ist in dem Zusammenhang, das »Immer« zu verflüssigen und zugleich Ausnahmen herauszuarbeiten. Die Frage »Ist das immer so? Und immer gleich? Oder gibt es Ausnahmen?« liefert in der Regel Ausnahmen.

»Immer« stimmt nie!

Viele Menschen benutzen eine sehr bildreiche Sprache. Sie fühlen sich, als müssten immer sie »die Kartoffeln aus dem Feuer holen« oder als »sitzt ihnen etwas im Nacken«. Umgekehrt helfen Bilder aber auch, förderliche Einstellungen zu Dingen zu entwickeln und bereits dadurch als problematisch erlebte Situationen zu verändern. Und verzweifelten Eltern hilft es, Erziehungs- mit Gärtnerarbeit zu vergleichen, die ebenso mit viel Geduld zu tun hat. Achten Sie in der nächsten lösungsorientierten Gesprächsführung auf bildhafte Ausdrücke und nutzen Sie diese für Lösungsansätze!

»Das ist wie …«

»Hoffentlich Gutes«

Im Laufe des Gesprächs werden oft ängstliche Hoffnungen geäußert: »Hoffentlich passiert das nicht wieder!« »Hoffentlich muss ich nicht wieder!« »Hoffentlich fange ich nicht wieder an, mich zu rechtfertigen.« Diese ängstlichen Formulierungen produzieren oder verschlimmern bekanntermaßen Ängste. Sie implizieren gewissermaßen, dass es eigentlich aussichtslos ist. Setzen Sie Impulse zum Formulieren einer positiven Hoffnung, »was stattdessen« passieren wird!

Konstruktive kleinschrittige W-Fragen

Es sind die offenen oder W-Fragen, die den anderen auffordern, mehr als nur ja oder nein zu sagen. Sie liefern Informationen, regen zum Nachdenken und Konkretisieren an. Sie fördern konstruktive Suchprozesse, vor allem, wenn das Gesuchte als vorhanden impliziert wird: »Was möchten Sie heute erreichen?« »Welche Ideen haben Sie dazu entwickelt?« Eine Aufeinanderfolge kleinerer Schritte erleichtert die innere Suchbewegung und Antwort: »Wann ist das denn besser, wenn auch vielleicht nur ein bisschen?«, oder: »Welche Ideen haben Sie, um diese Situation anzugehen, und seien sie noch so klein oder unreif?«

»Angenommen, …«

Eine weitere Intervention, die der Mitarbeiterin hilft, die Aufmerksamkeit in eine konstruktive Richtung zu lenken, besteht in der Frage: »Angenommen, Sie würden es ab morgen ganz anders machen …?«. Diese Frage-Formulierung hilft,

▶ auf ganz neue Gedanken zu kommen

▶ Anregungen »verbraucherfreundlich« zu verpacken

▶ Aufmerksamkeit in eine nützliche Richtung zu lenken

▶ die Mitarbeiter/innen in besserungsträchtige Suchprozesse zu involvieren

▶ verschiedene Optionen rein hypothetisch (»Trockenübungen«) durchzuspielen und Auswirkungen von allen Seiten zu beleuchten.

Die Frage »Angenommen, Sie würden diese Erkenntnis umsetzen, wie sähe das aus?« gesteht dem anderen zu, Erkenntnis unter Umständen auch nicht umzusetzen. Sie vermeidet jeden Druck und macht es so dem anderen leicht, sich auf die Frage einzulassen. Es handelt sich ja schließlich nur um »ein kleines Gedankenexperiment«.

2.4 Die Führungskraft als Coach

Weiß die Mitarbeiterin keinen Weg, helfen ihr keine Ratschläge, aber auch kein Spiegeln ihrer Ratlosigkeit. Hilfreich könnte es hier sein, zu sagen: »Das heißt, bewusst wissen Sie gar nicht, wie Sie das machen könnten!?«, und weiter: »… sodass eine Veränderung vielleicht höchstens aus Ihrem Unterbewusstsein heraus kommen könnte!?« Diese Intervention macht es der Mitarbeiterin leichter, Schwächen zu akzeptieren, denn sie betreffen sie ja nicht als Ganzes, sondern nur einen Teil von ihr. Sie fördert zudem den Blick nach innen und die verschiedenen Kräfte, die miteinander arbeiten.

»… bewusst …«

Es gibt Menschen, die in einer dramatischen Sprache sprechen. Sie lieben Begriffe wie »riesig«, »total«, »wahnsinnig«… Sie werden diesen Menschen nicht begegnen, wenn Sie Ihrerseits mit Begriffen arbeiten wie »ziemlich«, »ganz schön …«, »etwas«, »ein bisschen«, »ein Stück weit«. Das Gleiche gilt umgekehrt: Spricht jemand sehr gemäßigt und bagatellisiert eher, vielleicht weil er sich selbst nicht so wichtig nimmt, so erreichen Sie ihn ebenfalls nur auf der gleichen sprachlichen Ebene.

Die Sprache des anderen sprechen

Diese Intervention greift, wenn eine negative Sicht der Dinge die Haltung Ihrer Gesprächspartnerin bestimmt. Sagen Sie statt »Heute ist ja schönes Wetter!« dann lieber »Heute ist ja *nicht* das allerschönste Wetter!«, und Sie werden keinen Widerspruch ernten. Oder formulieren Sie statt »Wir wollen ja heute über … reden« lieber »Wir sind ja *nicht* zusammengekommen, um über das Wetter zu reden«. Sagen Sie statt »Das ist sicher schwierig« lieber »Das ist sicher *nicht* ganz so leicht«. Sehr häufig wird durch die verneinende Sprachform der Kampf überflüssig, da es nichts mehr gibt, wogegen man sein muss.

Die verständnisvolle Verneinung

Die VW-Regel stellt keine Intervention wie die vorhergehenden dar. Sie ist vielmehr eine Empfehlung für die lösungsorientierte Führungskraft ebenso wie für die Mitarbeiter/innen. Sie bedeutet die Umwandlung von **V**orwürfen in **W**ünsche. Statt zu sagen »Du kümmerst dich nicht« besser: »Ich wünsche mir, dass du das übernimmst.« Fast immer haben Problem-Situationen auch soziale Komponenten, erzeugen also Auswirkungen im Umfeld, die das ursprüngliche Problem überlagern und verstärken. Der Griff zu Vorwürfen statt zur Äußerung von Wünschen passiert sehr schnell, und da ist das Einüben einer konstruktiven Form der Auseinandersetzung oftmals eine Entspannung verschaffende Intervention.

Die VW-Regel

2.5 Motivation schaffen und erhalten

Im Wort Motivation steckt das »Motiv«. Es bezieht sich auf die inneren, subjektiven Beweggründe des Handels eines Menschen: Warum tut er das, welches Ziel verfolgt er, was bewegt ihn? Jedes Motiv setzt auch ein Interesse voraus. Interesse und Motiv sind letztlich nicht voneinander abzulösende Wechselbegriffe. Wir wissen schon lange, dass uns solche Tätigkeiten »liegen«, an denen wir interessiert sind.

2.5.1 Thesen zur Motivation und Demotivation

Im allgemeinen Sprachgebrauch drückt Motivation den Antrieb oder Handlungsimpuls einer Kraft aus, die auf ein Ziel gerichtet ist.

$$\text{IST-Zustand} \longrightarrow \text{SOLL-Zustand}$$
$$\text{treibende Kraft: Motivation}$$

Grundgedanke der Motivation ist die zielgerichtete Verhaltensbeeinflussung – einerseits von innen, aus sich selbst heraus, aber auch von außen durch andere Menschen.

Zwei Beispiele: Der innere Beweggrund eines Kindes, Kakao zu trinken, könnte Durst, Frieren oder der Einklang mit anderen Kindern sein. Äußerer Beweggrund könnte das motivierende Angebot der Erzieherin sein. Der innere Beweggrund für eine Erzieherin, ein Projekt durchzuführen, könnte Spaß an der Zusammenarbeit, der Tätigkeit oder Freude auf das Ergebnis sein. Äußerer Beweggrund könnte die Anerkennung der Leiterin bei erfolgreicher Durchführung des Projekts oder ein Leistungsbonus sein.

Die von außen gesteuerte Motivation gerät leicht in den »Geruch« von Manipulation. Auch unterstellt sie immer die Nichtmotivation des Gegenübers, geht also von einem Defizit aus.

Weiß die Führungskraft, was ihre Mitarbeiter/innen brauchen?

In einer von Kenneth Kovoch durchgeführten Studie Anfang der 1990er-Jahre wurde gefragt, was Mitarbeiter/innen sich am meisten wünschen und gleichzeitig, was sie nach Meinung ihrer Chefs am meisten wünschen. Die Zahl 1 bedeutet in der folgenden Tabelle größte Wichtigkeit, die Zahl 10 weist die geringste Priorität aus.

2.5 Motivation schaffen und erhalten

Was Manager glauben, Mitarbeitern bieten zu müssen	Studie von Kenneth Kovoch aus »Advanced Management Journal«	Was Mitarbeiter wirklich möchten
1	Gute Bezahlung	5
2	Sicherer Arbeitsplatz	4
3	Beförderung, bessere Position	6
4	Gute Arbeitsbedingungen	7
5	Interessante Aufgaben	1
6	Taktvolle Disziplin	10
7	Loyalität gegen Mitarbeiter	8
8	Anerkennung für geleistete Arbeit	2
9	Unterstützung in persönlichen Problemen	9
10	Das Gefühl, involviert zu sein	3

Die Studie eröffnete auf frappierende Weise, dass Führungskräfte sehr häufig nicht wissen, was Ihre Mitarbeiter/innen brauchen. Und Sie? Wissen Sie es?
Fehlendes Kennen der wirklichen Bedürfnisse von Menschen ist das größte Motivationsproblem überhaupt.

2.5.2 Vom Wissen, Wollen, Können, Dürfen und Sollen

Dass Menschen motiviert sein sollten, Leistung zu erbringen, ist leicht gesagt. Betrachten wir zunächst, aus welchen Komponenten sich diese Leistung zusammensetzt.

Um uns zu verhalten, brauchen wir – Kinder wie Erwachsene – zunächst Wissen: Es geht darum, etwas zu kennen und Zusammenhänge zu verstehen. Wer Einfluss auf das Verhalten nehmen oder es stabilisieren will, sollte zunächst überprüfen, ob ausreichend Wissen über Sinn, Zweck und Know-how vorhanden ist – und falls nicht, erkannte Lücken füllen. Wenn Sie möchten, dass eine Erzieherin die Verantwortung für die Kinderbücherei übernimmt, braucht sie zunächst Wissen über ak-

Leistung braucht Wissen

tuelle Kinderbücher; sie wird sich im Interesse der Ganzheitlichkeit das Wissen darüber aneignen müssen, welches Themenspektrum die Bücher abdecken sollen und welche Systeme zur Ausleihe möglich sind. Sie muss zudem wissen, welche Ressourcen ihr zur Verfügung stehen bzw. wie sie diese besorgen kann.

Leistung braucht Wollen

Weiterhin muss das Wissen mit Emotionen verknüpft sein, um Leistungsbereitschaft oder auch ein Wollen zu erzeugen, denn totes Wissen allein schafft keine Motivation. Wo der gefühlsmäßige Antrieb fehlt oder zu schwach ausgeprägt ist, ist zumindest mittelfristig das Verhalten nicht stark verankert. Nur Antriebe, die in uns selbst ihre Wurzel haben (intrinsische Motivation), sind langfristig stabil; bei von außen gesetzten Anreizen (extrinsische Motivation) erlischt nach kurzer Zeit die ursprüngliche Antriebskraft. Die Erzieherin sollte also Spaß an Büchern haben, selbst eine Leseratte sein und Kreativität in der Umsetzung entwickeln. Macht sie sich nur an die Aufgabe, weil diese Tätigkeit zur Leistungsbeurteilung herangezogen wird und ihr eventuell einen monetären Obolus verschafft, wird die Energie nach Ablauf des Beurteilungszeitraums versiegen.

Leistung braucht Können

Sind Wissen und Wollen vorhanden, braucht es zur Umsetzung Leistungsfähigkeit oder auch Können: Hierzu muss Menschen die Gelegenheit gegeben werden, das Verhalten solange auszuprobieren und zu üben, bis sie sicher in der Anwendung geworden sind und es sich tatsächlich zutrauen. Die Erzieherin wird also im Laufe der Zeit sicherer werden im Vorlesen, wird mehr und mehr Mimik und verstellte Stimmen einsetzen, um die Kinder noch mehr zu fesseln. Sie wird nicht mehr nur vorlesen, sondern Geschichten erzählen und weiterspinnen und so allmählich auch Kinder für das Projekt gewinnen, die anfangs uninteressiert bis ablehnend waren. Üben hilft der Erzieherin, aber auch das Gespräch mit den Angestellten der Bücherei nach einer Lesung. Ein anderer Aspekt des Könnens ist die Leistungsfähigkeit im Sinne von Gesundheit, Kraft, Ausgeschlafensein, das die Erzieherin sicherstellen muss.

Leistung braucht Dürfen

Wissen, Wollen und Können sind wichtige Voraussetzungen, nur das allein kann immer noch zu mangelnder Umsetzung führen, wenn das Dürfen fehlt: Gibt es Bedingungen im Umfeld, die die Umsetzung verhindern, ist das alles »für die Katz«. Auch Menschen im Umfeld, die die Entfaltung kritisch beäugen oder gar behindern, machen dem größten

2.5 Motivation schaffen und erhalten

Schatz an Wissen, Wollen und Können den Garaus. Hier trägt die Leitung Verantwortung dafür, den entsprechenden Rahmen zu schaffen und hinderliche Dynamiken im Team oder eigene Konkurrenzgefühle gegenüber einer starken Erzieherin zu bearbeiten. Im Beispiel Kinderbücherei wäre die Erzieherin bei allem Wissen, Wollen und Können erfolglos, wenn ihr keine Zeitressourcen eingeräumt würden, der Etat für andere Aktivitäten mit höherer Priorität gebraucht würde oder aber das Team ihr den »Erfolg auf unsere Kosten« missgönnt und dies durch Sticheleien deutlich machen würde.

Bleibt die Frage, welche Haltung der Leitungskraft das Lernen und Handeln der Erzieherin noch unterstützen kann: Ich nenne es das Sollen, die deutliche Erwartung an die Entwicklung durch die Führungsebene. Hierunter ist der Wunsch, die Erwartung der Führungskraft zu verstehen. Engagement, das sein darf, in Inhalt und Umsetzung jedoch beliebig ist, wertet die Erzieherin ab und signalisiert, dass deren Entwicklung und Arbeitsfähigkeit der Vorgesetzten unwichtig sind. Lernen und Entwicklung dürfen nicht als beliebiges Geschenk oder Sozialleistung an Mitarbeiter/innen behandelt werden, für das diese dankbar sein sollten, sondern als etwas, was Leitung und Träger am Herzen liegt, weil sie ihre Mitarbeiter/innen als wichtigste Ressource im Interesse einer guten Dienstleistung betrachten. Der Hirn- und Lernforscher Gerald Hüther spricht in diesem Zusammenhang vom Einladen, Ermutigen und Inspirieren, die helfen, den »inneren Schweinehund« zu überwinden: Von der Leitungskraft sollte gegenüber ihren Mitarbeiter/innen eine einladende, ermutigende und inspirierende Wirkung ausgehen, damit diese gerne arbeiten und sich weiterentwickeln.

Erwartung erleichtert Leistung

- Auf welche Weise lade ich meine Mitarbeiter/innen ein?
- Auf welche Weise ermutige ich sie?
- Wie inspirierend bin ich?
- Wie kann ich das ein oder andere verbessern?

2.5.3 Motivationsfördernde Beziehungen und Einrichtungskultur

Die wesentlichen Faktoren von Motivation lassen sich auch unter den Blickwinkeln Beziehung und Kultur betrachten.

Motivierende Beziehungsarbeit
Um mit Ihren Mitarbeiter/innen (ebenso zutreffend: Um mit Kindern ...) erfolgreich zu arbeiten und unter anderem den Bildungsauftrag zu erfüllen, braucht es eine vitale Beziehung. Und Beziehung beginnt mit Vertrauen! Wenn es also darum geht, Mitarbeiter/innen in die Verantwortung zu bringen, dann ist die Beziehung zu ihnen die alles tragende Voraussetzung für erfolgreiches Handeln. Nicht nur die Mitarbeiter/innen müssen etwas der Führungskraft recht machen, sondern die Führungskraft auch den Mitarbeiter/innen! Beziehung ist wechselseitig. Das heißt, die Führungskraft kann gewisse persönliche Voraussetzungen mitbringen, die die Erfolgswahrscheinlichkeit erhöhen. Letztlich ist sie aber abhängig vom Votum der Mitarbeiter/innen.

Motivationsfaktoren Vertrauen und Kontrolle (nach Malik 2001)

Kontrolle ist gut, Vertrauen ist besser!

Es gibt Führungskräfte, die – nach einschlägiger Führungsliteratur – alles falsch machen und trotzdem gute Resultate bei gutem Betriebsklima erzielen, und wiederum Führungskräfte, die alle gängigen Führungsregeln beachten und trotzdem ein miserables Betriebsklima produzieren. Wie ist das möglich?

Eine genauere Untersuchung dieser Phänomene hat gezeigt, dass der wesentliche Faktor das gegenseitige Vertrauen ist. Ohne Vertrauensbasis nutzen keine Bemühungen um eine bessere Motivationslage!

> Vertrauen hergestellt zu haben heißt, eine robuste Führungssituation erreicht zu haben. Ein Team, das seiner Führungskraft vertraut, verkraftet viele Managementschnitzer. Die entscheidende Frage ist also nicht, ob und wie viele Führungsfehler ich als Führungskraft mache. »Fehler« passieren einfach in der Hektik des Führungsalltags. Die Frage lautet eher: Wie schwer wiegen diese Fehler?

2.5 Motivation schaffen und erhalten

Vertrauen herzustellen hat viel mit dem richtigen Umgang mit Fehlern zu tun, und auch hierzu lassen sich einige Grundsätze ableiten:

- Lernen Sie, Fehler zuzugeben. Es gibt Führungskräfte, die nicht nur nicht zugeben können, wenn sie Fehler gemacht haben, sondern diese sogar ihren eigenen Mitarbeiter/innen in die Schuhe zu schieben versuchen. Diese Strategie rächt sich in mangelndem Vertrauen!
- Sagen Sie sich: Fehler der Mitarbeiter/innen sind Fehler der Leitung. Und Fehler der Leitung sind Fehler der Leitung!
- Wer Vertrauen schaffen will, muss zuhören! Man kann Mitarbeiter/innen ruhig bitten, sich kurz zu fassen. Was der Leitung zugetragen wird, sollte konzentriert aufgenommen und wertgeschätzt werden.
- Wer Vertrauen schaffen will, muss echt sein! Führungskräfte, die eine Rolle spielen und den Mitarbeiter/innen ein X für ein U vormachen wollen, schaffen kein Vertrauen. Spielen Sie keine Rolle, sondern erfüllen Sie Aufgaben. Und diese ehrlich!
- Der Führungsstil spielt dabei eine wesentlich geringere Rolle, als allgemein angenommen wird. Vielmehr kommt es auf die Resultate an: Wichtig ist, dass Mitarbeiter/innen produktiv und hochmotiviert ihre Stärken zum Einsatz bringen können und unter anderem dadurch gute Resultate erzielen. Das wird in unterschiedlichen Teams auch einen unterschiedlichen Führungsstil erfordern. Wichtig ist in jedem Fall der aufwertende Umgang miteinander.
- Mitarbeiter/innen wollen Führungskräfte, die prognostizierbar sind. Dazu müssen diese immer meinen, was sie sagen. (Was nicht heißt, dass Sie immer alles sagen müssen, was Sie meinen!) Führungskräfte müssen verlässlich sein und in ihren Entscheidungen nachvollziehbar.
- Wer Vertrauen aufbauen will, muss sich von Intrigant/innen trennen! Dies stellt die einzige Ausnahme zu dem genannten Umgang mit Stärken und Schwächen von Mitarbeiter/innen dar. Hat jemand auch noch so viele Stärken, intrigiert aber, hilft nur die Trennung! Trennung kann dabei auch bedeuten, selbst zu gehen.

Geben Sie Fehler zu!

Seien Sie vorhersehbar!

Es geht hier nicht um den Aufbau blinden Vertrauens, sondern um berechtigtes Vertrauen. Das heißt auf der anderen Seite nicht, stattdessen besser zu kontrollieren – nach dem Motto: »Vertrauen ist gut, Kontrolle ist besser!«, sondern umgekehrt: »Kontrolle ist gut, Vertrauen ist besser!«

> Vertraue jedem, soweit du nur kannst! Und gehe dabei sehr weit – bis an die Grenze!
> Stelle aber dabei sicher, dass du jederzeit erfahren wirst, ab wann dein Vertrauen missbraucht wird, dies Folgen haben wird und auch diese transparent gemacht werden!

Die motivierende Einrichtungskultur

Dynamiken in Teams

In Teams kann es Dynamiken geben, die es Einzelnen »verbieten«, besser zu sein als andere. Spezielle Gruppendynamiken lassen zum Beispiel Konkurrenz entstehen und Kompetenzen klein halten. Oder es gibt eine unausgesprochene Regel, sich dem Träger mit seinen Fortbildungsangeboten zu widersetzen, weil man damit womöglich eingestehen würde, Lernbedarf zu haben. Vielleicht wird auch der sich fortbildenden Erzieherin ein schlechtes Gewissen gemacht, weil andere ihre Arbeit in dieser Zeit mitmachen müssen… So wie bei intelligenten und klugen Schüler/innen beobachtet werden kann, dass diese hinter ihren Potenzialen zurückbleiben, wenn sich die Klasse nicht zu einer »lernenden Gemeinschaft« entwickelt hat. Der Schüler »darf« dann gar nicht gut sein. Er wird womöglich, wenn er aktiv ist und sich von sich aus meldet, als »Streber« abgetan und sich zukünftig hüten, sich hervorzutun – mit allen individuellen Nachteilen.

Die Führungskraft muss solche unterschwelligen Lern-Hindernisse wahrnehmen, enttabuisieren und bearbeiten, notfalls mit externer Unterstützung. Die Arbeit an der Kita als »lernende Organisation« (siehe auch 4.1.1) ist für heute und morgen wichtig, um sich veränderten Umwelten anpassen sowie flexibel und angemessen mit Veränderungen und Belastungen umgehen zu können. Lernen, Umsetzungs- und Veränderungsbereitschaft sind immer – nicht nur bei aktuell anstehenden Veränderungen – Thema einer zukunftsorientierten Profession. Erst danach kommt die Frage individueller Fortbildung und Lerntransferplanung: »Lernen ist eine ständige Bewegung; es beruht nicht auf Wissen« (Krishnamurti 2000).

2.6 Persönlichkeits- und Kompetenzentwicklung der Mitarbeiter/innen

Als Führungskraft möchten bzw. müssen Sie auch Einfluss nehmen auf die Entwicklung und das Verhalten Ihrer Mitarbeiter/innen. Führung – wie die Pädagogik – braucht psychologisches Verständnis der zwischenmenschlichen Wechselwirkungen und Freude daran, mit Menschen zu tun zu haben, statt für sich allein im Labor oder am Schreibtisch einer Aufgabe nachzugehen. Jede angestrebte Kompetenzerweiterung, zumal im pädagogischen Bereich, benötigt zuallererst Persönlichkeitsentwicklung. Denn die Persönlichkeit ist das, was Kinder und Eltern als erstes wahrnehmen, was sie anzieht oder abschreckt, bevor es zu einer Erfahrung des didaktisch-methodischen Handwerkszeugs der pädagogischen Mitarbeiter/innen kommt.

Kompetenzentwicklung braucht zuerst Persönlichkeitsentwicklung

2.6.1 Die Persönlichkeitsentwicklung des Erwachsenen

Der Entwicklungspsychologe Robert Kegan (1994) liefert uns ein hilfreiches Modell der Persönlichkeitsentwicklung, das unterscheidet zwischen herkömmlichem Lernen (z. B. Aneignung von Erfahrungs- oder Fachwissen) – in der Entwicklungspsychologie als »horizontale Entwicklung« betrachtet – und der »vertikalen Entwicklung«, die als ein Reifungsprozess in Richtung auf eine komplexere Handlungslogik angesehen wird. Dabei entwickelt sich die Persönlichkeit von einer starken Impulssteuerung über Prozesse der sozialen Anpassung zu immer stärkerer Selbstregulierung und Entwicklung eigener Maßstäbe. Im zwischenmenschlichen Umgang erfolgt ein Reifungsprozess von eher kontrollierenden Verhaltensweisen hin zur immer stärkeren Berücksichtigung der Autonomie anderer und zu einem systemischen Verständnis sozialer Beziehungen. Der kognitive Stil entwickelt sich von einer undifferenzierten sehr einfachen Logik hin zu mehr Komplexität, Multiperspektivität und Vernetzung.

Grundlage ist für Kegan die Annahme, dass Entwicklung eine Folge unterschiedlicher Bedeutungsgebungen ist. Ausgehend von den Gegensätzen Zugehörigkeit oder Nähe und Unabhängigkeit oder Distanz pendelt für ihn der Mensch ständig zwischen diesen zunächst scheinbar widersprüchlichen Bedürfnissen hin und her, auf der Suche nach

Entwicklung als Folge unterschiedlicher Bedeutungsgebungen

einem Gleichgewicht, um Konflikte immer produktiver bewältigen zu können.

Kegan setzt an der letzten der kognitiven Stufen von Piaget, der formal-operativen Stufe des etwa Zwölfjährigen an, um seine eigenen Überlegungen zur Entwicklung der Bedeutungsgebung des erwachsenen Menschen weiterzuentwickeln. Die folgenden Stufen sind dabei so etwas wie Schwerpunkte, um die sich der Mensch herum bewegt, um immer wieder in die eigene Mitte zu kommen, wenn er das Gleichgewicht verloren hat. Viele Menschen haben einen Schwerpunkt auf zwei Stufen oder dazwischen und können je nach Stress oder anderen Faktoren in verschiedenen Situationen nach oben oder unten treiben.

Jede Stufe ist naturgegeben, und um zur nächsten zu gelangen ist das Durchlaufen der vorherigen erforderlich. Jede Stufe ist notwendig, und solange man sich auf ihr befindet, erscheint sie einem als die beste und selbstverständlichste. Keine Stufe ist weniger wert als die andere, sie ist lediglich ein anderer »Wohnort« zum Leben. Allerdings ermöglicht jede eine zunehmend reichere und vielfältigere Welt. Kegans Modell beginnt hier mit Stufe 2, weil ja bereits die kindliche Entwicklung vorangegangen ist:

Der Idealist lässt sich von seinen Idealen leiten

Stufe 2 / Der Idealist: Er sieht und hält sich getrennt von anderen. Seine größte Sorge ist, die Hilfe und Unterstützung anderer Menschen zu verlieren. Er lässt sich von eigenen Idealen lenken und nimmt andere Menschen nur insofern wahr, als diese für ihn hilfreich und nützlich sind. Der Idealist kann sich nicht in die Gefühle anderer hineinversetzen. Sein eigenes Ego hat ihn fest im Griff. Studien weisen darauf hin, dass sich etwa 10 Prozent der Erwachsenen auf dieser Stufe befinden.

Der Gemeinschaftsspieler hält sich an gemeinschaftliche Werte

Stufe 3 / Der Gemeinschafts- oder Gesellschaftsspieler: Er internalisiert die Sichtweisen anderer Menschen und definiert sich durch soziale Erwartungen. Der Gemeinschaftsspieler hält sich an gemeinschaftliche Werte, empfindet Verpflichtungen und fühlt sich womöglich schuldig, wenn er diesen nicht nachkommt. Seine größte Sorge ist, die Anerkennung anderer Menschen zu verlieren. Er wird gelenkt von Gemeinschaftsinteressen, und seine Sichtweise setzt sich aus übernommenen Sichtweisen anderer zusammen. Er kann sich die Erfahrungen anderer vorstellen und sich in sie hineinversetzen, kann verschiedene Blickwinkel einnehmen und verlässt sich auf bewährte Methoden. Laut

Untersuchungen befinden sich 55 Prozent der Erwachsenen auf dieser Stufe. Werden sie zum Beispiel kritisiert, sind sie in ihrer Beziehungsstruktur so beschädigt, dass das nur wieder »eingerenkt« werden kann, indem der andere sein Verhalten ändert. Erhält der »Gemeinschaftsspieler« eine Ich-Botschaft als Feedback, fühlt er sich dennoch in der Defensive, weil er sich ja für die Gefühle des anderen verantwortlich fühlt.

Stufe 4 / Der Autonome: Er definiert sich anhand eigener Werte und erschafft sich damit selbst. Der Autonome strebt nach Integrität, definiert seinen eigenen Weg und sondert sich von anderen ab. Seine größte Sorge ist, seine Authentizität zu verlieren. Er hat seine persönliche Sichtweise und zieht die Sicht anderer in Betracht. Er unterscheidet dabei zwischen eigenen Erfahrungen und denen der anderen. Der Autonome kann professionell sein, d. h. für andere arbeiten und sich dabei an eine höhere Ethik halten. Er respektiert andere, gibt nur ungern Ratschläge, definiert die Regeln für ein Spiel, in dem beide gewinnen, sonst spielt er nicht. Der Autonome kann sich die Erfahrungen anderer leicht vorstellen und sich hineinversetzen, kreiert bewährte Methoden, hält sich aber vielleicht nicht daran. Er kann Ich-Botschaften anderer entgegennehmen als das, was sie sind: nämlich Aussagen über den anderen, und entscheidet auf der Grundlage seiner Werte, ob und was er für sich als Konsequenzen aus dem Gehörten zieht. Laut Untersuchungen befinden sich 20 bis 25 Prozent der Menschen auf dieser Stufe.

> Der Autonome unterscheidet zwischen sich und anderen

Stufe 5 / Der sich selbst Erkennende: Er ist sich seiner persönlichen Geschichte und Werte sowie deren Wirkungen bewusst und definiert sich über Beziehungen mit anderen und mit sich selbst. Seine Werte sind fließend. Er geht Wagnisse ein, indem er sich für Beziehungen öffnet, und hat kein Kontrollbedürfnis. Er ist keinem Aspekt seines Selbst besonders verhaftet. Der sich selbst Erkennende gibt sich dem Fluss des Lebens hin, nimmt vielfältige Blickwinkel zu vielfältigen Sichtweisen ein, spielt ein unendliches Spiel, dessen Sinn darin besteht, weiterzuspielen. Er hat die Einschränkung auf das Selbst als eine Einschränkung der Erfahrung erkannt. Nur 5 bis 10 Prozent der Menschen gelangen auf diese Entwicklungsstufe.

> Der sich selbst Erkennende – stets allem gegenüber offen

Gesellschaft, Eltern, Schule, Kirche und Arbeitswelt drängen Menschen dazu, sich von Stufe 2 auf 3 – und nicht weiter – zu entwickeln, denn unabhängige Individualisten passen nicht gut in die Gemeinschaft. Das ist das, was unter Sozialisierung verstanden wird. Sobald jedoch Stufe 3 erreicht ist, gibt es gesellschaftlich keine Mechanismen mehr, Menschen auf ihrem Weg zu Stufe 4 oder gar 5 zu unterstützen. Jetzt sind sie auf sich allein gestellt.

Auch für Führung hat diese Erkenntnis hohe Bedeutung: Unterstützung der Persönlichkeitsentwicklung braucht einen guten Blick auf die derzeitig erklommene bzw. als nächstes erforderliche Stufe.

> ⮑ Überprüfen Sie, wie Sie mit den Entwicklungsmöglichkeiten in Richtung Stufe 4 oder 5 umgehen.

2.6.2 Das Lernen der Erwachsenen

Neben der Persönlichkeitsentwicklung geht es jedoch auch um das fachlich-methodische Lernen. Schauen wir uns diesen Prozess genauer an, etwa am Beispiel Autofahren: Zunächst weiß ein Kind nicht, was es nicht weiß. Autofahren macht Spaß und geht von allein! Auf den Fahrersitz, brumm brumm, ein bisschen lenken, blinken, bremsen und vor allem hupen und schon geht's los! Dem Kind ist nicht bewusst, dass es da etwas zu lernen gibt. Es lebt sozusagen in der Glückseligkeit des unbewussten Nichtwissens wie auch wir als Erwachsene unser Leben lang Zigtausenden von Fachgebieten und Themen gegenüber.

Der Jugendliche dann erkennt so langsam, dass es da etwas zu lernen gibt. Das unbewusste Nichtwissen weicht dem bewussten Nichtwissen und das macht Sorge: Werde ich es schaffen, im Straßenverkehr zurechtzukommen, oder werde ich mich allzu dumm anstellen oder gar einen schlimmen Unfall bauen? Mit der Glückseligkeit des unbewussten Nichtwissens ist es vorbei und das löst die entsprechenden Verstörungen aus. Die ersten Fahrstunden schaffen paradoxerweise nicht etwa das Gefühl wachsenden Wissens, sondern erhöhen sogar noch das Bewusstsein für die Größe des Nichtwissens: Auch noch jede Menge Verkehrszeichen, die »Innereien« des Motors, die komplexesten Verkehrssituationen, die unwahrscheinlichsten Witterungs- und Straßenbedingungen müssen beherrscht werden! Wozu das alles? Das bewusste Nichtwissen all dessen schafft das Gefühl von Unfähigkeit, das im Interesse der Selbstachtung verschleiert oder abgewehrt werden muss.

Es folgt die Phase des bewussten Wissens: Erst ein Blick auf die Schilder, dann in den Rückspiegel, dann Blinker setzen, dann Kuppeln … Dies alles wird nun mit höchster Aufmerksamkeit vollzogen. Auch die Verkehrsregeln können auswendig aufgesagt werden. Der Fahranfänger ist glücklich, denn was er gelernt hat, weiß er nun ganz genau.

Die letzte Phase des Lernens ist die des unbewussten Wissens und damit das Ziel jeden Lernens: Wir wissen nicht mehr, wie wir es machen und wie etwas funktioniert. Wir haben das Wissen in unser Leben integriert und irgendetwas in uns ruft dieses Wissen ab, wenn es gebraucht wird. Kurz nach der Fahrprüfung wird der Autofahrer sein Wissen noch sehr bewusst einsetzen, der Erfahrene hingegen tut sich schwer, den Schaltprozess zu beschreiben und beherrscht ihn doch »wie im Schlaf«. Auch seine tägliche Strecke fährt er »automatisch«, »routiniert«, ohne Nachzudenken und doch ohne sich zu verfahren. Das weitere Lernen, das ihn immer flüssiger und immer sicher werden lässt, läuft jetzt unbewusst ab, scheinbar ohne sein Zutun. Er ist wieder in der Glückseligkeit des Unbewussten angekommen, nichts quält mehr, alles »flutscht«!

Vom unbewussten Nichtwissen zum unbewussten Wissen

Diese Veranschaulichung macht deutlich, dass jedes Umlernen auch eine schmerzliche Phase durchlaufen muss, nämlich die des bewussten Nichtwissens. Außerdem braucht es eine Phase erhöhter Aufmerksamkeit und Widmung, nämlich die des bewussten Anwendens und Einübens des neuen Wissens. Für die Begleiter/innen von Lernen bedeutet dies, den Frust zu verstehen und nicht überrascht zu sein. Das Urteil »überfordert« gilt in dieser Phase quasi immer, wenn man darunter versteht, dass die Anforderung noch über den derzeitigen Fähigkeiten liegt. Wie beim Fahrenlernen braucht das Erlernen neuen Verhaltens das Erkennen (von Nichtwissen), Frust (dass das Nichtwissen vorliegt), Üben (bewusster Einsatz von neuem Wissen) und das Vergessen (mit den Gedanken woanders sein können). Eine eintägige Teamfortbildung, von der Sie sich in der Folge ein verändertes Verhalten wünschen, wird bestenfalls in die Phase des bewussten Nichtwissens führen und Frust erzeugen. Geben Sie nicht auf! Sie haben dann schon die zweite von vier Phasen erreicht. Bleiben Sie mit diesem Verständnis dran! Und begleiten Sie das Lernen gezielt (siehe 4.4).

2.7 Mitarbeiter/innen finden, binden und verabschieden

Ausgangspunkt jeder personaltaktischen Überlegung müssen immer Ihre Konzeption und die damit verbundenen Qualitätsansprüche sein. Vielleicht haben Sie ja auch einen Einrichtungsschwerpunkt herausgearbeitet, der ein deutlich wahrnehmbares Profil darstellt. Ein Teil Ihrer Personalstrategie wird es dann sein, diesem entsprechend zum Beispiel bevorzugt Erzieher/innen mit Montessoriausbildung, mit musikalischen Fähigkeiten, mit sozialpsychologischen Fortbildungen o. a. zu suchen oder auszuwählen. So kann es vor dem Hintergrund einer Schwerpunktsetzung auf explizite Öffnung für Familien aus allen Nationen mit den entsprechenden integrationsfördernden Angeboten sinnvoll sein, auf ein ausgewogenes Team hinsichtlich der mitgebrachten Sprachen und Religionen zu achten.

Wie lautet Ihre Personalstrategie?

Auch könnte bei der Schwerpunktsetzung auf die Gender-Thematik die personalstrategische Entscheidung fallen, zukünftig bei gleicher Qualifikation bevorzugt männliche Erzieher einzustellen und diese gezielt zu bewerben. Auch die gezielte Einstellung von behinderten Mitarbeiter/innen erhöht vor dem Hintergrund der Inklusion Ihre Effektivität und Glaubwürdigkeit.

Sehr grundsätzlich gesagt, haben Sie natürlich bestimmte Werte, die in Ihrer Institution besonders im Vordergrund stehen sollen: Geht es in erster Linie um verlässliche Strukturen oder um Spontaneität und Beweglichkeit? Geht es in erster Linie um Gemeinschaft oder um Autonomie? Sicher ist alles im Leben wichtig, und eine Fixierung in einer Richtung würde wichtige Lebensbereiche ausklammern. Ihr Einrichtungsprofil, durch das Sie sich von anderen Einrichtungen unterscheiden, lässt sich daran messen, wo Sie ihre Schwerpunkte setzen.

2.7.1 Anforderungsprofil und Stellenausschreibung

Hier geht es nicht um die Frage, über welche Medien Sie am besten auf die Suche nach geeignetem Personal gehen. Das ist zu regionenabhängig und auch eine Frage der Zugänglichkeit auf Ihrer und auf Bewerberseite. So wird eine Großstadt-Kita mit internationalem Publikum und multilingualem Konzept eher über das Internet ausschreiben, um päd-

2.7 Mitarbeiter/innen finden, binden und verabschieden

agogisch ausgebildete Muttersprachler aus anderen Ländern zu bekommen, als ein kleiner ländlich geprägter Kindergarten, der seine Mitarbeiter/innen schon immer aus der Region rekrutiert hat. Es geht eher um die Frage: Welches Personal ziehen wir eigentlich an? Aber auch: Wie schreiben wir aus, und wie kommen wir zu guten Entscheidungen?

Ob eine Kita Probleme hat, gutes Personal zu finden oder nicht, hat nicht nur mit Bezahlung, Lage, Struktur, Arbeitszeit oder anderen Rahmenbedingungen zu tun. Es ist auffällig, dass Kitas des gleichen Trägers im gleichen Umfeld hier durchaus unterschiedliche Bewerberzahlen verzeichnen, aber auch Qualifikationen und Engagement der Interessent/innen je nach Einrichtung auffällig unterschiedlich sind. So wie bestimmte Eltern bestimmte Gruppen in der Kita für ihr Kind bevorzugen, so gibt es auch Einrichtungen, die von potenziellen Bewerberinnen unterschiedlich bewertet werden – trotz gleicher formaler Bedingungen. Das Führen von Bewerbungsgesprächen für verschiedenste Einrichtungen des Trägerbereichs macht das nur zu deutlich. Das ist nicht verwunderlich und findet dennoch zu wenig Beachtung: Die Kita selbst sollte wissen, welchen Erzieher/innentyp sie anzieht bzw. anziehen möchte.

Welches Personal ziehen wir an?

- Sind wir in der äußeren Erscheinung eher eine Jungen- oder eher eine Mädcheneinrichtung (Das hat nicht unbedingt mit der Anzahl an Jungen und Mädchen zu tun)?
- Haben wir eine multikulti- oder eher eine traditionell deutsche Ausstrahlung?
- Wirken wir mutig-modern oder eher auf Tradition bedacht?
- Sprechen wir eher Sicherheits- oder eher Erlebnisbedürfnisse an?
- Wirken wir eher gewährend oder fordernd?
- Stellen Sie sich vor, Sie wollen sich in Ihrer Einrichtung bewerben: Wie ginge es Ihnen beim Betreten des Hauses, mit welchen Erwartungen kommen Sie?
- Warum haben sich kürzlich eingestellte Erzieher/innen gerade bei Ihnen beworben?

Schließlich wählen nicht nur Sie die geeignete Erzieherin aus, sondern umgekehrt stehen auch Sie mit Ihrer Einrichtung auf dem Prüfstand. Da ist es sinnvoll, sich mit Ihrer Wirkung auf potenzielle Kolleginnen und Kollegen zu beschäftigen. Die Bewertung Ihres Erscheinungsbildes hat bereits vor dem Erscheinen der Erzieherin in Ihrem Hause begonnen und vielleicht dazu geführt, dass Sie die interessanten Bewerber/innen nie zu Gesicht bekommen, weil diese sich nicht angesprochen, nicht durch Sie inspiriert gefühlt haben.

Das Anforderungsprofil beschreibt die Kenntnisse, Fähigkeiten und Fertigkeiten, aber auch die Berufserfahrung, die ein Stellenbesetzer mitbringen sollte. Große Träger haben diesen Anforderungskatalog in der Regel als Grundlage für Ausschreibungen sowie vergütungstechnische und arbeitsrechtliche Entscheidungen vorliegen. Aber bitten Sie für die Stellenausschreibungen noch um Ergänzung der für Ihre Einrichtungskonzeption ausschlaggebenden Kompetenzen oder um die Möglichkeit, Ihre Gewichtung durch Hervorhebungen herauszustellen. Natürlich wird der Träger darauf achten, dass es sich nicht um »höherwertige Tätigkeiten« handelt, die eine höhere Vergütung rechtfertigen. Und arbeiten Sie hin auf die Vereinbarung, Ihre Kita – wie alle anderen im Trägerbereich – individuell nach Ihren Vorgaben auszuschreiben. Sie brauchen dazu unter Umständen im Vorfeld eine Abstimmung mit den anderen Kita-Leitungen. Die Einbeziehung der Fachberatung kann dabei hilfreich sein.

Was erwarten wir von Stellenbewerber/innen?

Sofern in Ihrem Arbeitsbereich bisher noch keine Anforderungsprofile existieren, sollten Sie den Prozess der Erarbeitung unbedingt anschieben. Schlagen Sie dafür die Bildung einer Projektgruppe der relevanten Personen vor, wobei die Instanzen Einrichtungsleitung, Fachlicher Trägervertreter und Personalbereich vertreten sein sollten – unter Umständen auch der Personalrat, wenn man sich nicht dazu entscheidet, ihn erst hinterher zur Erlangung seiner Zustimmung hinzuzuziehen.

Als Grundlage kann der Bildungsplan des jeweiligen Landes dienen, aber auch Trägerleitbilder und Einrichtungskonzeptionen sind dafür dienlich. Kategorisieren Sie zunächst die Aufgabenfelder und ordnen Sie diesen dann entsprechende formale Anforderungen (Qualifikationen, Berufserfahrung) sowie fachliche und personale Fertigkeiten und Kompetenzen zu. Wollen Sie einrichtungsspezifisch ausschreiben – wozu ich Ihnen hier ausdrücklich rate –, nehmen Sie am Ende die Gewichtung entsprechend Ihrer spezifischen Schwerpunktsetzung vor.

Die Stellenausschreibung gilt als so etwas wie die Visitenkarte einer Organisation – und das ist sicher branchenunabhängig so zu sehen. Achten Sie im Interesse der Außenwirkung darauf, dass sich der Abschnitt mit den Anforderungen die Waage hält mit der Beschreibung dessen, was Sie bieten (Vergütung, Flexible Arbeitszeit, Fortbildung, Netzwerkarbeit, Teilnahme an …). Ein wertschätzendes Miteinander auf Augenhöhe zeigt sich an ausgewogenem Geben und Nehmen.

Die Stellenausschreibung als Visitenkarte

Durch die Sprache sollten Sie versuchen, Bilder zu erzeugen und zu inspirieren. Eine bloße Beschreibung der Gruppenstruktur spricht als nackte Information den Kopf an, bildhafte Sprache, Farben, Symbole dagegen Herz und Fantasie. Auch Ihr Bild vom Kind kommt rüber, je nachdem ob Sie von Kinderchen sprechen, von Kids oder von kleinen Menschen. Ob Sie eher kindzentriert oder systemisch arbeiten ist erkennbar daran, welchen Raum die Familien und das Umfeld in Ihrem Text einnehmen.

Seien Sie also sehr selbstkritisch und gehen Sie im Anschluss an die Reflexion dessen, was Ihre Kita ausmacht, nach Marketing-Gesichtspunkten vor: Schließlich wollen Sie ja etwas verkaufen, nämlich eine Idee: Die Idee, bei Ihnen – und gerade bei Ihnen – zu arbeiten!

Die attraktive Kita lockt attraktive Bewerber/innen an, die naturverbundene ist interessant für die Naturverbundenen, die freche für die Frechen, die intellektuelle für die Intellektuellen, die humorvolle für die Humorvollen, die traditionelle für die Traditionellen … Das alles teilt sich authentisch am wenigsten über den Inhalt, sondern am ehesten durch die Ausstrahlung mit. Und wen suchen Sie?

These: Jede Kita hat die Erzieherinnen, die sie verdient

2.7.2 Das Einstellungsinterview

> Damit die Chance des Kennenlernens im Bewerbungsgespräch nicht zum Plauderstündchen wird, setzen Sie Professionalität und angemessene Ernsthaftigkeit ein. Führen Sie sich vor Augen, dass Sie mit diesem Gespräch das Risiko von Fehlentscheidungen reduzieren wollen und müssen, denn schließlich geht es um die pädagogische Qualität Ihrer Einrichtung, aber auch um Ihre Arbeitszufriedenheit und die Ihrer Mitarbeiter/innen.

Beachten Sie dabei folgende Grundsätze:
- Reservieren Sie einen **ruhigen, repräsentativen Raum**. Stapel von Materialien auf einem Stuhl, die Sie erst zur Seite räumen müssen, um sich setzen zu können, kommen bei Gästen zuhause genauso wenig an wie bei Gästen Ihrer Kita. Und auch in dieser Rolle sind die Bewerber/innen nun einmal zu diesem Zeitpunkt.
- Stellen Sie **rechtzeitig** Getränke bereit und starten Sie pünktlich. Kommt Ihnen etwas Dringendes dazwischen, organisieren Sie auf die Schnelle jemanden, der Ihren Gast durch das Haus führt, bis Sie Zeit haben.
- Geht das nicht, haben Sie vielleicht einen kleinen **Film** über einen Teilausschnitt Ihrer pädagogischen Arbeit, den Sie Ihrem Gast in der Zwischenzeit zeigen können. Die Konzeption sollten Sie noch nicht zu lesen geben, da sonst vielleicht keine authentischen, sondern auf Sie zugeschnittene Antworten zu erwarten sind.
- **Vermeiden Sie jede Art von Störung.** Ein Rein und Raus während Ihres Gesprächs stört die Gedankengänge und hinterlässt den Eindruck von unfokussiertem Arbeiten. Verhalten Sie sich so, wie Sie es sich von Ihrer Bewerberin wünschen: wertschätzend, zuverlässig, vorbereitet, konzentriert, verbindlich …
- **Festnetztelefon und Handy** kommen in dieser Zeit ohne Sie aus, denn was macht das für einen unorganisierten Eindruck, wenn es nicht mal eine Stunde ohne Sie geht!
- Nehmen Sie die **Perspektive des Vogelkundlers** ein: Ist es nicht interessant, was es da zu beobachten gibt in der Welt Ihres Besuchers? Schauen Sie ganz genau durch Ihr Fernglas! Seien Sie neugierig! Geben Sie Zeit, sich unbeobachtet zu fühlen und entfalten zu können. Finden Sie heraus, wo die Begabungen liegen.
- Machen Sie sich **vorschnelle Urteile bewusst:** Überstrahlt da ein einziges Merkmal Ihre gesamte Einschätzung der Person, sodass Sie nicht mehr offen sind? Das kann überschätzend (Oh, eine Psychologin! Die weiß sicher alles besser als wir!) oder unterschätzend (Die ist Berufsanfängerin, die hat ja noch keine Ahnung!), auf jeden Fall aber unangemessen sein. Überprüfen Sie Ihr vorschnelles Urteil!
- **Zuhören, zuhören, zuhören!** Dazu gehört auch: Was sagt die Bewerberin nicht? Was ist offen geblieben? Und wie wird etwas berichtet, mit welcher Gefühlslage: zögernd, begeistert, humorvoll, nebulös,

direkt, forsch, achtsam? Machen Sie sich Notizen und haken Sie nach, wo etwas unklar oder vage geblieben ist, ohne Antworten nahezulegen. Sie müssen Ihre Fragen nicht rechtfertigen in der Art: »Wissen Sie, ich frage deshalb, weil es könnte ja sein, dass Sie …!?« Fragen Sie, weil es Sie interessiert, schließlich geht es um die Frage der Stellenbesetzung, und da läuft das so. Stehen Sie zu Ihren Fragen!

- Setzen Sie **Humor** gut dosiert ein! Miteinander lachen entschärft die Situation und schafft Nähe. Aber vor allem: Unterschiedlicher Humor ist ein Indiz für unterschiedliche Denkweisen und Wertvorstellungen oder bedeutet, dass etwas im Kontakt nicht stimmt. Ein Team oder eine Zweierbeziehung, in der nicht miteinander gelacht wird, ist mehr oder weniger gefährdet.
- Führen Sie das **Gespräch in Form eines teilstrukturierten Interviews.** Während beim strukturierten Interview alle Bewerber/innen die gleichen Fragen bekommen, die alle relevanten Themenbereiche abklopfen und die Vergleichbarkeit erhöhen, wird beim unstrukturierten Interview individuell auf jeden Bewerber eingegangen sowie dessen Persönlichkeit und Berufserfahrungen aufgrund der Unterlagen schwerpunktmäßig gewichtet. Die Atmosphäre ist dabei wesentlich gelöster, allerdings mit dem Risiko, ins Plaudern abzugleiten und am Ende viel Wichtiges auch nicht erfragt zu haben. Ich empfehle daher, die Vorteile beider Verfahren zu verknüpfen – im teilstrukturierten Interview, bei dem Sie mit einem vorbereiteten Interviewleitfaden arbeiten und gleichzeitig von ihm abweichen, nachhaken und länger verweilen, wo Sie auf eine besondere Stärke bei Ihrem Gast gestoßen sind.
- Machen Sie sich klar: **Wer fragt führt!** Sie steuern mit Fragen den Tenor und die Themen des Gesprächs. Je offener Sie fragen, desto mehr Antwortmöglichkeiten bieten Sie. Legen Sie den Bewerber/innen keine Antwort in den Mund, vor allem kein Ja oder Nein!

Hier eine Reihe bewährter Fragen, die absichtlich so offen gehalten sind, dass die Bewerber/innen zu erkennen geben, was ihnen wichtig ist. Sie konzentrieren sich ganz aufs Zuhören, fragen höchstens kurz nach, wenn etwas inhaltlich unklar ist. Machen Sie sich Notizen über das, was Sie hören, aber auch über das Nicht-Gesagte und Ihre Eindrücke davon.

Der Einstieg Zu Beginn stellen Sie teilweise mehrere Fragen in einer: Es geht um den Weg, die Warums, das Wichtigste dabei und die Motivation für die Bewerbung. Wird alles beantwortet?

- »Jetzt unabhängig von Ihren Bewerbungsunterlagen, die ich gerade im Detail gar nicht mehr so im Kopf habe: Vielleicht erzählen Sie mal Ihren bisherigen beruflichen Weg, also auch, was jeweils zu den nächsten Schritten geführt hat, und was für Sie die entscheidenden Phasen waren. Und wie das jetzt zu Ihrer Bewerbung bei uns führt.«
- »Was mich zum Einstieg besonders interessiert: Was hat Sie dazu bewogen, sich bei uns zu bewerben? Und warum meinen Sie umgekehrt, dass Sie die Richtige für uns sind?«
- »Mit welchen Gedanken und Erwartungen sind Sie heute hierher gekommen?«
- »Was sollte ich / sollten wir vor dem Hintergrund Ihrer Bewerbung auf diese Stelle über Sie wissen?«

Werte, Erfolgsfaktoren und -erlebnisse Nun starten wir mit *der* Frage:

- »Wenn Geld keine Rolle spielen würde und Sie hätten die Chance, eine Kita nach Ihren Vorstellungen zu gestalten: Wie sähe Ihr Konzept aus?«

Und weiter mit:

- »Wenn Sie jetzt einmal Ihre individuellen Erfolgsfaktoren für Ihre Arbeit zugrund legen: Wie erfolgreich sind Sie da – sagen wir auf einer Skala von 1 bis 10?«
- »Was würden Sie Praktikantinnen sagen, worauf es bei dieser Arbeit besonders ankommt?«

Fachlichkeit und Professionalität Zum Thema »Fachlichkeit und Professionalität« werden Sie keine spezifischen Schwerpunktthemen Ihrer Einrichtung abfragen, sondern sich ein Bild davon machen, in welchem Bereich die Bewerberin hohe Fachlichkeit und Professionalität entwickelt hat, um dies dann abzugleichen mit Ihren Anforderungen – zum Beispiel:

- »Welche besonderen Entwicklungen haben Sie im Kita-Bereich in den letzten Jahren beobachtet?«
- »Was für ein Konzept ist für Sie zurzeit das Interessanteste …?«
- »In welchem Bereich Ihrer jetzigen Arbeitsstelle sehen Sie sich als Expertin?«
- »Können Sie mir eine Situation schildern, die Sie als besondere fachliche Herausforderung erlebt haben?«

Nun geht es darum, bestimmte Muster im Lebenslauf herauszuarbeiten, denn diese werden womöglich auch in Zukunft fortgesetzt: Lief bisher alles eher geplant oder spontan ab?

Bisheriger Werdegang und Motivation zum Wechsel

- »Auf einer Skala von 1 bis 10: Wie zufrieden sind Sie mit Ihrem bisherigen Weg?«
- »Wenn Sie jetzt nicht wechseln würden: Wie würde Ihr beruflicher Weg eventuell weitergehen?«

Bei aller Fachlichkeit: Wie passt die Bewerberin in Ihr Team, in Ihre Kultur? Wie passt ihr Arbeitsstil, ihre Vorstellung von guter Zusammenarbeit mit Ihnen als Leiterin?

Die Bewerberin als Mitarbeiterin und Kollegin

- »Welche Erwartungen hätten Sie an mich als Ihre Chefin?«
- »Welche Art von Aufgaben nehmen Sie in Teams besonders gerne wahr?«

In der letzten Gesprächsphase sondieren Sie noch einmal: Wie weit stimmen die wechselseitigen Vorstellungen überein? Und: Wie interessiert und motiviert ist die Bewerberin bezüglich dieser Stelle?

Abschluss

- »Was ist für Sie noch interessant zu wissen über eine Arbeit bei uns?«
- »Zusammenfassend: Inwieweit glauben Sie, passen wir zusammen?«
- »Angenommen, Sie würden morgen bei uns anfangen: Was würden Sie gerne als erstes anpacken?«

Natürlich können Sie aufgrund konkreter Erfahrungen, aber vielleicht auch aufgrund des Gesprächs oder der Unterlagen gezielte Schlüsselkompetenzen abfragen:

- »Wie halten Sie sich über aktuelle Entwicklungen im Kita-Bereich auf dem Laufenden?«
- »Wann haben Sie das letzte Mal eine Kollegin um Rat gefragt?«
- »Wonach bestimmen Sie Ihre Prioritäten im Arbeitsalltag?«
- »Was sagt Ihnen eher zu: ein gut strukturierter Arbeitstag oder ein Tag mit vielen auftauchenden Anlässen für spontanes Reagieren?«
- »Welche Verbesserungen in den Abläufen haben Sie in Ihrer bisherigen Kita zuletzt erzielt?«
- »Wann haben Sie schon einmal in einer extrem schwierigen Situation alles drangesetzt, eine gute Lösung zu finden?«
- »Wie würden Ihre Kolleginnen Sie wohl beschreiben?«
- »Bei welchen Aufgaben schätzen Sie Teamarbeit, bei welchen arbeiten Sie lieber alleine?«

Gut gefragt ist halb gewonnen!

All diese Fragen stellen Beispiele dar! Das Wichtige für Sie ist, das Frageprinzip und die Fragearten dabei zu erkennen und zu verinnerlichen. Ein Einstellungsinterview dieser Art zu führen ist eine Herausforderung für die Bewerber/innen. Und genau das ist der richtige Weg, wenn Sie Wert auf belastbare, ehrgeizige, engagierte und reflektierte Erzieher/innen legen, die Ihren Werten und Ihrem Profil entsprechen.

Wer hier aussteigt, weil der Besuch zu viel von Prüfung hatte, ist in diesem Beruf falsch. Auch der Alltag von Erzieher/innen ist tagtäglich Prüfung ihrer Fachlichkeit, wird begutachtet von Kindern, Eltern, Kolleginnen und Kollegen, der Leitung und anderen Institutionen. Und Sie brauchen Leute, die das nicht scheuen. Bedenken Sie auch: Die vielen offenen Fragen bieten einer guten Erzieherin auch große Chancen, sich von anderen Bewerberinnen abzuheben. Und das Ganze findet ja in wertschätzend zugewandter Atmosphäre statt!

2.7.3 Die Gestaltung der Einarbeitungsphase

In Anbetracht der vielen Überlegungen und der Zeit für Entscheidungsprozesse, die Sie investiert haben, bis es zum Arbeitsantritt der neuen Mitarbeiterin kommt, wäre es verschenkte Liebesmüh', ab jetzt deren Einarbeitung dem Zufall zu überlassen. Ist Ihnen also an niedriger Fluktuation in Ihrem Hause gelegen, gestalten Sie auch diese Phase von Anfang an bewusst. Ihnen als unmittelbare Vorgesetzte kommt in der Orientierungsphase der neuen Mitarbeiterin eine besondere Rolle zu. Denken Sie an die bekannte Wegegabelung: Je weniger wir selbst im Gelände orientiert sind, umso mehr freuen wir uns, wenn uns jemand Starkes an die Hand nimmt.

Die Chancen gezielter Einarbeitung

Aber es geht nicht nur um das Bedürfnis nach Orientierung der neuen Mitarbeiterin, sondern auch für Sie ist die gezielt begleitete Einarbeitung eine Chance: Ihre Möglichkeit der Einflussnahme ist zu dieser Zeit noch sehr viel höher als bei langjährigen Mitarbeiter/innen, die ihren Arbeitsstil über die Jahre schon entwickelt und gefestigt haben. Die Neuen sind noch offener, und dadurch entsteht für Sie die größere Chance der Einflussnahme auf Haltungen und Wahrnehmungsmuster. Worauf es für einen guten Start ankommt, wird hier in Form einer Checkliste zum ersten Tag vorgestellt, mit der Sie prüfen können, ob Sie an alles gedacht haben:

- Habe ich das Team über die Neue informiert (Name, Datum des Starts …)?
- Bin ich an dem Tag auch da und habe Zeit für Begrüßungsgespräch, Rundgang und Vorstellung im Haus?
- Habe ich mit dem Team vereinbart, wer für die ersten 100 Tage die Patenschaft für die Neue übernimmt?
- Habe ich ein Begrüßungspaket (Blumen oder Konzeption in feierlicher Verpackung …) vorbereitet?
- Was ist am ersten Tag geplant? Welche Aktivität stellt einen gelungen Empfang dar, der die Neuanfängerin nicht überfordert, aber auch einen motivierenden Akzent setzt?
- Ist ein Platz für die neue Mitarbeiterin frei – sauber, klar und beschriftet, wo sie ihre persönlichen Dinge lassen kann (Spind, Garderobe, Postfach …)?
- Habe ich zum Abschluss des ersten Tages eine gemeinsame Reflexion eingeplant und vereinbart?

Hier geht es um den ersten Tag der Einarbeitungsphase, die insgesamt einhundert Tage dauert. Es ist wichtig, die Dauer zu benennen, um klarzumachen: Bis dahin hast du noch Schonfrist, kannst große Augen und Ohren machen, ausprobieren, kennenlernen … Und danach erwarte ich von dir das Gleiche wie von allen anderen. Das schafft Freiräume und Orientierung zugleich.

In den ersten hundert Tagen setzen Sie sich jeweils nach vier Wochen mit der neuen Mitarbeiterin zusammen – immer terminiert, um das Gespräch ernst zu nehmen und ihr Gelegenheit zur Vorbereitung zu geben. Am besten teilen Sie ihr gleich zu Beginn mit, dass Ihr Einarbeitungskonzept das für jede neue Erzieherin vorsieht und nichts mit ihr oder der Wahrnehmung ihrer Arbeit zu tun hat. Sie zeigen damit Ihre Präsenz und bieten sich an für übergeordnete Fragen, über den Gruppenraum hinaus. Auch erhalten Sie so einen direkten Eindruck, wie sich Einarbeitung und Integration entwickeln und wo Sie eventuell noch unterstützen können – unmittelbarer, als sich auf die Befragung der Patin zu beschränken.

Die ersten hundert Tage

> Nehmen Sie bei den monatlichen Einarbeitungsgesprächen die Coachrolle ein. Seien Sie offen und klar und bearbeiten Sie, was auch immer die neue Mitarbeiterin sich wünscht. Sie ist diejenige, die die Themen bestimmt. Es geht nicht um Schulung, sondern um Unterstützung an der Stelle, wo sie ein Anliegen hat. Werden Sie dabei konkret: »Wie könnte ein nächster Schritt in die gewünschte Richtung aussehen?« Verpassen Sie auch nicht die Chance, die neue Mitarbeiterin mit einem wertschätzenden Feedback zu stärken. Je konkreter ein Feedback, umso wirkungsvoller: Was genau gefällt Ihnen? Und woran machen Sie das fest?

2.7.4 Loyalität aufbauen und erhalten

Mitarbeiterbindung aufbauen

Nun beschäftigen wir uns mit der Frage, wie Sie eine tragfähige Bindung der neuen Mitarbeiterin an Kinder und Eltern, die Kita, an Sie, an den Träger unterstützen können. Schließlich möchten Sie ja den Prozess der Stellenbesetzung und Einarbeitung nicht jedes Jahr mehrmals durchlaufen müssen, sondern brauchen idealerweise eine kontinuierliche Besetzung der Gruppen mit eingearbeiteten Erzieher/innen, die verlässliche Beziehungsarbeit mit den Kindern und Eltern leisten. Auch sind die gebundenen Erzieher/innen diejenigen, die sich größere Gedanken über Verbesserungen in den Abläufen machen, flexibler in der Ausübung ihrer pädagogischen Aufgaben sind, mehr Verantwortung übernehmen und zudem nach außen loyal zu Ihnen, Ihrer Einrichtung und dem Träger stehen. Illoyalität ist immer ein Zeichen mangelnder Bindung an den Arbeitsplatz, dem nachgegangen werden muss. Worauf kommt es also an, um eine möglichst intensive Mitarbeiterbindung herzustellen?

Die Bindung an den Arbeitsplatz ist eine Art inneres Okay, man könnte auch sagen ein psychologischer Vertrag mit sich selbst, dem System und den sich darin begegnenden Personen. Dieser Vertrag sagt: Ich will mit euch etwas erreichen, ich stehe zur Verfügung – komme, was da wolle. Natürlich hat dieser psychologische Vertrag (neudeutsch: Commitment) stark motivationale Komponenten, die mit der Person zusammenhängen: Sie sind geprägt von persönlichen Einstellungen, Motiven und Persönlichkeitseigenschaften. Gleichzeitig gibt es eine

Reihe äußerer Faktoren, die von konkreten Situationen in der Kita und dem Umfeld ausgehen.

Der psychologische Vertrag kann nach Klimecki und Gmür (2001) durch reine Kosten-Nutzen-Kalkulation (Kalkulativer Vertrag) zustande kommen: Ich brauche diese Stelle, um meine Miete bezahlen zu können. Oder: Ich brauche genau diese Stelle, weil ich mit ihr die kürzeste Anfahrt habe. Das Verlassen der Einrichtung hätte größere finanzielle Risiken als sich Chancen durch den Verbleib bieten. Der psychologische Vertrag mit dem Arbeitsplatz kann aber auch das Ergebnis eines moralischen Gefühls (Moralischer Vertrag) sein: Ich habe zugesagt, also mache ich das jetzt auch. Ich kann andere nicht enttäuschen! Oder aber der Vertrag ist das Ergebnis der strukturellen Einbindung der Mitarbeiter/innen und beruht auf der positiven inneren und emotionalen Zuwendung (Emotionaler Vertrag) zu den Personen und zum Träger als Institution. Er hat viel mit der Identifikation mit Werten und Zielen zu tun.

Die Art der Verträge variiert stark. Jedoch ist meist intuitiv das, was Sie sich als Führungskraft von Ihren Mitarbeiter/innen wünschen, der emotionale Vertrag. Tatsächlich gibt es Untersuchungen dazu, dass besonders diese Art von Bindung zu höherem Einsatz am Arbeitsplatz führt, während der kalkulatorische eher »Dienst nach Vorschrift« nach sich zieht.

Die inneren Verträge

Vielleicht nicht auf den ersten Blick das, was Sie in diesem Kapitel erwartet haben, aber gewachsen aus Erfahrung: Erzieher/innen erwarten in besonderem Maße die zuverlässige und korrekte Abwicklung der administrativen Aufgaben wie Abrechnung der Arbeitszeiten, Fertigstellung von Verträgen, Genehmigung von Urlaubs- oder Fortbildungsanträgen, Abrechnungen, Erstellung von angeforderten Verträgen, Beantwortung von Fragen rund um das Arbeitsverhältnis. Klappt das nicht absolut zeitnah und perfekt, fällt das Grundmuster auf, diese Abwicklung nicht als arbeitsorganisatorische oder logistische Panne zu sehen, sondern auf sich selbst zu beziehen. Für Sie als Führungskraft heißt das: Seien Sie hier – was Ihren Teil der Arbeit in Abgrenzung zu der des Verwaltungsbereichs anbelangt – äußerst zuverlässig. Denken Sie nie: Das ist doch nur eine Formalität! So kann man das sehen, aber unter Umständen und sehr wahrscheinlich wird das die betroffene Mitarbeiterin nicht so betrachten!

Das administrative Personalmanagement

Natürlich verhindert diese korrekte Erledigung der arbeitsplatzrelevanten Administration sozusagen als Mindeststandard erst einmal nur Unzufriedenheit und schafft noch keine echte Zufriedenheit oder gar Begeisterung. Es braucht vor allem Maßnahmen unter der Prämisse zweier entscheidender Werte: Wertschätzung und Fairness. Denken Sie hier bitte auch an alles, was bisher zum Thema Vertrauen und Motivation gesagt wurde.

Das kann reichen von den üblichen Betriebsausflügen und Geburtstaggeschenken für alle bis zu erfolgsabhängigen Wertschätzungen, zum Beispiel nach dem gelungenen Sommerfest oder dem erfolgreich abgeschlossenen Projekt. Gerade gemeinsame öffentliche Auftritte vor Eltern oder Nachbarn, Träger oder Bevölkerung vermitteln ein Zusammengehörigkeitsgefühl und schaffen Identifikation.

Loyalität braucht Wechselseitigkeit

Loyalität braucht Wechselseitigkeit: Stehen Sie selbst nach innen und nach außen zu Ihren Mitarbeiter/innen?

- Wie zuverlässig und korrekt bin ich mit den administrativen Aufgaben des arbeitsplatzbezogenen Personalmanagements?
- Verhalte ich mich immer so, dass meine Mitarbeiter/innen mich als authentisch, fair und wertschätzend bezeichnen können?
- Welche Rituale könnte ich einführen, um die Identifikation und Bindung zu fördern?
- Woran könnte es liegen, wenn meine Mitarbeiter/innen sich wenig gebunden fühlen?

2.7.5 Gründe für Trennungen und das Überbringen der schlechten Nachricht

Es gilt als unumstößliche Regel, dass Mitarbeiter/innen im Öffentlichen Dienst nicht kündbar sind. Wahr ist, dass den Arbeitgebern die »ordentliche« Kündigung tatsächlich nicht möglich ist, jedoch als sogenannte »außerordentliche« Kündigung durchaus stattfindet. Dies muss nicht zwangsläufig die Fristlosigkeit bedeuten. Im Fall der tariflichen oder gesetzlichen Unkündbarkeit wie im Öffentlichen Dienst kann es zum Beispiel zu einer außerordentlichen Kündigung kommen, wenn die Einrichtung geschlossen wird oder ein Mitarbeiter grob gegen seine Pflichten verstoßen hat. Der Arbeitgeber braucht jedoch einen gewichtigen Grund. Dieser darf nicht bereits über längere Zeit bestanden haben und nun »plötzlich« zur Kündigung führen. Diese sehr grobe Ausführung macht deutlich, dass die längere Beobachtung von unpädagogischem Verhalten nur schwer zu einer Kündigung führen kann, so wünschenswert dies für die Kinder und deren Familien manchmal wäre.

Kündigungsgründe
Grundsätzlich kann Mitarbeiter/innen gekündigt werden, wenn der Arbeitsbereich aus betrieblichen Gründen wegfällt. Das könnte zum Beispiel Sie als Leiterin betreffen, wenn Ihr Arbeitgeber schlanke Führungsstrukturen einführen möchte, wie etwa die Führung zweier Einrichtungen durch eine Leitungskraft. Die ist nicht nur eine theoretische Möglichkeit, sondern es gibt hier bereits durchaus einige Erfahrungen aus der Praxis.

Betriebsbedingte Kündigungen

In der Person begründete Kündigungsgründe liegen in deren Eigenschaften und Fähigkeiten, die erwarten lassen (negative Prognose), dass sie ihre Arbeitsleistung auf Dauer nicht wird erfüllen können und der Arbeitgeber dauerhaft in seinen Interessen eingeschränkt sein wird. Andere Einsatzmöglichkeiten beim gleichen Arbeitgeber haben dabei Vorrang. Die Kündigung kann krankheitsbedingt erfolgen, wenn die Krankheit weitere Ausfälle definitiv erwarten lässt. Bedingung ist, dass es aufgrund der Krankheit zu maßgeblicher Beeinträchtigung der Betriebsabläufe oder zu erheblichen Belastungen durch Lohnfortzahlungen kommt. Sie kann außerdem verhaltensbedingt erfolgen, wenn die Mitarbeiter/innen so gravierend gegen ihre Pflichten verstoßen haben, dass eine weitere Zusammenarbeit nicht mehr zumutbar ist. Der Verstoß gegen ihre Pflicht muss rechtswidrig und schuldhaft begangen worden sein. Änderungskündigungen, Abmahnungen, Versetzungen oder andere mildere Mittel haben immer Vorrang.

Personenbedingte Kündigungen

Und seien die Gründe noch so nachvollziehbar und noch so juristisch einwandfrei: Die betroffene Mitarbeiterin / der betroffene Mitarbeiter wird die Tatsache zunächst nicht wahrhaben wollen und Betriebsrat / Personalrat für sich zu gewinnen versuchen. Darauf muss sich jede Führungskraft einstellen und bereits bei der Verkündung der »schlechten Botschaft« den inneren Prozess beachten.

Das Überbringen der schlechten Nachricht
Das folgende Vorgehen beschreibt Roswitha Königswieser nicht nur für Trennungen, sondern als auf alle anderen Situationen übertragbar, in denen die Identität bedroht ist – zum Beispiel der Verlust von Menschen, von Privilegien und Vertrautem, von Anerkennung und Sicherheit.

Es gehört immer Mut dazu, Botschaften zu überbringen, die dem anderen wehtun werden. Erfahrung mit eigenem Leid und ein gesundes Maß an Empathie sind gute Voraussetzungen, um sich einfühlen und mit den auftauchenden Reaktionen der Betroffenen umgehen zu können. Die bis zur erfolgreichen Verarbeitung der Veränderung zu durchlaufenden Phasen können unterschiedlich lange dauern oder auch immer einmal wieder zurückkehren. Aus der Beschreibung dieser Verarbeitungsschritte wird ersichtlich, dass jede dieser Phasen wichtig ist.

Erste Phase: Schock

Die erste Reaktion, mit der Sie als Überbringer einer schlechten Nachricht rechnen müssen, ist der Schock, der einhergeht mit Fassungslosigkeit oder Erstarrung. Die Körpersymptome können dabei von Blässe, Schweißausbruch, Zittern bis zu Kreislaufstörungen reichen. Fallen wesentliche Faktoren unserer Selbstdefinition weg, sind wir gezwungen, uns eine neue Identität zu suchen. Wir sind fassungslos – im wahrsten Sinne des Wortes: Die gewohnte Fassung, der Rahmen, die Fixpunkte fallen weg. Es wäre ein Fehler, um den heißen Brei herumzureden. Allerdings ist es einfühlsam, die schlechte Nachricht anzukündigen, indem man sie zum Beispiel mit den folgenden Worten einleitet: »Ich habe Ihnen jetzt etwas sehr Unangenehmes mitzuteilen.« Hier helfen kein gutes Zureden und keine Ratschläge. Die Betroffenen brauchen einfach Zeit, sich erholen zu können.

Zweite Phase: Hoffnung auf Rückgängigmachen

Oft treten nach überstandenem Schock Hoffnungen auf, dass die Nachricht gar nicht stimmt, dass es sich um einen Irrtum, eine Verwechslung oder einen Scherz handelt. Das bedeutet: Die Botschaft wird rational gehört, kann jedoch emotional nicht aufgenommen werden.

Bei Kündigungen treten Hoffnungen auf, die Entlassung könne noch in eine Versetzung umgewandelt oder rückgängig gemacht werden. An solche Hoffnungen klammert man sich auch dann, wenn rational längst klar ist, dass diese Tatsache unabwendbar ist. In dieser Phase nimmt auch die Frage nach dem »Warum« eine zentrale Stelle ein. Sinnlosigkeit, Unerklärbarkeit und Orientierungslosigkeit verstärken Angst und Leid. Wenn der Grund fehlt, wird er fantasiert. Auch für Schicksalsschläge werden Begründungen gesucht bzw. konstruiert.

Es wäre unmenschlich, die Hoffnung zu nähren, alles sei nur ein schlechter Traum, denn damit wird der Verarbeitungsprozess nur quälend verlängert. Natürlich werden durch konsequentes, sanftes Hinweisen auf die Realität die Ohnmachtgefühle erst einmal verstärkt. Aber für die langfristige Verarbeitung ist der Abbau der Verleugnung nur ein Vorteil.

Das Hin- und Hergerissensein zwischen den verschiedensten widerstreitenden Gefühlen und Impulsen führt zu aggressiven Reaktionen. Die Realität wird in dieser Phase zwar mehr zur Kenntnis genommen, aber nun setzt die Phase des Sich-Wehrens ein: »So eine Unverschämtheit!« In diesen Situationen trifft die Aggression stellvertretend auch andere Objekte, die eventuell noch nicht einmal Verantwortung tragen. Leitungskräfte erfahren das immer wieder hautnah. Die Phase der Aggression ist für die Nachrichtenüberbringerin eine besonders schwierige Situation – unabhängig davon, wie sie an dem Prozess beteiligt war, trifft sie die volle Wut der Mitarbeiter/innen. Der Zorn der Betroffenen richtet sich gegen sie persönlich.

Dritte Phase: Aggression

> Die defensive Reaktion, dass man selbst an dem Unglück unschuldig sei, fördert eher noch die Aggression. Auch hier gilt wieder: Die größte Hilfe leisten Einfühlung und Verstehen.

Wird ersichtlich, dass nichts mehr und auch Aggression nichts helfen kann, treten depressive Störungen im reaktiven Sinne auf, das heißt als Reaktion auf einen aktuellen, realen Verlust. Es kommt zu einer narzisstischen Regression, die sich als Reaktion auf Kränkung und Enttäuschung jeweils verschieden in Form von Hemmung, Apathie, Selbstanklage und Minderung des Selbstwertgefühls äußern kann. Im psychologischen Sinn ist das Ich krank, weil es auf Zeit seine regulierende

Vierte Phase: Depression

Funktion verliert, in einer narzisstischen Krise steckt. Es tritt das Gefühl auf, man habe es nicht anders verdient, sei nicht liebenswert und wertvoll genug. Man zweifelt an den eigenen Fähigkeiten, glaubt nie wieder einen Ersatz für Verlorenes zu finden und fühlt sich generell unfähig und schlecht.

Es ist nicht sinnvoll, Depressive »aufbauen« zu wollen, indem man ihnen versichert, wie wertvoll sie sind. Indirekt wird damit dem Leidenden untersagt, seinen Verlust zu bearbeiten, und er muss das Gefühl haben, dass seine Wahrnehmung nicht ernst genommen wird. Erleichternd wirkt sich vielmehr aus, wenn er sich aussprechen kann. Oft helfen ganz praktische, alltägliche Gesten, um das Selbstwertgefühl zu verbessern. Man sollte dem Betroffenen zu verstehen geben, dass man zur Verfügung steht, wenn er sprechen möchte. Dieses Zur-Verfügung-Stehen ist auch deshalb wichtig, weil Menschen in diesen Situationen fast immer das Gefühl von Im-Stich-gelassen-Werden haben. Eine Bemerkung wie »Wenn Sie mich brauchen, können Sie jederzeit zu mir kommen« kann helfen.

Fünfte Phase: Trauerarbeit

Nach der Phase der totalen Mutlosigkeit beginnt nun eine langsame Identitätsveränderung. In der »Trauerarbeit« geht es um die Ablösung von lieb gewordenen Objekten, Idealvorstellungen und Personen, im Interesse einer Aussöhnung mit der Realität und mit sich selbst.

Erst jetzt ist das Individuum fähig, sich tatsächlich mit den Konsequenzen auseinanderzusetzen und sich mit seiner neuen Identität anzufreunden. Das kann individuell und je nach Schwere des Schocks unterschiedlich lange dauern. Erst in dieser Phase kann konkrete Hilfestellung hilfreich sein. Sie erkennen das Eintreten in diese Phase daran, dass die Gedanken sich den Konsequenzen der Situation zuwenden: Wie wird der Alltag aussehen, welche finanziellen Umstellungen stehen mir bevor? Was werden Eltern und Freunde sagen? Was muss ich an meinen Zukunftsplänen ändern? Nach einer Kündigung kann die Hilfe darin bestehen, die Suche nach einem neuen Ersatzjob zu unterstützen, auch wenn es nur eine Übergangslösung sein wird.

Regeln für den Überbringer einer
schlechten Nachricht

- Die Information rasch und direkt geben
- Wenn nötig, die Information wiederholen, Zeit lassen
- Aggression und Depression aushalten, nicht abwehren
- Keine Bagatellisierungsversuche machen (nicht von möglichen Vorteilen des Ereignisses sprechen)
- Erst dann Hilfe anbieten, wenn sie in der Phase der Trauerarbeit selbst gefordert oder erbeten wird
- Den Kontakt mit nahe stehenden Menschen herstellen bzw. fördern

3 Führung und Zusammenarbeit im Team

Jede Leitungskraft kennt das Phänomen, dass ihre Mitarbeiter/innen in der pädagogischen Arbeit oder im Einzelgespräch Riesenpotenziale einbringen, aber in der Teamsitzung – egal, ob es um das Sommerfest oder um neue konzeptionelle Überlegungen geht – plötzlich jemand anderes zu sein scheinen. »Verbesserung der Teamarbeit« ist eines der am häufigsten genannten Ziele von Leitungskräften, denn gute Zusammenarbeit ist eine wichtige Voraussetzung dafür, allen anstehenden Anforderungen pädagogischer oder konzeptioneller Art gerecht zu werden.

Die komplexe, instabile Institution braucht Teamarbeit besonders

Teamarbeit ist in Kindertagesstätten, verglichen mit vielen anderen Organisationen, besonders wichtig (siehe 1.1.2). Kindertagesstätten sind zum einen Organisationen mit hoher Komplexität, da zum Beispiel Geldgeber und Kunde nicht identisch sind und als Kunden Eltern und/oder Kinder gesehen werden können. Auch die angeforderte Dienstleistung ist in anderen Arbeitsfeldern eher klarer als im pädagogischen Bereich mit seinen vielfältigen möglichen Ansätzen. Die Steuerung durch Politik, Verwaltung und dezentraler Leitung vor Ort trägt ein Übriges zur Komplexität bei. Zum anderen ist Instabilität gegeben, da gesellschaftliche Bedarfe sich stetig wandeln und neue Konzepte und Bildungspläne, Aufforderung zu Evaluation, Erweiterung der Altersgruppen ein hochflexibles Vorgehen erfordern. Dies alles fällt einem beweglichen Mitarbeiternetzwerk mit hohem Maß an Selbstorganisation leichter als einer statischen Struktur.

3.1 Erfolgsfaktoren guter Teamarbeit

3.1.1 Die formalen und informellen Faktoren analysieren

Als erstes stellt sich die Frage, was gute Teamarbeit eigentlich ausmacht. Das folgende Schaubild verdeutlicht, worauf es ankommt:

Merkmale produktiver Teamarbeit		
Offizielle, formale Seite		**Informelle, private Seite**
Unternehmens-/Abteilungsziele, Projektziele	**Gemeinsame ZIELE**	Persönliche Weiterentwicklung, berufliche Perspektiven
Arbeitsteilung, gemeinsame Projekte, Infofluss	**Abgestimmte INTERAKTION** (Kommunikation, Kooperation, Koordination)	Informelle Kanäle, Beziehungen, Koalitionen
Offizielle Hierarchie Organigramm	**Anerkannte STRUKTUR**	Einflussstruktur, Machtstruktur, Beliebtheitsstruktur etc.
Offizielle Position (Abteilungsleitung, Stv., Kitaleitung)	**Anerkannte ROLLEN**	Informelle Rollen: Star, Vertraute, Vermittlerin ...
Offizielle Regeln und Vorschriften, z.B. Dienstanweisungen	**Gemeinsame NORMEN** (Werte, Regeln, Standards)	Informelle (unbewusste) Werte, Normen, Gewohnheiten
Loyalität	**WIR-GEFÜHL** (Zusammengehörigkeitsgefühl)	Betriebsklima, Freundschaften Affinitäten

Die Betrachtung der Merkmale liefert erste Hinweise darauf, an welcher Stelle unter Umständen gearbeitet werden muss. Es kann um die *Struktur* gehen, wenn es zum Beispiel die Rolle der Gruppenleiterin in der offiziellen Trägerstruktur zwar gibt, diese aber informell nicht beansprucht werden darf, weil man keine hierarchische Beziehung im Team haben möchte, oder die Leitungskraft nach außen leitet, sich intern jedoch als Teammitglied versteht. An der *Interaktion* ist anzusetzen, wenn zum Beispiel der Informationsfluss nicht gut geregelt ist – etwa die Frage, ob eine Erzieherin, die an einer Besprechung nicht teilnehmen konnte, nun eine Holschuld hat oder das Team eine Bringschuld.

> Die Faktoren bieten eine interessante Reflexionsgrundlage für die Leitungskraft, aber auch eine fruchtbare Diskussionsbasis für das Team: Hierfür übertragen Sie die einzelnen Faktoren auf Flipchart, stellen sie vor, zeichnen zu jedem der Punkte eine Skala von 0 bis 100 und lassen die Teilnehmer/innen ihr Kreuz für ihre Einschätzung vornehmen. Sie sehen so ganz schnell, wo der »Hase im Pfeffer« liegt und es Handlungsbedarf gibt.
>
> Dies ist erst einmal nur ein diagnostischer Schritt, der aber bereits Themen kommunizierbar macht und damit oft schon einen kleinen Durchbruch ermöglicht. Entscheiden Sie anschließend gemeinsam, was zu tun ist.

Das folgende Beispiel stammt aus der Arbeit mit einem Kita-Team aus einer norddeutschen Großstadt. Durch die Betrachtung der Erfolgsfaktoren und die anschließende Bewertung und Diskussion, inwieweit die Faktoren gegeben sind, wurde enttabuisiert und damit besprechbar gemacht, dass eine Mitarbeiterin gerne selbst Leitung geworden wäre und sich schwer tat, die Ablehnung zu verkraften. Die Leiterin hatte sich durch diese Mitarbeiterin schon länger abgelehnt gefühlt und das vorsichtige Verhalten der anderen damit in Verbindung gebracht.

Verstehen ermöglicht Bearbeitung

Für die Leiterin war dies die Chance, Verständnis zu zeigen und zu artikulieren, wie es ihr selbst in ihrer Rolle ging. In der Folge wertete sie die Mitarbeiterin durch Übertragung anspruchsvoller Tätigkeiten im Bereich Elternarbeit, die deren Stärke entsprechen, gezielt auf. Sie

3.1 Erfolgsfaktoren guter Teamarbeit

[Handschriftliche Abbildung: Merkmale guter Teamarbeit – mit offizieller, formaler Seite (links) und informeller, privater Seite (rechts) und den Ebenen: Gemeinsame ZIELE, Abgestimmte INTERAKTION, Anerkannte STRUKTUR, Anerkannte ROLLEN, Gemeinsame NORMEN, WIR-Gefühl]

konnte nun auch offen mit ihr über deren weitere berufliche Entwicklung sprechen und die Mitarbeiterin dabei unterstützen, auf die Übernahme einer Leitungsrolle zu einem anderen Zeitpunkt in einer anderen Kita hinzuarbeiten. Auch die anderen Kolleginnen verstanden plötzlich, was da unterschwellig hemmend gewirkt hatte. Für sie gab es jetzt nicht mehr das scheinbare Sich-entscheiden-müssen, auf welche Seite sie sich schlagen. Nun konnten sie sich auch konstruktiv in die konzeptionelle Veränderung in Richtung Familienzentrum einbringen – ein Vorhaben, das eigentlich anstand und bisher wegen diffuser Unstimmigkeiten nur schwer vorankam.

Die Mitarbeiterin hat übrigens die Kita in der Zwischenzeit verlassen, weil sie sich erfolgreich auf eine andere Leitungsstelle beworben hatte.

Der Abschied war einvernehmlich und herzlich. Sie holt sich immer noch bei ihrer früheren Chefin von Zeit zu Zeit Beratung in Leitungsfragen.

3.1.2 Teamdiagnose mit den Teamsäulen

Wo stehen wir?

Eine weitere Möglichkeit der Teamdiagnose, die in die Betrachtung der Organisation als Ganzes den Faktor Führung einbezieht, bieten die Teamsäulen (Anlage 9):

> Verteilen Sie den Bogen »Teamsäulen« an Ihre Mitarbeiter/innen und bitten Sie sie, ihre Säulen zu den Kriterien nach ihrer Einschätzung aufzubauen. Natürlich können Sie dafür die Kriterien auch nach Ihrer Priorität abändern. Sammeln Sie die Bögen ein und übertragen Sie die Inhalte auf einen entsprechend mit dem gleichen Bild vorbereiteten Flipchartbogen. Stellen Sie nun folgende Auswertungsfragen:
>
> ▶ Was fällt auf?
> ▶ Bei genauerem Hinsehen: Wo gibt es gleiche oder ähnliche Einschätzungen?
> ▶ Welcher Handlungsbedarf ergibt sich aus der Betrachtung?
> ▶ Wie bearbeiten wir diesen?

3.2 Teamentwicklung und Unterstützungsaufgaben

Das Team als Orchester

Wie die Persönlichkeitsentwicklung ist die Teamentwicklung ein höchst dynamischer und störanfälliger Prozess, dessen Gelingen von vielen Faktoren abhängt. Die Erfolgsfaktoren können sich bei günstigsten Bedingungen zufällig einstellen, brauchen aber mit hoher Wahrscheinlichkeit eine gezielte Unterstützung, um nicht zu lange intuitiven Gärungs- und Klärungsprozessen ausgesetzt zu sein, die zu viele Energien binden und von der eigentlichen Arbeit abziehen. Vergleichen wir das

Team mit einem Orchester: Dies kann, aus guten Solisten zusammengesetzt, in einer Session spontan wunderbar harmonieren. Es kommt also darauf an, was Sie miteinander aufführen möchten und wie dauerhaft und sicher Ihr Erfolg sein soll.

> Geht es um ein kurzfristiges Event oder eine langfristige Arbeit an einer Symphonie? Sind Sie Hobbymusiker oder Profis? Auf welchen Bühnen spielen Sie, wer schaut und hört hier zu? Wie anspruchsvoll sind die Werke, die Sie sich miteinander vorgenommen haben?

An dieser Metapher sehen Sie: Ohne Proben werden Ihre Auftritte stümperhaft sein und ohne Dirigenten, der alles zusammenhält, bröckelt die Struktur und es gibt kein harmonisches Ganzes. Betrachten wir zunächst den organischen, natürlichen Phasenverlauf, denn Entwicklung findet immer statt.

3.2.1 Der organische Phasenverlauf der Teamentwicklung

Sie haben es nicht gleich mit einem Team zu tun, wenn mehrere Erzieher/innen zusammenarbeiten. Vielmehr ist es so – wie bei jedem lebenden Organismus –, dass sich Entwicklungen oder Fehlentwicklungen, Entwicklungsstillstände und Entwicklungsfortschritte beobachten lassen. Die Teamuhr auf der folgenden Seite (Francis & Young 1998) veranschaulicht die Entwicklungspsychologie von Teams. Sie bietet die Möglichkeit, folgende Fragen zu klären: Wie spät ist es in unserem Team? Und: Was brauchen wir, um weiterzukommen?

Forming – Phase
Der Kontakt findet zwangsläufig und zufällig statt – aufgrund der Zusammenarbeit im gleichen Gruppenraum, der gleichzeitigen Nutzung des Pausenraums oder bei Besprechungen. Er ist noch kurzlebig, flüchtig und stark auf physische und äußerlich wahrnehmbare Attribute gerichtet (Alter, Kleidung etc.). Es findet ein unverbindlicher Austausch über konsensfähige Formeln statt wie Wetter, Räume, Umgebung, Essen. Tiefgang und Widersprüche werden noch nicht zugelassen. Jeder

Die Phase der Vorsicht und Höflichkeit

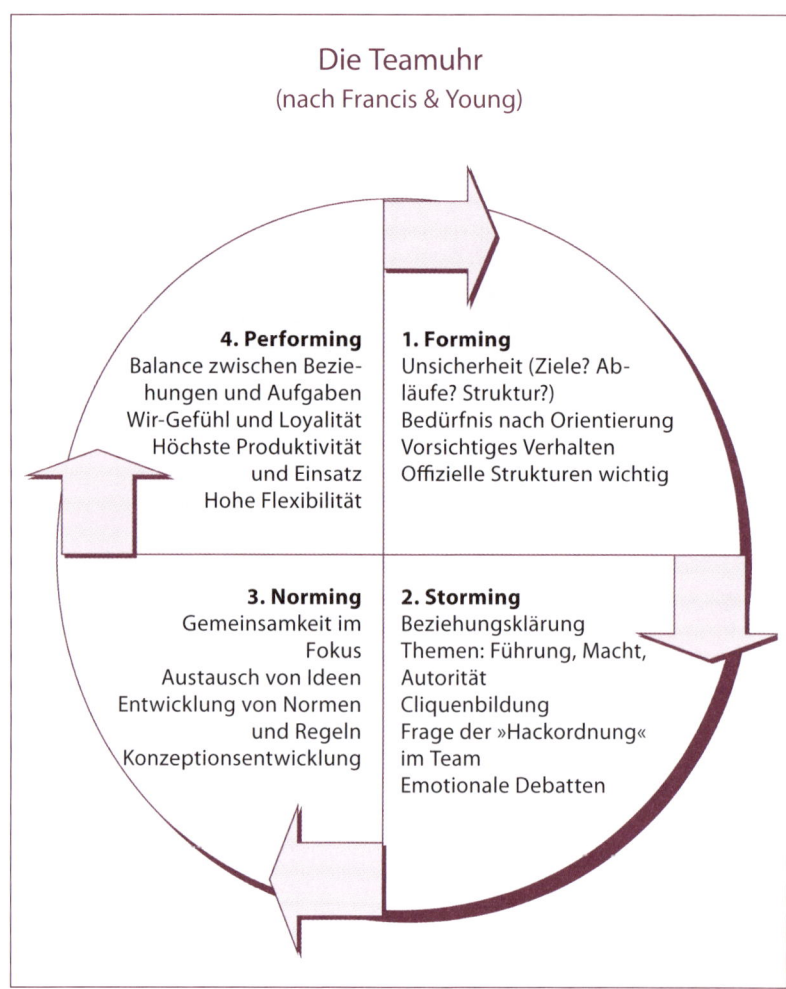

fragt sich: Wie kann ich mich zu der Kollegin in Beziehung setzen, wie zur Leitung? Was ist hier möglich, was nicht?

Die Phase der Gärung und Klärung

Storming – Phase

Hier geht es um das Aufbauen und Verankern von Positionen: In Untergrüppchen entstehen Nähe und Vertrauen, während zu den anderen Distanz aufgebaut wird. Sympathie, gegenseitige Unterstützung und Anerkennung haben in dieser Phase eine enorme emotionale Bedeutung. Einzelne beginnen Einfluss zu nehmen und Führung zu beanspruchen, indem sie kämpfen, helfen, retten … Kinder würden sagen: Es geht darum, wer hier der »Bestimmer« ist. Konflikte bestimmen die Themen bei Teamsitzungen oder sind unausgesprochen spürbar.

Das Team nutzt in dieser Phase externe Normen, Werte, Regeln (»Das haben wir immer so gemacht!« »Das steht aber in der Konzeption!«) zur Einflussnahme. Erst vereinzelt zeichnen sich Anfänge gemeinsamer Reflexionen und situationsgerechter Regelanpassungen ab.

Norming – Phase
Die Storming – Phase hat eine stark konditionierende Wirkung. Das bedeutet: Was in der Storming – Phase funktioniert hat, dient der Orientierung und wird in der Norming – Phase zur Regel erkoren. Zum Beispiel: Am besten ist es zu schweigen; am besten ist es, Dinge direkt anzusprechen; mit der kann ich und mit der eben nicht; über das darf ich hier reden, über das lieber nicht … Eigene Regeln und Gewohnheitsrecht (»Ich habe schon immer vormittags gearbeitet, deshalb kommt Nachmittagsarbeit nicht in Frage!«) entstehen.

Die Phase der Regelsetzung und Normierung

Erfolgreiche Gruppenaktivität besteht in dieser Phase im bewussten Schaffen von Regeln, Prozessbeschreibungen, Konzeptionen, Checklisten, Beschreibung von Qualitätsstandards …

Nach der anstrengenden Storming – Phase entsteht das Bedürfnis, sich als Team zu stabilisieren, oft auch Teamarbeit zu formalisieren, mit Sanktionen abzusichern. Durch ein entstandenes Wir-Gefühl entsteht Abgrenzung: Das Innenleben richtet sich gegen das Außenleben der Gruppe, die gemeinsame kritische Haltung gegenüber »Dem Träger …!«, »Den Eltern …!« oder »Der Schule …!« schweißt zusammen.

Performing – Phase
Die Gruppe hat Stabilität und Effektivität erreicht und Merkmale echter Teamarbeit entwickelt. Die Vertiefung findet in sachlicher und menschlicher Hinsicht auf drei Ebenen statt.

Die Phase höchster Produktivität

▶ **Rational:** Wenig Wechsel ist erwünscht, weil er gefestigte und bewährte Beziehungen im Team, aber auch in der Arbeit mit Kindern und Eltern gefährden könnte. Die Leitungsaufgaben finden weitestgehend zentralisiert statt, schaffen klare Strukturen und geben Sicherheit. Regeln können überarbeitet und angepasst werden bei gleichzeitiger Umsichtigkeit bezüglich der Erhaltung von Bewährtem.

- **Emotional:** Gleichzeitig wird das emotionale Geschehen aktiv gestaltet: »Störungen haben Vorrang«, d. h. Erwartungen, Emotionen, Beziehungen, Rollen werden wichtiges, aber unterdessen »ungefährliches« Gesprächsthema neben den rationalen Themen des Alltags.
- **Intentional:** Absichten und Wünsche werden aktiv gestaltet. Das Team fragt sich: Welche Leitbilder unseres gemeinsamen Berufslebens wollen wir hier verwirklichen? Nachdem Abläufe und Vorgehensweisen geklärt sind, werden Ziele, Werte, Motive Gegenstand gegenseitiger Klärungen. Trotz unterschiedlicher Stile ist Zusammenarbeit möglich, Leistung und persönliche Entfaltung sind im Einklang. Das Team sieht sich als gegenseitige »Lern- und Entwicklungspartner«.

Wie spät ist es denn nun in meinem Team?
Wie schnell die Uhr läuft ist sehr verschieden. Es ist noch nicht einmal gesagt, dass die Phasen gleich schnell verlaufen. Und es gibt ein Rückfallen in frühere Phasen. Aber eines steht fest: Es ist nicht möglich, eine Phase zu überspringen. Die Storming – Phase als ungeliebte und unproduktive negieren zu wollen, rächt sich! Eine Leitungskraft, die zum Beispiel mit ihrem Team an der Umwandlung in offene Gruppenarbeit arbeiten möchte, macht einen Fehler, wenn sie nicht berücksichtigt, dass im Team das Gefühl von mangelnder gegenseitiger Unterstützung vorherrscht. Die Leiterin tut gut daran, zu überprüfen, ob das Team überhaupt in der Entwicklung soweit ist, den Blick von seinen eigenen Bedürfnissen wegzunehmen hin zu einem vom Kind und pädagogischen Argumenten ausgehenden Schritt konzeptioneller Veränderung. Sie könnte bei Betrachtung der Teamentwicklung feststellen, dass das Team in einer Phase steckt, wo es etwas ganz anderes braucht, wie etwa die Bearbeitung von Gruppenstrukturen und Rollenkonflikten.

3.2.2 Unterstützungsaufgaben der Teamleitung

Die Betrachtung der Teamuhr zeigt auf, wo das Team steht und gibt der Leitung Hinweise darauf, wo sie das Team abholen und welche Unterstützung ihm in dieser Phase guttun kann.

Erläutern Sie Ihrem Team das Modell der Teamuhr unter Zuhilfenahme des Flipcharts. Bitten Sie die Mitarbeiter/innen ihren Punkt an die Stelle zu kleben, an der sie das Team in seiner Entwicklung sehen.

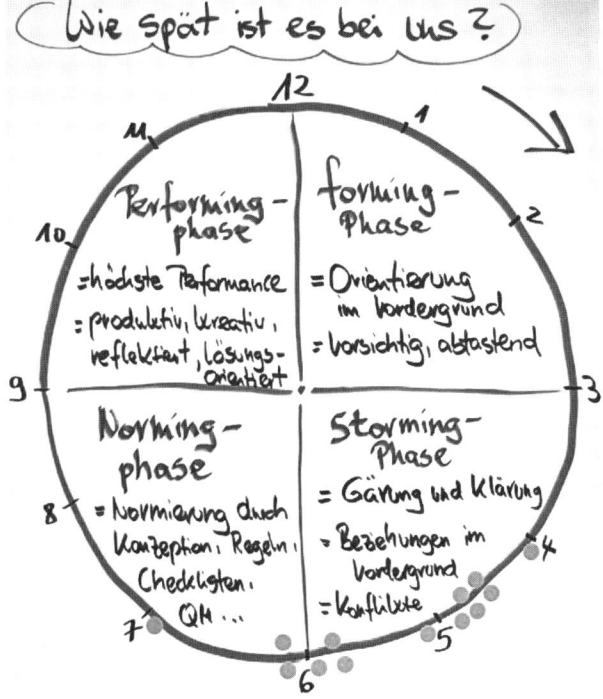

Heben Sie das Flipchart auf oder fotografieren Sie es ab, um später die Einschätzung zu wiederholen und eventuelle Veränderungen zu überprüfen. An diese Arbeit schließen Sie den Austausch in Kleingruppen an, indem Sie diese nach Nähe bei der Einschätzung zusammenstellen und passende Fragestellungen zur Bearbeitung mitgeben. Immer passend ist die lösungsorientierte Frage: »Was können wir tun, um weiterzukommen?« Die Kleingruppen erarbeiten ihre Antworten auf Flipchart, um die Ergebnisse anschließend im Gesamtteam vorzustellen. Bearbeiten Sie nun die Vorschläge bis zum einvernehmlichen Abschließen von Vereinbarungen.

Leitungsaufgaben in der Forming – Phase

Leitung als Steuerfrau und Wegweiserin

- In der Forming – Phase besteht das vorherrschende Bedürfnis nach Orientierung. Die Leitung vermittelt die Ziele der Einrichtung, sodass sie verstanden und akzeptiert werden können. Wichtigste Aufgabe ist es, Ziele zu vereinbaren, die der Teamarbeit Sinn verleihen.
- Vermitteln Sie die Einrichtungs- und Trägerstruktur und welche Rolle die Kita im Umfeld spielt.
- Vermitteln Sie die Mitarbeiter/innen ihre Arbeitsplatzbeschreibungen und was Sie als Leitung von ihnen erwarten. Auch sollte jeder die Funktionen und Aufgaben der anderen kennen, die regelmäßig ins Haus kommen oder am Telefon sind.
- Organisieren Sie Team-Workshops oder andere soziale Aktivitäten zum Kennenlernen: Zur Entwicklung guter Beziehungen gehören gegenseitiges Vertrauen und Verständnis. Das hilft, die jeweils einzigartige Persönlichkeit des anderen mit seinen Stärken und Schwächen zu akzeptieren und fördert das Interesse aneinander.

Leitungsaufgaben in der Storming – Phase

Leitung als Teamcoach und Konfliktmanagerin

- Die Leitung muss diese unruhige Phase als notwendigen und wichtigen Entwicklungsschritt erkennen. Wenn Sie jetzt Diskussionen unterdrücken und den Prozess abbrechen, fällt die Gruppe auf Stufe 1 zurück und eine Weiterentwicklung ist nicht möglich.
- Die Leitungskraft kann den Lernprozess positiv steuern und kanalisieren, indem sie neben oder in den fachlich-organisatorischen Teambesprechungen ein Forum für die Diskussion von Fragen der Zusammenarbeit schafft und Regeln für Kommunikation, Feedback und Entscheidungsfindung erarbeiten und ausprobieren lässt.
Bearbeiten Sie zum Beispiel die »Merkmale guter Teamarbeit« in der beschriebenen Weise und geben Sie dadurch Gelegenheit, Störungen in einem Bereich zu formulieren. In der Storming – Phase finden sich diese häufig in den Bereichen »offizielle und informelle Rollen« oder »Interaktion«. Oder stellen Sie das Modell der Teamuhr vor und fragen Sie: Wo stehen wir? Was brauchen wir, um weiterzukommen?

Leitungsaufgaben in der Norming – Phase

In dieser Phase spielt die Leitung eine integrative Schlüsselrolle, die den Einzelnen dabei hilft, Mitglieder in einem geschlossenen Team zu werden. Um dies zu erreichen, sollten Sie:

Leitung als Planerin und Koordinatorin

- die Kreativität des Teams nutzen und fördern, indem Sie es an Leitungsaufgaben beteiligen
- partizipative Methoden einführen, wie zum Beispiel Arbeitskreise, die dem Team zuarbeiten, oder von Teammitgliedern moderierte Besprechungen mit Visualisierung
- Teammitglieder auffordern, ihre Wünsche, Erwartungen und Angebote hinsichtlich Führung, Leistung, Kooperation, Kommunikation, Informationsfluss, Meetings usw. zu äußern
- die Gruppe anleiten, gemeinsam Situationen zu analysieren, Ziele zu setzen, zu planen und zu evaluieren, wobei partizipative Analyse-, Planungs-, und Entscheidungsinstrumente eingesetzt werden, bei denen jede Erzieherin mitarbeiten kann
- das Team konsensuale Vereinbarungen treffen lassen zu
  - Qualitätsstandards
  - Normen für Kooperation mit verschiedenen Personengruppen (Kinder / Eltern / Träger)
  - einem System des Umgangs mit Problemen, Beschwerden, Konflikten
- eine Teamsatzung gemeinsam vereinbaren – zum Beispiel:

Teamsatzung der Kita XY

§ 1 Ich bin o.k. – Du bist o.k. – Wir sind o.k.!
§ 2 Einer für alle – alle für einen!
§ 3 Erst hinhören, dann reden!
§ 4 Konstruktive Kritik üben und ertragen!
§ 5 Hart in der Sache, weich zu den Menschen!
§ 6 »Teufels Advokaten Rolle« zulassen!
§ 7 Einstimmigkeit statt Bügeltechnik!
§ 8 Offene Information pflegen!
§ 9 Gespräche moderieren und Beiträge visualisieren!
§ 10 Kein Projekt ohne Dokumentation und Aktionsplan!

Leitungsaufgaben in der Performing – Phase

Leitung als Innovatorin und Qualitätsmanagerin

Teamentwicklung ist ein kontinuierlicher Prozess und mit der Phase der höchsten Team-Performance nicht abgeschlossen. Auch ein reifes Team muss seine Fortschritte reflektieren und evaluieren.

Teamentwicklung sollte Bestandteil des Evaluationssystems sein, als Struktur können die »Merkmale guter Teamarbeit« dienen. Organisieren Sie als Leitung regelmäßige Zeiträume und Instrumente für die Reflexion der Teamentwicklung. Bewährt haben sich in vielen Kindertageseinrichtungen zweitägige Workshops zur Teamentwicklung um den Jahreswechsel, bei denen die Erreichung der Teamziele des vergangenen Jahres evaluiert wird und neue Teamziele für das nächste Jahr vereinbart werden.

Ganz wichtig: Fortschritte des Teams müssen anerkannt und belohnt werden. Sparen Sie nicht mit Lob und machen Sie Ihr Lob konkret: Was genau hat mir da gefallen?

Geben Sie Ihren Teammitgliedern Gelegenheit, weiter zu lernen und Verantwortung zu übernehmen, so kann zum Beispiel in Teamsitzungen die Rolle der Moderatorin rotieren. Sie haben ein hochkompetentes und gleichzeitig hoch motiviertes Team. Wertschätzen Sie das!

3.2.3 Team-Workshops: Die regelmäßige Teaminspektion

Erneuern Sie regelmäßig den Team-TÜV

Die Auseinandersetzung mit der Teamsituation ist am sinnvollsten, wenn sie partizipativ zusammen mit dem Team vorgenommen wird, weil dies unmittelbar Erkenntnisse liefert und die Einleitung von teamfördernden Maßnahmen erleichtert. Zeitlich empfehle ich hierfür jährlich ein bis zwei Teamtage – den Familien zuliebe am besten um eine Schließungszeit herum terminiert. Auch mehrere um ein bis zwei Stunden verlängerte Teamsitzungen können bereits sehr hilfreich sein.

Wie ein solcher Teamworkshop aussehen könnte, sei hier nur grob dargestellt. Natürlich muss er dem aktuellen Bedarf angepasst werden.

Stand der Aufgabenbewältigung (ca. 4 Stunden)

Zunächst gemeinsame Einschätzung der aufgabenbezogenen Teamsituation – zum Beispiel mit der Glas-Analyse (Anlage 5): Was machen wir gut und gerne, wo haben wir Lücken und Lernziele, welche Ansatzpunkte und Aufhänger sehen wir, was sind für uns Sorgen und

Suspektes? Wenn Sie ausreichend Energien durch die Vorstellung eines halb vollen Wasserglases entwickelt haben (evtl. in 2 Arbeitsgruppen) lauten die Fragen: Wie werden aus Lücken und zu Lernendem Gut-und-Gerne-Dinge? Und: Was für Ansatzpunkte stecken in den Sorgen und dem Suspekten?

Auch aus der Trendanalyse (Anlage 10) können Sie konzeptionelle Erfordernisse ableiten und ausarbeiten (siehe 5.1.2). Anschließend werden die ermittelten Themen ausgearbeitet und die Vereinbarungen festgehalten.

Zusammenarbeit innerhalb des Teams (ca. 2 bis 3 Stunden)
- Theoretische Einführung »Phasen der Teamentwicklung« mit anschließender Einschätzung des Standes der Teamentwicklung (siehe 3.2.2)
- Teamsäulen (Anlage 9) erstellen und bewerten
- Projektive Techniken anwenden (Bilder, Collagen etc.)
- Feedback: Wer müsste mit wem reden, um Spannungen und Konflikte zu beheben oder Klärungen und Vereinbarungen herbeizuführen.

Überprüfung der bestehenden Teamsatzung und gegebenenfalls Neuvereinbarungen

Auswertung und Ergebnissicherung
- Wie können getroffene Entscheidungen umgesetzt werden?
- Wie wurde das Feedback als methodischer Schritt erlebt?
- Wie soll der Teamentwicklungsprozess fortgesetzt werden?

In Konfliktfällen oder bei anstehenden strittigen Entscheidungen nehmen Sie eine Bearbeitung vor, indem zum Beispiel jedes Teammitglied zunächst individuell sein Konflikthaus (siehe 3.4.2) bearbeitet. Jeder überträgt das Haus auf den Flipchartbogen und füllt die Felder nach seiner persönlichen Sicht aus: Was ist das Ziel? Wie sieht der strukturelle Kontext aus? Wie steht es um die innere Beteiligung? Was könnten Lösungsschritte sein?

Auch die Erarbeitung in Kleingruppen unterstützt bereits erste Klärungen. Die anschließenden Präsentationen vor dem Team werden unter dem Gesichtspunkt ausgewertet, einen gemeinsamen Nenner zu finden.

3.2.4 Die optimale Teamzusammensetzung

Teamzusammensetzung: Worauf es ankommt!

Die verschiedenen Mitarbeitertypen, die möglicherweise an Ihrem Besprechungstisch sitzen, haben Sie bereits unter Punkt 2.3.2 anhand der Vorstellung von Frau Scherz, Frau Grund, Frau Kämpfer und Frau Treu kennengelernt. Nun kann man diese Persönlichkeiten natürlich auch unter dem Aspekt betrachten, welchen Beitrag sie jeweils für die Teamarbeit leisten: Frau Treu wird das Team stabilisieren und eine gute Vermittlerin sein, gerne helfen und pflichtbewusst Aufgaben übernehmen, allerdings Entscheidungen lieber anderen überlassen und Veränderungen erst mal sehr skeptisch gegenüberstehen. Frau Grund ist die Rationale und Gewissenhafte im Team mit einem Händchen für administrative Aufgaben, die fachliche Fehler vermeidet und Oberflächlichkeit missbilligt und diese Ansprüche auch anderen Menschen gegenüber formuliert. Frau Kämpfer sorgt mit konkreten Plänen für die Umsetzung neuer Ideen, ist schnell und zielorientiert, verbummelt keine Zeit mit Nebensächlichkeiten, langweilt sich schnell und ist ungeduldig gegenüber langsameren Kolleginnen. Frau Scherz sprudelt vor Ideen und ist begeisterungsfähig, kann andere gut mitreißen und gewinnen, ist emotional und lebendig und immer auf der Spaßseite des Lebens.

Das Teamdesign macht's!

Optimal ist es, wenn alle Felder besetzt sind. Denn alle genannten Stärken werden im Team gebraucht, auch wenn Sie sich die damit einhergehenden Schattenseiten »einkaufen«. Viele Teams neigen dazu, bei der Stellenbesetzung jemanden zu suchen, der »ins Team passt«. Die Gefahr ist groß, dass dahinter der Wunsch nach größtmöglicher Ähnlichkeit in Temperament und Grundbedürfnissen (Dauer – Wechsel, Nähe – Distanz) steht und es zu einer Kumulierung ähnlicher Teamtypen kommt. Statt eines für alle Teamaufgaben ganzheitlich aufgestellten Teams haben Sie dann einen freien, aber egozentrischen »Haufen« (viele Frau Kämpfers) oder eine sachorientierte, aber intolerante Truppe (viele Frau Grunds), eine warmherzige, aber verschmolzene Gemeinschaft (viele Frau Treus) oder ein lebendiges, aber strukturloses Ensemble (viele Frau Scherz's).

- Wie ausgewogen ist mein Team »aufgestellt«?
- Welche Eigenschaften sind dadurch nicht abgedeckt?
- Neige ich womöglich dazu, diesen Teamtyp auszugrenzen? Was fürchte ich?
- Was passiert, wenn wir das nicht ändern?
- Wie könnte ich dem entgegenwirken?

3.3 Die Moderation von Teamsitzungen

Von der Frage, wie weit Sie Entscheidungen als Gruppenentscheidungen sehen möchten, hängt im Wesentlichen Ihre Rolle bei der Teamsitzung ab: Sind Sie in erster Linie Gesprächsleiter/in oder Moderator/in? Die entscheidende Frage lautet: Wie ergebnisoffen sind Sie bezüglich des anstehenden Themas?

Für die Entwicklung einer gemeinsam zu tragenden Strategie, zum Beispiel im Umgang mit der Umstrukturierung der Kita oder größeren konzeptionellen Veränderungen, wird es sicher sinnvoll sein, wenn Sie die Besprechung konsequent aus der Moderatoren-Rolle führen. Wichtig ist hierfür, dass Sie bezüglich des Ergebnisses offen sind und für Sie die Motivation der Teilnehmer/innen an oberster Stelle steht. Sie müssen sagen können: »Lieber nur 60 bis 80 Prozent von dem, was meinen Vorstellungen entspricht und dafür alle im Boot, als 100 Prozent meiner Vorstellungen und keiner oder nur wenige ziehen mit.« In diesem Fall sollten Sie ein größeres Augenmerk auf den Gruppenprozess haben als auf das Thema und sich weitestgehend neutral verhalten.

Gesprächsleitung oder Moderation?

> Geht es jedoch um ein Thema, bei dem Sie für sich in Ihrer Verantwortungsposition keinen Spielraum sehen, wo die Ziele feststehen, es um eine Verhandlung oder Präsentation geht und weniger um anstehende Entscheidungen, sollten Sie mehr in die Rolle der Gesprächsleitung gehen und Person, Gruppe und Thema gleichermaßen im Blick haben.

3.3.1 Struktur und Ablauf von Teamsitzungen

Struktur und Ablauf sind abhängig vom Ziel der Besprechung: Möchten Sie nur kurze Infos geben oder ein Thema so besprechen, dass am Ende ein gemeinsamer Konsens bezüglich des Vorgehens zustande gekommen ist? Beachten Sie dabei folgende Regeln für gute Teamsitzungen:

Regel 1: Bereiten Sie die Sitzung gut vor. Laden Sie nur die ein, die für das Thema wichtig sind. Gewichten Sie die Themen. Legen Sie die Tagesordnung fest. Für anstehende Entscheidungen lassen Sie im Vorfeld drei Alternativvorschläge von jedem ausarbeiten.

Regel 2: Trennen Sie Operatives von Strategischem. Alltagskleinkram und langfristige Weichenstellungen erfordern unterschiedliche Denkweisen und Arten von Diskussionen – am besten sind hier verschiedene Besprechungen, die auch unterschiedlich heißen.

Regel 3: Beginnen Sie mit den wichtigsten Themen. Nutzen Sie die frischen Energien. Keine Zeitvergeudung mit trivialen Themen!

Regel 4: Achten Sie auf Themen für alle Anwesenden. Bearbeiten Sie nur Themen, die für alle Anwesenden Relevanz haben. Stellen Sie nicht die Mitarbeitermotivation, die durch das Einbringen von Themen entsteht, über die Sinnhaftigkeit der Bearbeitung (Kinder merken auch, dass ihr Kuchen eben nur aus Sand besteht und nicht ernsthaft gegessen werden kann).

Regel 5: Erarbeiten Sie echte Alternativen. Verfahren Sie nicht nach dem Motto »Mehr desselben«, verharren Sie nicht im immer gleichen Muster, sondern entwickeln Sie Alternativen zum Gewohnten.

Regel 6: Legen Sie den Fokus auf Entscheidungen. Besprochenes wird im Protokoll festgehalten. Solange eine grundsätzliche Entscheidung nicht revidiert ist, gilt sie. Und trennen Sie bei der Besprechung die aktuelle Situation von der grundsätzlichen Entscheidung: Das sind zwei nacheinander zu bearbeitende Themen! Sie springen sonst hin und her und verwirren sich.

Regel 7: Pflegen Sie das Kita-ABC. Alles, was vereinbart wurde, gilt als verbindliche Entscheidung und kommt unter dem jeweiligen Anfangsbuchstaben ins Kita-ABC. Dort finden sich dann unter U wie Urlaubsregelung die Vereinbarung zur Beantragung, zu Urlaubssperren, zur Vertretungsregelung … oder unter P wie Pausenregelung eben exakt die Pausenregelung. Jeder Punkt steht auf maximal einer DinA4-Seite, in großen Buchstaben aufgelistet, kein Wort zuviel, sondern klar und prägnant! Jeder Punkt fängt auf einer neuen Seite an, sodass Einfügen und Auswechseln möglich ist. Das aktuelle Datum steht auf jeder Seite, sodass klar ist, welche Fassung vorliegt. Das Überarbeitete wird vernichtet, um nicht durcheinander zu geraten. Eine Mitarbeiterin ist ABC-verantwortlich und pflegt das Buch! Probieren Sie es aus – die Methode hilft, unendliche Fragen und Diskussionen abzukürzen und nichts zu wiederholen.

Regel 8: Trennen Sie sich von »toten Pferden«.

> ### Das tote Pferd
>
> Von den Dakota-Indianern wissen wir, dass wir nicht auf toten Pferden reiten sollten:
>
> **Nehmen Sie wahr, wann das Pferd, das Sie reiten, tot ist! Denn viele unserer sinnlosen Maßnahmen kosten unnötige Zeit:**
>
> ▸ Wir besorgen eine stärkere Peitsche.
> ▸ Wir wechseln die Reiter.
> ▸ Wir sagen: »So haben wir das Pferd doch immer geritten.«
> ▸ Wir gründen einen Arbeitskreis, um das Pferd zu analysieren.
> ▸ Wir besuchen andere Orte, um zu sehen, wie man dort tote Pferde reitet.
> ▸ Wir erhöhen die Qualitätsstandards für den Beritt toter Pferde.
> ▸ Wir schieben eine Trainingseinheit ein, um besser reiten zu lernen.

- Wir stellen Vergleiche unterschiedlich toter Pferde an.
- Wir ändern die Kriterien, die besagen, ob ein Pferd tot ist.
- Wir schirren mehrere tote Pferde zusammen, damit sie schneller werden.
- Wir werden versuchen, Leistungsanreize für das tote Pferd einzuführen.
- Wir machen zusätzliche Mittel locker, um die Leistung des Pferdes zu erhöhen.
- Wir erklären, dass unser Pferd »besser, schneller und billiger« – tot ist.
- Wir bilden einen Qualitätszirkel, um eine Verwendung für tote Pferde zu finden.
- Wir melden das Pferd bei einem Weiterbildungskursus zur Selbstmotivation an.
- Wir malen Power-Point-Folien, die präsentieren, was das Pferd könnte, wenn es denn leben würde.
- Wir suchen einen starken Partner und gründen zusammen mit dessen toten Pferden ein Netzwerk.
- Wir bringen die toten Pferde unter einem fantasievollen Namen in die Öffentlichkeit.
- Wir tauschen das tote Pferd gegen ein anderes totes Pferd aus.
- Wir lassen das tote Pferd vier Wochen ausruhen und probieren aus, ob es danach wieder läuft.
- Wir setzen uns hin und warten ein paar Jahre ab, ob das Pferd sich nicht einfach nur tot stellt.
- Wir nehmen dem Pferd den Sattel ab, damit es weniger tragen muss. Es wird sich dann schon von alleine erholen.
- Wir erklären, dass das Pferd eine schwere Kindheit hatte und deswegen verständlicherweise nichts »leisten« könne.
- Wir schreiben die Leistung des toten Pferdes als Maßstab für die Zielvereinbarung für alle anderen Pferde fest.

3.3.2 Der Umgang mit »schwierigen« Gesprächsteilnehmern

Zur Sicherung von Prozess und Ergebnis üben Sie sich in der lösungsorientierten Gesprächsführung – jeweils differenziert im Hinblick auf verschiedene Besprechungstypen.

Achten Sie vor allem bei brisanten Themen auf nonverbale Signale wie Körperhaltung, Mimik und Gestik, Wenn etwas »nicht stimmt«, zeigt sich das als allererstes über die Körpersprache. Greifen Sie Signale positiv auf, zum Beispiel um zu mehr Information zu ermuntern: »Du lächelst …?« – »Du schüttelst den Kopf …?«

Erste Konfliktsignale sind immer nonverbal!

Fassen Sie regelmäßig inhaltlich zusammen, was gesagt wurde. Sie zeigen damit Ihr aufmerksames Zuhören und bündeln die Konzentration auf das, was gesagt wurde, und das, was noch offen ist. Gehen Sie auch auf den emotionalen Gehalt des Gesagten ein, um zu ermutigen, über Gefühle zu sprechen – zum Beispiel: »Du hast dich geärgert …?« – »Du bist enttäuscht …?«, und setzen Sie lösungsorientierte Fragen (siehe 2.4.2) gezielt ein.

Übernehmen Sie Verantwortung für das, worum es Ihnen geht! Sagen Sie, was Sie wollen und denken! Vermeiden Sie zum Beispiel

- die Betonung der eigenen Unzulänglichkeit: »Ich bin mir nicht ganz sicher, aber könnte man nicht mal …«
- die Darstellung von Tatsachen als Meinung: »Ich finde, dass die Arbeitslosigkeit ein großes Thema ist.«
- ungenaue Aussagen: »Wir wollten eigentlich, dass eine neue Arbeitszeitregelung eingeführt wird.«
- Möglichkeitsformen: »Ich würde mal sagen, …«

Vermeiden Sie Weichspüler!

> Ein wichtiges Ziel ist es, den »störenden« Gesprächspartner zu integrieren, ihm die Regeln zu vermitteln und seine konstruktive Mitarbeit zu fördern. Dabei kann die Erkenntnis helfen, dass hinter den auffälligen und störenden Verhaltensweisen oft ein nicht befriedigtes Bedürfnis steht – vielleicht nach Aufmerksamkeit oder Aufwertung?
> Sich dagegen offen mit dem Betroffenen anzulegen, kann zur Solidarisierung einzelner Gruppenmitglieder mit dem in die Kritik Geratenen führen und sich gegen die Moderation wenden.

Umgang mit den Stillen

Die Stillen sind die unauffälligsten unter den »schwierigen« Teilnehmer/innen. Sie beteiligen sich wenig und werden häufig übersehen, würden vielleicht gerne mitarbeiten, hätten vielleicht auch durchaus gute Beiträge zu leisten, fühlen sich jedoch aus irgendeinem Grund nicht sicher. Diese Unsicherheit kann in der Person liegen, aber ebenso mit der Atmosphäre in der Gruppe zusammenhängen. Die Stillen erwarten, gesehen zu werden, und hoffen auf Ermutigung ganz besonders durch die Moderation.

Fördern Sie ihr Selbstvertrauen zum Beispiel durch die Vermittlung von Erfolgserlebnissen. Beziehen Sie die Person ein, indem Sie Fragen an sie stellen, ihre Beiträge wertschätzen, diese festhalten und auf sie zurückkommen. Bieten Sie Arbeit in Paaren und Kleingruppen an sowie eine Rolle, die dem Gruppenerhalt dient.

Umgang mit den Vielrednern

Der Gegentyp zu den Stillen sind die Vielredner. Ihr Kommunikationsverhalten besteht darin, dass sie schlecht zuhören können und bei ihren Beiträgen zuwenig auf die Aufnahmebereitschaft der anderen achten. Wichtige inhaltliche Beiträge werden vielleicht nicht als solche anerkannt, weil der Ärger über das Vielreden im Vordergrund steht.

Lassen Sie die Vielredner ausreden bzw. unterbrechen Sie an geeigneter Stelle durch Bestätigung. Fassen Sie zusammen und wertschätzen Sie ihren Beitrag. Fordern Sie sie sachlich auf, ihr Anliegen konkret und präzise vorzutragen. Erinnern Sie an Kommunikationsregeln und Redezeit, jedoch nicht vor der Gruppe! Führen Sie eine Rednerliste, arbeiten Sie mit Kartenabfragen, setzen Sie Rundgespräche ein oder andere Moderationsmethoden, durch die alle Gesprächsteilnehmer zum Zuge kommen.

Umgang mit Besserwissern

Die Besserwisser können gleichzeitig zu den Vielrednern gehören, sich aber gelegentlich auch durch langes Schweigen und »Zuschlagen« im richtigen Moment auszeichnen. Sie stellen nach längerem Zuhören die bisherige Diskussion grundsätzlich in Frage und offerieren die »perfekte« Lösung. Sie lieben den Gebrauch von Fachterminologie und neigen eher zur Verkomplizierung als zur Vereinfachung. Die Besserwisserin kann eine starke Dynamik auslösen, weil sich durch sie andere Teilnehmer abgewertet fühlen können und entweder mit Aggression oder Rückzug reagieren.

Bestätigen Sie die Redebeiträge und halten Sie sie fest. Fragen Sie andere Teilnehmer/innen nach weiteren Meinungen, um die Pluralität deutlich zu machen. Vermeiden Sie die Einzeldiskussion. Geben Sie Besserwissern eine Spezialaufgabe.

Umgang mit aggressiven Gesprächsteilnehmern
Aggressive Teilnehmer/innen zeichnen sich dadurch aus, dass sie die sachliche Argumentationsebene verlassen und anwesende oder abwesende Personen angreifen. Sie sehen Menschen mit anderen Vorstellungen schnell als Gegner und muten diesen ihre Affekte von Ironie bis offener Wut zu, während sie selbst oft empfindlich auf Verletzungen ihrer Würde reagieren. Für Sie als Moderatorin ist es wichtig, sich nicht provozieren zu lassen oder auf ein Streitgespräch einzulassen, das die anderen Teilnehmer/innen oder das eigentliche Thema in den Hintergrund treten lässt.

Würgen Sie den Angriff nicht ab! Verteidigen Sie sich oder andere nicht! Zeigen Sie, dass der sachliche Kern der Aussage verstanden wurde und bitten Sie um Konkretisierung. Lassen Sie andere Teilnehmer/innen Stellung beziehen. Führen Sie Kommunikationsregeln ein.

Umgang mit negativen Menschen
Diese Gesprächsteilnehmer richten ihren Blick selektiv auf die negativen Seiten, auf die Schattenseiten einer Angelegenheit. Sie versuchen gerne zu beweisen, dass etwas nichts taugt und nicht funktionieren kann. Die Kombination aus dem negativen Gesprächsteilnehmer und dem Typ Besserwisser ergibt den Erhabenen, der blasiert über der Sache steht und sich nicht bewegt. Er blockiert und erhebt sich dabei über die anderen und bringt sie dadurch gegen sich auf.

Nehmen Sie die Beiträge als berechtigte Bedenken, lassen Sie die Einwürfe erläutern und diskutieren. Bitten Sie um Lösungen aus der Misere. Stellen Sie die Bereitschaft zur Mitarbeit her über das Angebot, die negative Meinung zu überprüfen. Ironisch überspitzte Beiträge nehmen Sie ernst und bitten um Konkretisierung.

Umgang mit dem Gruppenclown

Diese Gesprächsteilnehmer/innen suchen Aufmerksamkeit in erster Linie durch Späße und Witzeleien. In der harmlosen Variante werden sie bei Teamaufgaben aktiv und dadurch beliebt. Sie können angespannte Situationen auflockern und genießen ihren Charme und ihre Beliebtheit! Schwieriger ist es, wenn der Gruppenclown witzelt, weil er weder andere Menschen noch deren Anliegen ernst nimmt. Auch können hinter den Witzeleien Aggressionen stecken, die sich gegen das Thema, die Gruppe oder die Moderation richten.

Erkennen Sie die Rolle des Clowns an und nutzen Sie sie zur Entspannung der Gruppe. Zum geeigneten Zeitpunkt führen Sie das Team zurück zum ernsthaften Arbeiten. Unpassende, aber harmlose Späße lassen Sie unbeachtet und achten auf die Wirkung auf die Gruppe und deren Reaktion. Bei negativ geladenen Witzen fragen Sie nach dahinter stehendem Ärger, um diesen bearbeitbar zu machen.

Umgang mit den immer Positiven

Die immer Positiven sind die Teilnehmer/innen, die sich jede Moderation zunächst wünscht. Sie arbeiten zielstrebig mit, sind konstruktiv und lassen sich auf angebotene Methoden ein. Dahinter kann jedoch eine Konfliktscheu stehen, die die differenzierte Betrachtung und das In-die-Tiefe-gehen vermeidet. Die immer Positiven können von anderen als blauäugig, naiv oder oberflächlich abgestempelt werden oder als Streber/innen gelten. Besonders mit den »Negativen« geraten sie schnell aneinander.

Stellen Sie diese Gesprächsteilnehmer/innen nicht so sehr in den Vordergrund, sondern geben Sie ihnen eine angemessene Rolle in der Teamarbeit. Lassen Sie sie bei Feedbackrunden zuerst reden. Bei Sachkonflikten oder aggressiven Beiträgen lassen Sie sie Stellung beziehen.

3.3.3 Leitungs- und Teamentscheidungen: Was passt wann?

Das Treffen von Entscheidungen durch die »Steuerfrau« bestimmt dauerhaft die Beziehungen der Teammitglieder zueinander.

Entscheidungen treffen

Dies stellt jedoch gerade in sozialpädagogischen Arbeitsfeldern für viele Leitungskräfte eine besondere Hürde dar. Oft gehen vom Team Ambivalenzen aus, die es der Leitung schwer machen, klare Entscheidungen zu treffen und umzusetzen. Der Kalauer »Es ist schön, dass wir mal drüber geredet haben« fällt nicht vom Himmel, sondern findet seine Entsprechung in der Befürchtung, Dinge zu früh festzuklopfen, sich damit zu sehr einzuengen oder aber als Leitung als autoritär zu gelten, wenn nicht alle Beteiligten gleichermaßen begeistert sind. (Und wann ist dies schon der Fall?) Welche Art Entscheidungsstrategie verwendet wird, hängt ab von der Leitungspersönlichkeit, den Mitarbeiter/innen, der Einrichtungskultur und der Natur der Entscheidung selbst.

Grundsätzlich trägt jede Person für ihre Entscheidung die Verantwortung. Die Risiken, die Führen mit sich bringt, kann Ihnen niemand abnehmen. Fehler lassen sich nie ganz vermeiden, sie sind zum Lernen und zum Korrigieren da – und dass dies geschieht, gehört zu Ihrer »letzten Verantwortung«.

- Ist in Ihrer Einrichtung klar, wer an welchen Entscheidungen beteiligt ist? Durch Mitbestimmung, Mitsprache oder anderes?
- Wissen die Beteiligten jeweils, welche Art von Entscheidung (über das Ob, das Was oder Wie?) ansteht?
- Wie beteiligen Sie Ihre Mitarbeiter/innen? Wie ist deren Sicht hierzu aufgrund ihrer Funktion, ihrer Ausbildung, ihrer Erfahrung?
- Wie unterstützen Sie die Durchführung von Entscheidungen (präzise Bestimmung des Problems, Kriterien für die Entscheidung, Herausarbeiten von Alternativen, Klärung der Risiken …)?
- Wie sorgen Sie für einen konstruktiven Dissens, bevor Sie zu einem Konsens kommen?
- Was tun Sie, damit Entscheidungen am Ende klar sind?
- Wie gehen Sie mit dem Wagnis des Entscheidens ins Unbekannte um? Wie gehen Sie mit Entschlusslosigkeit um?

Gerade im Kita-Bereich stellt die gemeinsame und alle zufriedenstellende Entscheidung – der Konsens – einen Anspruch dar, der schnell formuliert ist, aber höchste Anforderung bedeutet. Stellen Sie die folgenden Reflexionsfragen zur Diskussion und klären Sie, wo das Team Handlungsbedarf sieht. Schlagen Sie dann unter Umständen einen Teamworkshop vor, bei dem Sie mit Muse, jenseits vom Alltagsgeschehen, die Themen Ihrer Zusammenarbeit bearbeiten können.

> Überprüfen Sie gemeinsam mit ihrem Team: Wie kommen bei uns Entscheidungen zustande?
>
> - Durch angemaßtes *Recht eines Einzelnen*? Vielleicht, weil andere nicht von ihrem Recht der Mitentscheidung Gebrauch machen?
> - Durch einen *Zweierzusammenschluss*? Vielleicht, weil zwei Teammitglieder eine Koalition eingehen und die anderen damit überraschen, die nun neben der zu treffenden Entscheidung mit der neuen Beziehungsdynamik beschäftigt sind?
> - Durch *Cliquenbildung*? Vielleicht, weil mehrere Mitglieder sich schon im Vorfeld auf eine Entscheidung festlegen? Auch wenn die Entscheidung sachlich gesehen die richtige darstellt, vermindert dieses Vorgehen die Gruppenkohäsion!
> - Durch *Mehrheitsbeschluss*? Erscheint der traditionelle Weg der Abstimmung oft als der beste, um zu einer Entscheidung zu kommen? Bedenken Sie, dass die Minderheit unter Umständen gegen die Umsetzung der Entscheidung handeln wird!
> - Durch *Ausüben von Druck*? Auf die Frage »Ist jemand dagegen?« trauen sich Teammitglieder nicht, ihre gegenteilige Meinung zu äußern?
> - Durch *scheinbare Einstimmigkeit*? Der Druck ist so stark, dass eine Übereinstimmung erreicht wird, obwohl einige oder sogar die Mehrheit anderer Meinung sind?
> - Durch *Kompromiss*? Werden unterschiedliche Positionen gehälftet? Bei einfachen Entscheidungen, die längere Diskussion nicht rechtfertigen, mag dies eine gute Lösung darstellen. Kompromissentscheidungen bei wichtigen Themen werden

von den Gruppenmitgliedern oftmals als »faul« und nicht zufriedenstellend erlebt.

⊃ Durch *Übereinstimmung oder Konsens*? Wird allen die Möglichkeit gegeben, die verschiedenen zu berücksichtigen Aspekte zu erläutern, Interessen offen zu legen, kreative Alternativen zu überlegen? Nutzen alle diese Gelegenheit und stimmen sie am Ende darin überein, dass eine bestimmte Entscheidung die bestmögliche ist?

Natürlich darf nicht ausgespart werden, dass es Leitungsentscheidungen geben muss – und zwar dann, wenn Sie seitens des Trägers oder aufgrund der Situation keinen Spielraum haben – und nur in bestimmten Fällen Gruppenentscheidungen überhaupt angebracht sind.

Ein Gruppenbeschluss ist immer dann umso vollkommener, je klarer das Problem aus vorangegangenen Verhaltensweisen erkannt wird, je mehr Bedürfnisse und Wünsche der Mitglieder berücksichtigt werden, je besser das Problem analysiert und das Ziel definiert wird, je engagierter die Beteiligten an der Lösung des Problems arbeiten, je mehr Lösungsvorschläge gemacht werden, je größer die Anzahl derer ist, die der Lösung zustimmen können, und je mehr Teammitglieder die Durchführung tragen.

Leitungsentscheidungen versus Teamentscheidungen

3.3.4 Der Einsatz von Moderationstechniken

Es gibt umfangreiche Methoden, die Besprechungsdynamik zu steuern. Diese bieten keine Garantie, erhöhen jedoch die Wahrscheinlichkeit lösungsorientierter und atmosphärisch zufriedenstellender Teamsitzungen. Hier nur einige »Klassiker«:

Einstieg mit Erfolgsrunde: Jeder berichtet kurz von einem Erfolgserlebnis der letzten Woche, und sei es noch so klein. Da gab es zum Beispiel einen erfreulichen Kontakt zu einem Elternteil oder ein Kind hat sich erstmalig geöffnet … Das lenkt den Blick auf die eigenen und die Team-Ressourcen und stimmt auf die anschließende Themenbearbeitung positiv ein.

Mit dem **Stimmungsbarometer** erfassen Sie blitzschnell aktuelle Stimmungen: Alle Teilnehmer/innen kleben ihren Punkt oder machen ihr Kreuz neben das momentan passende Symbol. Das lenkt das Bewusstsein auf das Bauchgefühl und liefert im Anschluss Gelegenheit, sich mitzuteilen. Aber drängen Sie nicht! Fragen Sie ganz offen: »Wer von Ihnen möchte etwas zu seinem Punkt/Kreuz sagen?« Finden sich die Nennungen eher in der unteren Hälfte des Barometers, fragen Sie: »Was brauchen Sie, um weiterarbeiten zu können?« Fragen Sie nicht »Warum«, sondern lösungsorientiert!

Das **Rundgespräch** bietet Ihrem Team die Möglichkeit, Gedanken, Bedenken und Ideen – kurzum alle noch unsortierten Aspekte zum Einstieg in ein Thema – spontan und in Ruhe loszuwerden, ohne unterbrochen zu werden. Für Sie als Moderation besteht der Nutzen darin, dass Sie die momentane und unbeeinflusste Haltung aller zu einem bestimmten Thema erfahren und danach entscheiden können, wie Sie weitermachen. Benennen Sie das Thema – ohne Ihre Position sichtbar zu machen! Dann bitten Sie alle, sich im Rundgespräch dazu zu äußern. Machen Sie Mut: Auch wenn noch keine klare Meinung oder inhaltlich »Fertiges« dazu entstanden ist, gibt es vielleicht erste Impulse oder spontane Gedanken. Bedanken Sie sich jeweils, ohne die Beiträge zu bewerten. Machen Sie sich Notizen, um im Anschluss das Gesagte zusammenfassen zu können! Erst danach formulieren Sie Ihre Gedanken dazu. Stellen Sie nun einzelne Aspekte zur Diskussion.

Bei strittigen Themen – nicht ob, sondern wie: Merken Sie ein erschwertes Einlassen auf ein Thema, so macht es keinen Sinn, inhaltlich weiterzuarbeiten. Fragen Sie stattdessen nach Bedingungen: »Was brauche ich, um mich auf das Thema einzulassen?« Das geht auch per Kartenabfrage. Gruppieren Sie die Karten gemeinsam und finden Sie Oberbegriffe (= Clustern). Bearbeiten Sie die Ergebnisse und treffen Sie Entscheidungen. So arbeiten Sie *mit* dem Widerstand, und nicht *gegen* ihn!

Zur Umsetzung von Visionen – die Disney-Strategie: Walt Disney hat diese Strategie zur Rettung und Umsetzung seiner Visionen entwickelt, die er sich nicht von Kritikern zerstören lassen wollte. Der Witz dabei ist, dass Sie die Rollen Visionär, Realist und Kritiker, die ohnehin in jedem Team (und meist auch in jedem Menschen) vorhanden sind, strikt voneinander trennen und damit allen eine Berechtigung geben. Sie können zum Beispiel drei Räume oder aber drei Bereiche im Raum kennzeichnen und nacheinander gemeinsam ablaufen. Im ersten Raum gilt: »Wir sind jetzt Visionäre. Es darf nur gesponnen und geträumt werden!« Danach: »Wir sind jetzt Realisten und planen die Umsetzbarkeit.« Und anschließend: »Wir sind jetzt Kritiker und schauen, ob nicht noch Verbesserungen möglich sind!« Wechseln Sie die Positionen durch Bewegung.

Blitzlicht zum Abschluss: Das Blitzlicht ist eine Abfrage, die ein Licht auf den augenblicklichen emotionalen Zustand und die Interessen des Teams wirft. Fragen Sie zum Beispiel: »Wie geht es euch jetzt?« oder »Was beschäftigt euch gerade?« Und achten Sie darauf, dass jeder sich äußert. Damit wird Gelegenheit geboten, Unbehagen, Ärger, Müdigkeit und Überforderung, aber natürlich auch positive Gefühle und Interessen zu äußern. Das Aussprechen allein hat oft schon einen befreienden Charakter. Dabei gelten folgende Regeln: nur über sich selbst reden, kurze Aussagen, »ich« statt »man« benutzen, keine Beiträge zu den Aussagen anderer. Jeder kommt zu Wort. Anschließend fassen Sie die Antworten zusammen und geben Ihren Eindruck wieder. Dann werden gemeinsam Schlussfolgerungen für das weitere Vorgehen gezogen.

3.4 Teamdynamik und Konfliktmoderation

Teamkonflikte gehören dazu

Sie haben bis jetzt an der Selbstklärung Ihrer Leitungsrolle gearbeitet, Erfolgsfaktoren guter Teamarbeit von Zielklarheit über Struktur- und Rollenklärung bearbeitet, professionelle Personalauswahl und Einarbeitung betrieben, dabei das Teamdesign berücksichtigt, Ziele mit allen vereinbart, Besprechungen ergebnisorientiert und partizipativ moderiert, lösungsorientierte Gespräche geführt ... Und trotzdem: Sie beobachten Verhaltensweisen, die auf einen schwelenden Konflikt hinweisen. Wie für die Storming – Phase beschrieben, gehört dieses Phänomen zu jeder gesunden Teamentwicklung, kann jedoch bei nicht rechtzeitiger oder ausreichender Beachtung, zum Beispiel weil gerade andere »Baustellen« dran sind, auf den Weg in die Eskalation geraten. Betrachten wir genauer, was hier passiert – zunächst unter Beachtung Ihrer vier Mitarbeitertypen, die zu Konfliktsituationen völlig unterschiedliche Einstellungen zeigen.

Struktur und Sicherheit

Frau Treu: Wenn ich was nicht leiden kann, ist das Unzuverlässigkeit, denn da steckt für mich mangelnde Wertschätzung dahinter. Auch hasse ich es, wenn ich überrumpelt werde von irgendwelchen Dingen, auf die ich reagieren muss. Ich fühle mich dann schnell abgewertet und als Opfer. Ich suche dann – möglichst heimlich – nach »Verbündeten«, das baut mich wieder auf. Aggressionen zeige ich nur sehr versteckt.	**Frau Grund:** Ich mag Leute nicht, die spontan und unfundiert Entscheidungen treffen und diese emotional vertreten. Auch von Unpünktlichen distanziere ich mich. Ich vertrete meine Positionen wohl durchdacht, weil ich meistens einfach weiß, was das Richtige ist. Ich gerate mit Leuten in Streit, die emotional sind und ihren Kopf ausschalten.
Frau Scherz: Ich wehre mich gegen alles Langweilige und Statische, und vor allem gegen Detailverliebtheit, Bürokratie und Strukturfans. Ich werde dann trotzig und wütend und suche elegant meinen Weg aus der Miesepeterei. Wenn ich Situationen nicht mit Charme und Witz bewältigen kann, werde ich launisch und emotional und ziehe alle Register zur Rettung meines Spaßes an der Arbeit. Das ist doch das Wichtigste überhaupt!	**Frau Kämpfer:** Ich hasse es, wenn mich jemand bevormunden möchte oder mir wenig Spielraum lässt. Routine wird mir schnell langweilig, banale Aufgaben beleidigen mich. Ich will, dass meine hohe Leistung anerkannt wird. Dafür kann ich zielgerichtet argumentieren, zeige notfalls offen Widerstand, werde auch mal aggressiv, ich kämpfe für meine Selbstachtung und Erfolge.

← **Beziehungen und Kontakte** — **Konfliktverhalten in Teams** — **Individualität und Ich-Stärke** →

Vielfalt und Veränderungen

3.4 Teamdynamik und Konfliktmoderation

Hier wird deutlich, wo Konfliktpotenziale aufgrund verschiedener Persönlichkeitstypen und dahinter stehender Grundbedürfnisse stecken: Frau Grund wird sich vielleicht mit der »Oberflächlichkeit« von Frau Scherz schwer tun, während diese gegen deren »Sturheit« oder »Pingeligkeit« wettert. Frau Treu hat eventuell Probleme mit der Lautstärke und Schnelligkeit von Frau Kämpfer, während sie diese mit ihrer Langsamkeit und Bedächtigkeit nervt.

Konfliktstile

Gleichzeitig erhält die Leitung aus dieser Analyse Hinweise, wie sie mit den beteiligten Mitarbeiter/innen am besten umgeht: mit Frau Treu zugewandt und vorsichtig, mit viel Zeit; dagegen mit Frau Kämpfer schnell auf den Punkt kommend und umzusetzende Ideen thematisierend; mit Frau Grund fachlich argumentierend und detailliert das weitere Vorgehen absprechend und mit Frau Scherz deren Bedürfnis nach Spaß am Arbeitsplatz berücksichtigend.

Auf Konfliktpartner individuell einstellen

3.4.1 Die Konfliktkultur in Kitas

Die Konfliktforscher Friedrich Glasl und Dudley Weeks (2008) unterscheiden zwischen heißen und kalten Konfliktkulturen. In der heißen Konfliktkultur erhitzen sich die Streitenden für ihre Ziele und Ideen und versuchen, sich gegenseitig zu bekehren, um ihrer Idee zum Sieg zu verhelfen. »Ich will« steht im Vordergrund. Starke Verbündete sowie Auseinandersetzungen werden mit Übereifer gesucht. Emotionale Reaktionen wie Wut oder Triumphgefühle können sich aufstauen und entladen. Beengende Vorschriften oder Spielregeln werden ignoriert. Das Überlegenheitsgefühl auf jeder Seite führt zu unüberlegten Handlungen. Nähe wird nicht gemieden, sondern gesucht. Die Stimmung ist überschäumend, aber auch überempfindlich.

Konfliktarbeit in der heißen Konfliktkultur heißt:
- Direkte Konfrontationen »auf offener Bühne« sind sinnvoll und auch gewollt.
- Trennung zwischen der Austragung auf der persönlichen Ebene und Sachthemen, um eine zu starke Durchmischung zu verhindern.
- Auf Klärung der gegenseitigen Wahrnehmungen, Einstellungen, Verhaltensweisen konzentrieren.

Die heiße Konfliktkultur

In der kalten Konfliktkultur fehlen gemeinsame, lohnende Ideale. »Ich will auf keinen Fall ...« steht im Vordergrund. Eine Vereinnahmung durch die anderen wird unterbunden, notfalls durch Ironie und Sarkasmus, und es entsteht eine Art »sozialer Erosion« durch schrittweises Zurückziehen. Aggressionen werden nicht geäußert, richten sich dadurch eher gegen sich selbst als gegen andere (z. B. psychosomatische Krankheiten) und führen nicht selten zum emotionalen Zusammenbruch. Die Kontakte werden immer distanzierter, Angriffe finden höchstens hintenrum statt, Tabuthemen nehmen zu. Hinweise auf Regeln, scheinbar allgemeingültige Werte (Konzeptionen!) oder Sachzwänge ersetzen die persönliche Auseinandersetzung, die nur stattfindet, wenn es nicht zu vermeiden ist. Das Gefühl von Auswegslosigkeit steht im Vordergrund und führt nicht selten zu schweigendem Miteinander.

Konfliktarbeit in der kalten Konfliktkultur heißt:

Die kalte Konfliktkultur

▸ Den Parteien zu Selbstakzeptanz verhelfen, Selbstwertgefühl wiederherstellen, Ressourcen würdigen und an sie appellieren.
▸ Die Lage bewusst machen: Welche Erwartungen bestehen hinsichtlich der weiteren Entwicklung in der nächsten Zeit und welcher Schaden entsteht bei Nichtbearbeitung?
▸ Die entstandenen Umgehungs- und Vermeidungsstrategien bewusst machen und ändern.
▸ Direkte Kommunikations-Beziehungen »von Angesicht zu Angesicht« aufnehmen.

Die Neigung des Bildungsbereichs zur kalten Konfliktkultur

Treffen kalt und heiß Streitende oder Interessengruppen aufeinander, fällt auf, dass es den heiß Kämpfenden oft leichter fällt abzuwarten, bis die Menschen aus der kalten Konfliktkultur aus der Reserve gelockt sind. Diese haben es meist sehr viel schwerer, sich auf die direkte Art der heißen Konfliktkultur einzulassen. Die Bewertungen tun Ihr Übriges: Im Sozialpädagogischen Bereich wird die kalte Konfliktkultur eher als sozial akzeptabel angesehen als die heiße, Konfliktvermeidung scheint besser als Aggression, sodass die »kalt Streitenden« den Heimvorteil bei sich sehen und die anderen abwerten. Dabei wird übersehen, dass ein Konflikt meist erst bearbeitbar ist, wenn er mit genügend Emotionen aufgeladen ist. Gibt es sonst einen ausreichend motivierenden Grund, sich mit ihm zu beschäftigen?

3.4 Teamdynamik und Konfliktmoderation

Fragen Sie sich und Ihr Team:

- Welcher der beschriebenen Konfliktkulturen kommen wir am nächsten?
- Was wäre für uns ein herausforderndes Lernziel?
- Wie gestalten wir diesen Lernprozess?

3.4.2 Die Moderation der Konfliktbearbeitung im Team

Eine Konfliktbearbeitung können Sie nach dem folgenden **IRMA-Prinzip** auf vier verschiedenen Ebenen durchführen:

Das IRMA-Prinzip

1. Sie können konkurrierende **I**nteressen ausgleichen: Welches sind die Vorteile dieser und welche die der anderen Lösung? Bei den Interessen geht es immer um Bedürfnisse, Wünsche, Sorgen und Ängste der Konfliktpartner. Hier setzen Sie auf Gewinnung und Überzeugung.

2. Sie können **R**egeln und **R**echtspositionen durchsetzen, wenn Sie zum Beispiel eine Dienstanweisung, ein Gesetz, eine Konzeption oder das Qualitätsmanagement auf Ihrer Seite haben. Sie haben jedoch immer Ermessensspielräume – das zeigen schon die vielen Kommentare, die es zu Gesetzen gibt.

3. Sie können Ihre **M**acht ausspielen, indem Sie zum Beispiel unangenehme Konsequenzen ankündigen, wenn der andere sich Ihnen nicht anschließt. Sie sollten vor Beginn der Auseinandersetzung genau planen, auf welcher der drei Ebenen Sie agieren möchten. Beginnen Sie mit dem Versuch, Interessen auszugleichen, dann haben Sie im Verlauf Ihrer Verhandlung noch immer die Möglichkeit, auf das Recht oder Ihre Macht zu sprechen zu kommen. Eröffnen Sie jedoch die Auseinandersetzung auf der Machtebene, so wird das Klima so verhärtet sein, dass ein Zurück zu Interesse oder Recht kaum möglich sein wird. Da bleibt nur noch der

4. **A**bbruch!

> Der Weg vom Interessenausgleich über den Hinweis auf Regeln und Machtanwendung bis zum Abbruch ist immer eine Einbahnstraße!

Es gibt mitunter Situationen, wo ein Abweichen von der Suche nach einvernehmlichen Lösungen unausweichlich erscheint, vor allem, wenn Sie um eine »Machtwort!« gebeten werden. Zum Beispiel, weil eine Kollegin sich weigert, mit einer anderen weiter zusammenzuarbeiten: »Entweder die oder ich!«

Das erbetene »Machtwort«

Sind Sie einmal bei der Ausübung von Macht angelangt, haben Sie den »point of no return« überschritten. Ebenso verhält es sich bereits, wenn Sie sich auf das Recht, die Vorschriften, den Arbeitsvertrag etc. beziehen. Gehen Sie diese Schritte deshalb bewusst und mit viel Bedacht!

Um Eskalationen zu verhindern, vermeiden Sie folgende Mechanismen der Wahrnehmung und Interpretation:

Eskalationsfaktor Verallgemeinerungen

Aus der spezifischen Fragestellung »Aufsichtspflicht im Garten nach 16 Uhr?« wird das Thema bewusst oder unbewusst zu: »Wer von uns ist die Verantwortungsbewussteste?« So entsteht in der Bearbeitung von Themen die Ausweitung von Konfliktpotenzialen.

Eskalationsfaktor Interpretationen

In Konfliktsituationen neigt jede Partei dazu, den anderen als Auslöser zu interpretieren und das eigene Handeln als Reaktion darauf zu rechtfertigen. Keiner ist damit irgendwie verantwortlich zu machen. Da wird dann gerne der Frage nachgegangen: »Wer hat angefangen?« – eine Frage, die versucht den Schuldigen zu ermitteln und nicht das einzelne Verhalten in der Verantwortung des Sich-Verhaltenden belässt! (Eine Frage, die auch gern zur Konfliktklärung unter Kindern gestellt wird. Nur: Was wird Kindern dadurch vermittelt?)

Eskalationsfaktor Projektionen

Der unbewusst ablaufende Prozess der Projektion führt zu einem Leugnen der eigenen wie der Gefühle oder Verhaltensweisen des anderen. Den Eindruck »Dir geht es heute nicht gut« nehmen wir am anderen vielleicht wahr, weil es uns gerade nicht gut geht. Hinter der Annahme »Du hast immer Probleme damit, Unabänderliches zu akzeptieren«

könnte auch das eigene Unvermögen stecken, das man nicht sehen will, diesen Fokus aber erst ermöglicht. (»Kinder brauchen Geborgenheit und verkraften deshalb keine offenen Türen«, könnte so eine Projektion des eigenen Bedürfnisses nach geschlossenen Türen sein.)

Der Konflikt verlagert sich von der Sachebene auf die Beziehungs- oder Personebene durch die Dynamik der Feindbilderschaffung. Die ganze Energie richtet sich nicht etwa auf das Thema, sondern auf die Person des Gegenübers. Nicht mehr die Sache ist nun das Problem, sondern die Eigenschaften des anderen! Er wird nicht mehr in der Komplexität seiner Persönlichkeit gesehen, sondern stark vereinfacht und stereotyp. Der Konfliktpartner erhält ein Etikett, das ihn Außenstehenden schnell und umfassend »erklärt«.

Eskalationsfaktor Feindbilder

Grundlage für Sich-selbst-erfüllende Prophezeiungen ist die Subjektivität unserer Wahrnehmungen, die wir zur objektiven Wahrheit machen. Vor allem die Aktionen der anderen erwarten wir unserer Realitätssicht entsprechend und übertragen unsere Erwartungen dergestalt auf sie, dass sie sich diesen entsprechend verhalten und unsere Erwartungen erfüllen werden. Ein Beispiel: Sie erwarten, dass die Mutter eines Kindes sowieso nichts zum Sommerfest beitragen wird und sprechen sie nur so am Rande darauf an. »Sie ist überfordert«, adelt Ihre Nichtansprache auch noch. Natürlich wird von der Mutter nichts kommen, und Ihnen ist klar: »Ich wusste es: Die macht nie was!«

Eskalationsfaktor Sich-selbst-erfüllende Prophezeiung

Sicher ist Ihnen in diesem Kapitel deutlich geworden, wie diffizil Konflikte sind: Keiner ist wie der andere, jeder hat seine ganz besondere Entstehungsgeschichte, jeder zeigt andere Symptome, jeder andere Wirkungen, jeder Beteiligte hat eine andere Perspektive. Das alles weist darauf hin, sehr genau hinzusehen, die Sichtweisen anderer einzubeziehen und vor allem mit schnellen Urteilen und Lösungen übervorsichtig zu sein, da diese den Konflikt erst richtig auf die Eskalationsleiter treiben können. Vielmehr braucht jeder Konflikt wie jedes Kind und jeder Erwachsene einen ganz individuellen, einzigartigen Umgang.

Um einen aktuellen Konflikt im Team zu bearbeiten hier die exemplarische Methode des »Konflikthauses«. Bei ihr geht es wie bei allen anderen Methoden in erster Linie darum, den Konflikt besprechbar zu machen – unter Berücksichtigung und Würdigung der subjektiven Perspektiven und Wirklichkeiten aller Beteiligten. Jeder der Beteiligten soll zudem gefordert werden, sich lösungsorientierte Gedanken zu machen.

Bitten Sie zunächst die Gruppe, in Einzelarbeit das Konflikthaus zu bearbeiten:

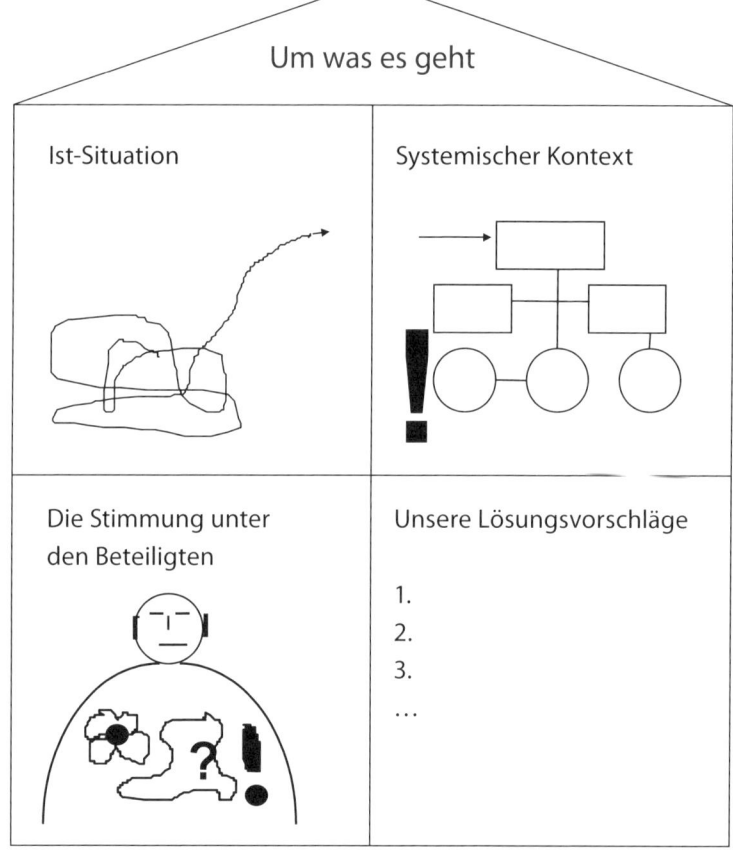

Nun stellen alle nacheinander das persönliche Konflikthaus vor und beantworten Verständnisfragen. Achten Sie bei der Moderation auf die Einhaltung der vorher genannten Regeln: keine Ver-

> allgemeinerungen, keine Feinbilder, keine Interpretationen … Niemand soll glauben, sich für seine Sicht rechtfertigen zu müssen. Hängen Sie die präsentierten Konflikthäuser an den Wänden auf und werfen Sie hinterher einen gemeinsamen Blick auf das Gesamtbild. Fragen Sie in die Runde: Was ist der gemeinsame Nenner? Welche Schritte leiten sich aus den Vorschlägen ab, und seien sie noch so klein?

3.4.3 Mediation: Vermittlung und Schlichtung im Konfliktfall

Mediation im Kita-Alltag steht dann an, wenn zwei Personen einen Konflikt miteinander haben, der zwar fortgeschritten, aber bei dem die Hoffnung auf eine gute Lösung zumindest noch schwach vorhanden ist. Das A & O der Mediation ist die Allparteilichkeit: Gelingt es Ihnen, sich in beide Parteien einzufühlen? Können Sie beide Sichtweisen verstehen? Ist es Ihr einziges Interesse, dass eine Lösung erarbeitet wird, mit der beide Seiten leben können?

Voraussetzung Allparteilichkeit

Wichtig im Vorfeld ist die Prüfung dieser Fragen, aber auch, dass Sie bisher nicht mit einer der Parteien mehr im Gespräch waren als mit der anderen. Achten Sie zeitlich und emotional auf ein Gleichgewicht! Sofern das alles zutrifft, bieten Sie sich beiden Parteien gemeinsam als Konfliktvermittlerin an und beobachten Sie gut, ob die Zustimmung wirklich ein Einlassen erwarten lässt. Ohne Akzeptanz beider Parteien können Sie nicht agieren!

Voraussetzung Akzeptanz

Sollten Sie Bedenken haben, delegieren Sie die Mediation an Externe: Diese Berater/innen sind nicht nur innerlich unabhängiger, sondern auch ausgebildet und erfahrener. Die gelegentliche Übernahme der Mediatorenrolle aus der Leitungsrolle heraus kann auf keinen Fall gleichgesetzt werden mit der eines externen und ausgebildeten Mediators und ist nur bei »einfachen« Konfliktklärungen ohne zu erwartende Eskalationen ratsam.

> Schaffen Sie eine gute Atmosphäre in einem störungsfreien, nicht zu großen und nicht zu kleinen, möglichst neutralen Besprechungsraum und gehen Sie dann wie folgt vor:

Die klassische Vorgehensweise in der Mediation
(nach Faller, 1996)

1. Phase: Einleitung

Vertraulichkeit zusichern
Regeln erklären
Ziel verdeutlichen
Verfahren erläutern, Rolle der Mediator/in klären
Einverständnis einholen

Regeln vereinbaren – die wichtigste: Die Mediatorin erteilt das Rederecht, ansonsten reden die beiden Konfliktparteien nicht. Vor allem unterbrechen sie nicht. Sie reden von »ich« und nicht von »man«. Eventuell weitere Regeln nach Situation.

2. Phase: Einzelne Sichtweisen einholen

Konfliktparteien tragen Standpunkte vor, der andere hört nur zu
Spiegeln, zusammenfassen, wenn nötig umformulieren
Punkte aufschreiben, Reihenfolge besprechen
Abschließend: Zusammenfassung

In dieser Phase läuft die **Kommunikation nur über die Mediatorin.**

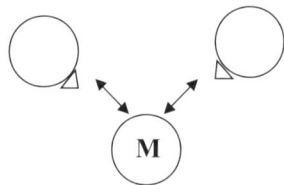

3. Phase: Konflikterhellung

Einzeln befragen: »Wie geht es Ihnen, wenn Sie das hören?«
Motive und Gefühle herausfinden
Abschließend: »Wie geht es Ihnen jetzt? Welche Wünsche haben Sie?«

Zuerst Frage an die Konfliktparteien einzeln, was Phase 2 jeweils ausgelöst hat. Dann: **Schrittweise Herstellung der Kommunikation zwischen beiden.** Auf kurze und klare Ich-Botschaften achten.

4. Phase: Problemlösung

Brainstorming zur Lösungsfindung
Lösungen diskutieren und bewerten
Nach Konsens suchen

Erstmalig Dreiergespräch: Gemeinsame Suche nach Lösungen

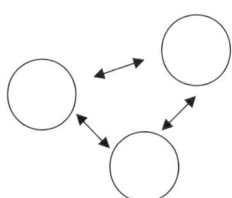

5. Phase: Vereinbarung

Genau formulieren
Vereinbarung vorlesen
Alle unterschreiben

Hier geht es darum, ohne fremde Hilfe miteinander zurechtzukommen. Als neutraler Dritter dient ab jetzt die schriftliche Vereinbarung, die Verpflichtungen für beide enthält.

Beenden Sie das Gespräch an einem guten Punkt und vereinbaren Sie »Hausaufgaben« für die Konfliktparteien. Das abschließende wertschätzende Feedback an jeden der Konfliktpartner rundet die Mediation ab.

Die Verpflichtung beider Seiten

4 Die Organisation Kindertagesstätte

4.1 Die Kita als Dienstleistungsorganisation

Wie jede Organisation müssen auch die Institution Kindertagestätte und ihr Träger über ihre Kunden nachdenken, denn sie bilden das Ende der Dienstleistungskette und definieren den Erfolg oder Nichterfolg der erbrachten Leistungen. Der gesellschaftliche Auftrag besteht, weil Kundinnen und Kunden der Kinderbetreuung auf diese Unterstützung angewiesen sind, um beruflichen Herausforderungen gerecht zu werden und weil erwiesen ist, dass Kinder durch gezielt gefördertes Zusammensein mit anderen Kindern Wichtiges für ihr späteres Leben lernen. Haben Kinder früher Lernanreize in den Großfamilien oder im nachbarschaftlichen Umfeld gefunden, muss und kann dieses heute organisiert werden.

Kinderbetreuung und Bildung haben verschiedene Kunden

Aus den Betrachtungen wird deutlich, dass Kitas zweierlei Kunden haben: Eltern und Kinder. Doch nicht nur die Kundenseite ist im Blick zu behalten, sondern auch der gesamte Markt, der entsteht, weil mehrere Anbieter der gleichen Dienstleistung im gleichen Feld aktiv sind. Auch ist zu unterscheiden zwischen einer Dienstleistung, die eine Bank oder Versicherung erbringt, und einer sozialen Dienstleistung. Hier gelten besondere, nämlich hochemotionale Bedürfnislagen sowie eine besondere Situation auf der Seite der Angestellten: Nicht selten ist die »soziale Ader« ausschlaggebend für die Berufswahl gewesen sowie die Annahme, dass der Führungsstil »weicher« und die Möglichkeiten der Mitgestaltung in sozialen Arbeitsfeldern größer sind.

Ebenso steht der Bildungs- und Sozialbereich auch im Fokus politisch-ideologischer Interessen, was eine weitere nicht unwesentliche Besonderheit für sein Management darstellt. Die Frage der vermittelten Werte interessiert nicht nur Familien und das pädagogische Personal oder die Träger, sondern unterscheidet auch politische Parteien. So kann es hilfreich sein, sich die in der Institution verfolgten Werte bewusst zu machen.

Das Besondere am Arbeitsfeld Bildung und Soziales

4.1.1 Die Werte und das Leitbild der Bildungseinrichtung

Steven Reiss, Professor für Psychologie und Psychiatrie, führte Untersuchungen mit über 7000 Probanden durch mit dem Ziel, deren grundlegende Werte zu definieren. Das Ergebnis dazu lautet, dass jeder Mensch, sollte er die von ihm gefundenen Werte in eine Prioritätenliste bringen, dies auf so unterschiedliche Weise tut wie wir unterschiedliche Fingerabdrücke haben (Fuchs & Huber 2002). Von Steven Reiss stammt der Begriff des Werteprofils. Er vertritt die These, dass eine größtmögliche Deckung der Profile der wesentliche Erfolgsfaktor für Ehen, aber auch für gute Arbeitsbeziehungen ist!

Werteprofile bestimmen die Harmonie von Beziehungen

Auch die Konflikte zwischen Mitarbeiter/innen in Teams oder zwischen Leitung und Team, aber auch zwischen Eltern und Team treten demnach umso hartnäckiger auf, desto größer der Unterschied der Werteprofile ist. Eltern entscheiden sich oftmals aus pragmatischen Gründen (z. B. räumliche Nähe) für eine bestimmte Kita. Ob sie aber mit dem Angebot zufrieden sein werden, hängt stark davon ab, wie sie ihre eigenen Werte umgesetzt sehen.

Um Werte geht es in der pädagogischen Arbeit in jeder Situation: Wenn Kinder matschen, wenn sie unbeaufsichtigt sein möchten, etwas für sich alleine haben wollen, wenn sie sauer sind … Und Eltern haben klare Vorstellungen (sprich Werte) davon, wie sich die pädagogischen Fachkräfte in diesen Situationen verhalten sollten.

Werte sind die Basis jedes Verhaltens

Nach dem Modell von Reiss gibt es nichts Objektives oder Richtiges, denn natürlich haben alle Werte ihre intrapersonale Notwendigkeit und Berechtigung – beruflich wie privat. Aber viele Werte beißen sich in der Praxis und dann stellt sich die Frage, wie die Werte spontan und subjektiv gewichtet werden. Solche spontanen Handlungen entspringen Ihrem Werteprofil, der Rangliste aller Wertvorstellungen und machen den jeweiligen »Erziehungsstil« oder »Führungsstil« aus!

> Das Werteprofil bestimmt das pädagogische Handeln. Es ist damit Grundlage für das Einrichtungsleitbild und bestimmt über die Zufriedenheit von Familie, Personal und Träger mit Ihrem Konzept.

Das Werteprofil der Einrichtung erfassen

Gehen Sie mit Ihren Mitarbeiter/innen zunächst die 16 Werte aus der folgenden Tabelle durch, damit sie ein Verständnis für diese entwickeln können. Jeder füllt im Anschluss den Bogen mit den 16 Werten so aus, dass sein wichtigster Wert an erster Stelle und sein unwichtigster an 16. Stelle steht. Die Kreuze miteinander verbunden ergeben das höchst individuelle Werteprofil jedes Einzelnen. Halten Sie jetzt auf einem Blanko-Bogen fest, welcher Wert im Team wievielmal an welcher Stelle angekreuzt wurde und anschließend, welche die wichtigsten fünf Werte in Ihrem Team sind. Mit der größten Schnittmenge erhalten Sie bereits einen Hinweis auf Ihren pädagogischen Ansatz – anders als bei reiner Bekundung Ihres Anspruchs. Interessant kann auch sein zu reflektieren, wenn bestimmte Werte auffällig häufig unter den Letztplatzierten waren: Diese Werte scheinen nicht nur gleichgültig, sondern werden meist auch bekämpft und gemaßregelt. Beschäftigen Sie sich auch mit der Fremdeinschätzung Ihrer Arbeit: »Wenn die Eltern die Werte in eine Reihenfolge bringen müssten, wie nehmen sie wohl unser Werteprofil wahr?« Das ist ein äußerst interessanter Perspektivenwechsel. Oder beziehen Sie die Eltern aktiv in die

Das Werteprofil (nach Reiss)

Wert = Streben nach …	1	2	3	4	5	6	7	8	9	10	11	12	13	14	15	16
Einfluss Gestaltung und Lenkung																
Unabhängigkeit Selbstständigkeit und -genügsamkeit																
Anerkennung Soziale Zugehörigkeit und Akzeptanz																
Neugier Wissen und Wahrheit																
Ordnung Stabilität, Klarheit, gute Organisation																
Sammeln und Sparen Achtung von Eigentum																
Selbstdisziplin Loyalität und moralische Prinzipien																
Idealismus Soziale Gerechtigkeit und Fairness																
Beziehungen Freundschaft und Nähe, Freude und Humor																
Familie Mütterliche / väterliche Rolle																
Image Öffentliche Aufmerksamkeit, Ruf																
Vergeltung Rechthaben und Wettbewerb																
Ästhetik Erotik, Körpergefühl und Schönheit																
Essen Gesunde Nahrung und genussvolles Speisen																
Körperliche Aktivität Fitness und Bewegung																
Emotionale Ruhe Entspannung und »Frieden«																

Erarbeitung des Werteprofils ein. So arbeiten Sie auch an dieser Stelle partizipativ.

Halten Sie fest, was sich daraus für Ihr Leitbild ergibt: »Unsere wichtigsten Werte sind: …«, und führen Sie zu jedem Punkt aus, woran man das in Ihrem Hause bemerkt.

4.1.2 Die Kundenbedürfnisse erfassen

Qualität von Bildungsarbeit entsteht beim Gegenüber

Das Besondere an den Beziehungen zu den Kunden von Bildungs- und Sozialdienstleistern besteht darin, dass sie entscheidend den Erfolg der Institution mitgestalten. Die Qualität eines technischen Produkts ist Ergebnis der internen Prozessketten *vor* dem Erreichen des Kunden. In der Pädagogik wie im Gesundheitswesen hingegen entsteht die Qualität des »Produkts« *an der Schnittstelle* zwischen Profi und Kunden. »Spielt« der Kunde nicht mit, geht nichts. Nun ist die Frage, wie die Kundenbedürfnisse erfasst werden können.

Häufig anzutreffen sind sogenannte undifferenzierte Ansätze, bei denen durch Befragungen allgemeine Qualitäts- und Zufriedenheitsurteile quer über die bestehenden Angebote hinweg eingeholt werden. Abgesehen von meist zu geringem Rücklauf bleibt der Erkenntnisgewinn hierbei oft jedoch relativ gering. Deshalb hier noch einige differenziertere Ansätze:

Evaluation von Angeboten

Evaluation

Bei der Evaluation legt die Einrichtung zunächst fest, welche Fragen sie besonders interessiert. Nehmen wir hier als Beispiel die Zufriedenheit mit den Elternabenden. Im Anschluss werden mögliche Indikatoren (Messinstrumente) überlegt, etwa die Teilnahmezahlen im Zusammenhang mit spezifischen Formen der Einladung oder bestimmten Wochentagen: Wann kommen mehr, wann weniger Eltern? Als Indikatoren könnten auch die abschließenden Feedbacks am Ende jedes Elternabends oder Befragungen der Nichtanwesenden, was Sie anschließend von der Veranstaltung gehört haben, herangezogen werden. Die Auswertung gut gewählter Indikatoren kann Aufschlüsse für Verbesserungen geben.

Das Überkreuz-Feedback

Zum Cross-Feedback vereinbaren Sie mit einer benachbarten Einrichtung die wechselseitige Hospitation. Die ein bis zwei hospitierenden Kolleginnen haben den Auftrag, den Abend durch die Elternbrille zu beobachten und anschließend konstruktiv Feedback zu möglichen Verbesserungen zu geben. Bei nächster Gelegenheit tauschen Sie die Rollen.

Cross-Feedback

Eltern interviewen

Einzelinterviews mit Eltern liefern Aufschlussreiches – gerade durch den Einsatz von lösungsorientierten Fragen. Dazu gehören vor allem hypothetische Fragen (»Was wäre, wenn wir …?«), Unterscheidungsfragen (»Was würde Ihnen von alledem besonders gefallen?«) oder Skalierungsfragen (»Wie wichtig ist Ihnen auf einer Skala zwischen 1 und 10 …?«). Auch an Vorstellungen der Kinder kommen Sie mit diesen – entsprechend altersgemäß formulierten – Fragearten gut heran. Gestalten Sie die Interviews möglichst beiläufig und dokumentieren Sie die Antworten.

Eltern-Interviews

Die Moderation der Befragung

Auch die Moderation zu den Elterninteressen, an einem Abend oder am Rande eines Festes auf einer vorbereiteten Pinnwand, liefert gute Grundlagen. Sammeln Sie die Antworten auf Karten, damit jeder sich beteiligt. Auch hier kommt es wieder auf gute Fragestellungen an – zum Beispiel: »Zu welcher Art von Elternabend würde ich besonders gerne kommen?« (hypothetische und Unterscheidungsfrage in einem). Oder fragen Sie paradox: »Wann würde ich auf keinen Fall mehr zu einem Elternabend kommen?«, um die Antworten anschließend umzukehren. Fragen Sie nach Wissen über die Abwesenden: »Wie könnten eventuell die heute nicht Anwesenden gewonnen werden?«, oder nach Ideen, die in den Köpfen herumgeistern: »Was habe ich woanders mitgekriegt, was mir hier auch gut gefallen würde?«

moderierte Elternbefragung

Der Elternfragebogen

Die schriftliche Befragung stellt für die Erfassung sowohl der Lebensbedingungen von Familien als auch deren Bedürfnisse immer noch eine zentrale Maßnahme dar, wenngleich manche Eltern zum Ausfüllen et-

Elternfragebogen

was Unterstützung brauchen. Bitte finden Sie hier einen Weg, ohne die Antworten zu beeinflussen!

Der Fragebogen wird für jede Einrichtung passend gestaltet und beginnt in der Regel mit allgemeinen Fragen zur bisherigen Zufriedenheit mit den pädagogischen Angeboten und der Zufriedenheit des Kindes. Fragen zum Ankreuzen auf einer Fünferskala von »ganz zufrieden« bis »äußerst unzufrieden« sollten sich abwechseln mit offenen Fragen, bei denen Sie einige Zeilen zum Beantworten frei lassen. Letztere sind zwar später schwerer auszuwerten, liefern aber manchmal wertvolle Hinweise und Anregungen auch auf mögliche Angebote, die Sie bisher noch nicht in Ihrem Portfolio hatten.

Der zweite Teil des Fragebogens sollte direkt auf Ihr Einrichtungsprofil zielen und einzelne Angebotsbereiche und potenzielle Profilfelder betreffen. Fragen Sie hier immer auch danach, wie stark die Eltern das jeweilige Angebot oder die Dienstleistung wahrnehmen und wie wichtig ihnen das ist. Denn: Eine sehr gute Bewertung in einem Punkt, der den Eltern aber nicht wichtig ist, macht wenig Sinn. Erhalten zum Beispiel Ihre Angebote im Hinblick auf motorische Förderung quantitativ wie qualitativ eine sehr hohe Bewertung, reicht das noch nicht als Profilthema, wenn die Eltern dies gleichzeitig als weniger wichtige Sache ansehen (z. B. Wichtigkeitsfaktor 3) und vielleicht gar nur als nette Spielerei oder Abwechslung für ihr Kind.

Pädagogisches Angebot	Bewertung * / ** / *** / **** / *****	Wichtigkeit * / ** / *** / **** / *****	Wichtigkeit x Bewertung =
MINT-Themen (Mathematik, Informatik, Naturwissenschaft und Technik)			
Musikalische Förderung			
Sport und Bewegung			
Kommunikation und Sprachfreude			
Kreativitätsförderung (Gestalten, Improvisieren …)			
Soziales Lernen			
Lebenspraktische Förderung			
(…)			
(…)			
(…)			

Zur Auswertung multiplizieren Sie jeweils die Anzahl der Sterne aus den Spalten »Bewertung« und »Wichtigkeit«. Fragen Sie sich wie Hotels oder Restaurants: Wie viele Sterne hat unser Haus aufgrund welches besonderen Angebots? Für jeden Abfragepunkt sind maximal 25 Sterne möglich.

Wie viele Sterne hat Ihr Haus?

Natürlich sehen Sie daran auch, wo die meisten unerfüllten Erwartungen liegen. Begegnen Sie dieser Wertung in angemessener Weise: Indem Sie die Punkte offen ansprechen und Ihre Schwerpunktsetzung bei der nächsten Elternversammlung begründen oder durch Kompetenzerwerb – je nachdem, um was es sich handelt und wie Sie sich entscheiden. Sie können nicht auf alle denkbaren Zukunftsszenarien vorbereitet sein, aber entscheiden Sie gemeinsam mit Ihrem Team, um welche Anliegen Sie sich kümmern möchten und welche Sie (noch) nicht bearbeiten werden.

4.1.3 Die Aufbauorganisation

Die zielgerichtete strategische Ausrichtung der Institution Kindertageseinrichtung erfordert eine angemessene organisatorische Gestaltung in Aufbau und Ablauf. Patentrezepte hierfür gibt es nicht, vielmehr sind spezifische Herangehensweisen und Erfahrungswissen gefordert.

Die Aufbauorganisation stellt einen mittelfristig verlässlichen und geregelten Rahmen dar, der Beziehungen und Zuständigkeiten zwischen Abteilungen der Organisation und Über- bzw. Unterordnungen regelt. Auch Dienstaufsicht im Sinne von fach-unspezifischer Ausführungsaufsicht und Fachaufsicht, die die Qualität der auszuführenden Tätigkeiten beaufsichtigt, sind hierdurch festgelegt. Die Aufbauorganisation ist Grundlage für die Ressourcenverteilung zum Beispiel von Sachmitteln (Gehalt, Arbeitsplatz-Ausstattungen, Sozialleistungen) oder Informationen. Maßgeblich sind, entsprechend der Bedarfe, die an dieser Stelle der Struktur zu verfolgenden Organisationsziele, die auch entsprechende Anpassungen und Veränderungen erforderlich machen. Übersichtlich wird die Aufbauorganisation durch das Organigramm. Ist sie durch ein Organigramm nicht darstellbar, gibt die Aufbauorganisation meist für die Betroffenen auch nicht genügend Orientierung. Stellenbeschreibungen, Besprechungswesen, Dienstanweisungen und Vollmachtregelungen stabilisieren den Aufbau.

Der geregelte Rahmen der Organisation

Das differenzierte Organigramm

Je differenzierter das Organigramm angefertigt wird, umso deutlicher werden Unklarheiten oder Überschneidungen in den Zuständigkeiten, und umso eher können Konflikte bearbeitet und Veränderungen vorgenommen werden. Ein Mangel besteht darin, dass informelle Beziehungs-, Macht- und Beliebtheitsstrukturen jenseits der formalen Regelung darin nicht dargestellt werden können, die unter Umständen die eigentliche Relevanz in der gelebten Praxis besitzen (siehe auch 3.1.1).

Die Aufbauorganisation hat alltägliche Relevanz: Wo bekomme ich was? Wem habe ich zu berichten oder zuzuarbeiten? Die klassische Aufbauorganisation ist die *Linienorganisation*:

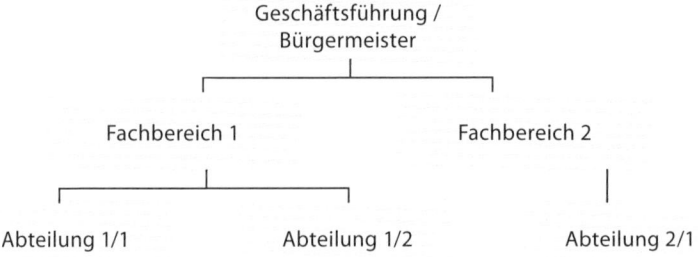

Eine *Stablinienorganisation* verfügt auf der Ebene der Geschäftsführung oder auf der Fachbereichsleiterebene noch über sogenannte Stabsstellen, worunter übergreifend Fachreferenten-Stellen ohne Weisungsbefugnis zu verstehen sind. Sie dienen der Beratung von Instanzen, Vorbereitung von Entscheidungen und der fachlichen Unterstützung der Führungskräfte (z. B. Qualitätsbeauftragte oder Fachberatungen). Der Nachteil liegt in der möglichen Konkurrenz zwischen Stabsstelle und Führungskräften in fachlichen Fragen. Die Stabsstellen entwickeln nicht selten mit allen Vor- und Nachteilen einen Expertenstatus.

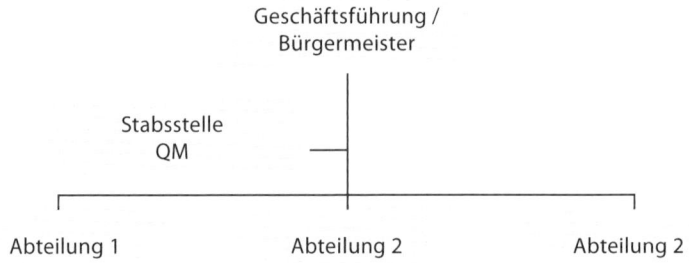

Nicht selten anzutreffen sind auch sogenannte *Matrixorganisationen*, bei denen jeder Mitarbeiter je zwei fachliche Vorgesetzte und einen von beiden zusätzlich als Dienstaufsicht hat. Typisch ist hierbei die Verknüpfung von fachlichen Zuständigkeiten (z. B. Kinder von 3 – 6, Bewegung, Resilienzförderung, Elternarbeit) mit regionalen Zuständigkeiten (Kita 1, Kita 2, Kita 3 …). Durch die umfassendere Kooperation und die Zuständigkeiten wird die übergeordnete Führungsebene entlastet, Kommunikationswege sind kurz, und auf Fachwissen kann unmittelbar zugegriffen und dieses weiterentwickelt werden. Den Leitungskräften eröffnet sich dadurch die Möglichkeit zur Spezialisierung. Jede Leitungskraft ist zuständig für eine Einrichtung und zusätzlich für einen fachlichen Schwerpunkt, den sie einrichtungsübergreifend durch Fortbildungen, Qualitätszirkel usw. implementiert. Matrixorganisationen fordern und ermöglichen eine besonders herausfordernde Qualität an Zusammenarbeit und Professionalität.

Die Matrix-Organisation im Kita-Bereich – ein Beispiel

	Kitaleitung 1	Kitaleitung 2	Kitaleitung 3
Thema QM	Kita-Team 1	Kita-Team 2	Kita-Team 3
Thema Integration	Kita-Team 1	Kita-Team 2	Kita-Team 3
Thema Familien	Kita-Team 1	Kita-Team 2	Kita-Team 3

4.1.4 Die Ablauforganisation

Die Ablauforganisation bringt die verschiedenen Arbeitsvorgänge in eine sinnvolle Abfolge und stellt damit sachlich-logische Zusammenhänge zwischen den einzelnen Organisationseinheiten her. Tätigkeiten werden so aufeinander abgestimmt, dass sie den übergeordneten Qualitätszielen auf möglichst wirtschaftliche Art gerecht werden (z. B. Aufnahme- und Eingewöhnungsprozesse, Stellenbesetzungsprozesse).

Die gegensätzlichen Dynamiken von Aufbau und Ablauf

Aufbau und Ablauf müssen kompatibel sein

Eine Aufbauorganisation ist dann als gut einzuschätzen, wenn sie die notwendige Zusammenarbeit zwischen den Organisationseinheiten und damit den effizienten Ablauf sicherstellt. Idealerweise sind Aufbau- und Ablauforganisation also eng miteinander verzahnt. Durch ablauforganisatorische Analyse und Gestaltung entstehen Möglichkeiten der Vereinfachung, Standardisierung und Optimierung: Bearbeitungszeiten werden verkürzt, Ergebnisse optimiert, Abfolgen verändert, Arbeitsmittel noch effizienter eingesetzt, Kommunikationsbeziehungen verbessert. Unterscheiden lassen sich primäre oder Kernprozesse (pädagogische Prozesse) und sekundäre oder Supportprozesse (z. B. Teamprozesse). Ob die Arbeit mit der ganzen Familie ein sekundärer, ergänzender Prozess ist oder zu einem primären, einem der Kernprozesse geworden ist, stellt hier zum Beispiel eine spannende konzeptionelle Frage dar.

4.2 Die lernende und sich wandelnde Organisation

Die Förderung und Forderung einzelner Kinder oder Erwachsener geschieht am besten in einem lernfreudigen Umfeld mit der Möglichkeit zur kooperativen Problemlösung. Dort haben alle Beteiligten Zugang zu vielfältigen Quellen, um ihre Neugier zu befriedigen und Neues auszuprobieren. In der »Lernenden Organisation« wird nicht nur ein Klima der Zusammengehörigkeit erzeugt, sondern gleichzeitig das Lernen und Umlernen begünstigt.

Die Kindergruppe als lernende Organisation

Einige der Bildungspläne setzen auf diesen förderlichen Effekt bezüglich des Lernens der Kinder und formulieren es als eine neue Aufgabe, neben der individuellen Förderung die lernende Gemeinschaft als intrinsisch motivierendes Moment im Blick zu haben. Die Leitungskräfte haben entsprechend für eine Organisation zu sorgen, in der eine hohe Feedback-Kultur und ein Klima des gemeinsamen Lernens auf Erwachsenenebene entsteht, das Vorbild für die Kinder ist und sie gut »mitnimmt«.

4.2.1 Eine Kultur des miteinander und voneinander Lernens schaffen

Das Lernen der Mitarbeiter/innen setzt traditionell den Schwerpunkt auf die einzelne Person, deren Weiterentwicklung durch Fortbildung ermöglicht werden sollte. Doch auch wenn die individuelle Eignung vorhanden ist und keine neuen Aufgaben ins Haus stehen, ist es wichtig, als Einrichtung immer im Lernen zu bleiben, denn Lernen funktioniert am besten und nachhaltigsten in Interaktion.

10 Grundsätze zur Beförderung des Öffnens und Lernens

1. Seien Sie als Führungskraft Vorbild, indem Sie neugierig sind, Dinge zu verstehen. Denken Sie nicht so sehr allgemein und in die Breite, sondern differenziert und in die Tiefe.
2. Fördern Sie Querdenken und Visionäres, auch wenn es anstrengend ist. Nur durch Unterschiedlichkeit entsteht Entwicklung!
3. Wissen muss allen zugänglich sein und darf nicht Macht bedeuten. Entwickeln Sie ein System, wie Wissen und Ideen allen zugänglich gemacht werden können.
4. Beachten Sie Ganzheitlichkeit, d. h. Lernen mit Hirn (Theorie-Input durch Vorträge und Fortbildungen), Herz (Reflexion von Fällen in der Supervision oder Kollegialer Beratung) und Hand (Praktisches Erproben durch Probephasen oder Pilotprojekte) gleichermaßen zu berücksichtigen.
5. Beachten Sie die unterschiedlichen Lernstile von Frau Scherz, Frau Grund, Frau Kämpfer und Frau Treu (siehe 2.3.2)!
6. Bewahren Sie bei allen Wünschen nach Etablierung des Neuen die langfristige Flexibilität durch Rotationen etc.
7. Gucken Sie über den Tellerrand: Organisieren Sie Austausch in Netzwerken und suchen Sie dort neue Impulse.
8. Nutzen Sie die neuen Medien als ewiger Quell von neuem Expertenwissen!
9. Dokumentieren Sie Teamerfolge, gelungene Projekte etc. und deren beobachtbare Wirkungen.
10. Weisen Sie Lernen und Weiterentwicklung nicht an, aber überlassen Sie den Prozess auch nicht der Beliebigkeit: Drücken Sie Ihr Interesse durch Empfehlungen aus! Denn: »Lernen ist eine ständige Bewegung, es beruht nicht auf Wissen« (Krishnamurti 2009).

Die Instrumente der Personalentwicklung sind vielfältig: Fortbildungen, Mitarbeitergespräche, Hospitationen, Übernahme von Projektverantwortung, Teilnahme an Arbeitsgruppen, Kollegiale Beratung, Supervision/Coaching. Meist findet die Entscheidung für eine Maßnahme statt, indem aus dem großen Bauchladen der praktikablen und bezahlbaren Angebote das interessanteste ausgewählt wird. Die Evaluation erfolgt in der Regel nach »hat gefallen« oder »hat nicht gefallen«. Die Frage des Ziels wird dabei zu wenig in den Blick genommen.

Qualität und Personalqualität

Kitas mit Qualität brauchen Personal mit hoher Qualität, gut aus- und fortgebildet, aber auch gut in der Umsetzung. Erst in der anschließenden Praxis muss sich Qualifizierung beweisen. Fortbildung folgt keinem Selbstzweck, sondern muss in der Praxis sichtbar und spürbar werden. Sie muss Effekte bei Kindern und Eltern erzielen, um die zeitliche, finanzielle und gedankliche Investition wert zu sein! Denn: Was nützt Wissen im Kopf, wenn beim Kind oder den Eltern nichts oder zu wenig davon ankommt?

Wie Personalentwicklung professionalisiert, d. h. deren Wirkung sichergestellt werden kann, möchte ich hier am Beispiel Fortbildung aufzeigen, weil in diesen Bereich gegenüber anderen Personalentwicklungsinstrumenten die meisten Mittel in Form von Geld, Zeit und Hoffnung fließen.

Lerntransfer sichern als Leitungsaufgabe

Die Gründe, die für eine intensive Beschäftigung mit der Lerntransfersicherung gerade im Kita-Bereich sprechen, sind mannigfaltig: Immer schnellere, immer größere Veränderungen verkürzen die »Halbwertzeit des Wissens« – die Zeit, in der sich das Wissen auf die Hälfte reduziert, weil es nicht mehr den ursprünglichen Gegebenheiten entspricht. Man könnte auch etwas überspitzt sagen: Bis die Umsetzung der Fortbildungsinhalte erfolgt ist, sind sie schon fast wieder überholt.

Gute Bildungs- und Erziehungsarbeit setzt gute Beziehungsarbeit voraus. Das Lernen der Erzieher/innen spielt sich nie nur auf der Verhaltensebene ab, sondern berührt immer auch deren Haltungen und Werte. Diese sind nicht über Fachliteratur, Folienvortrag oder E-Learning zu vermitteln oder zu festigen. Deshalb sind Fortbildungen im Kita-Bereich persönlichkeitsorientierte Fortbildungen, die als solche Zeit, Erprobung und Reflexion brauchen. Ein solcher Lernprozess ist aber mit Sicherheit nach ein paar Tagen Fortbildung nicht abgeschlossen, sondern braucht eine Fortsetzung und Vertiefung in der Praxis, um zu »ankern«.

Auch der demografische Wandel und die damit verbundene längere Verweildauer im Beruf verleiht Fortbildung eine gestiegene Bedeutung. Neben dem Kompetenzerwerb wird es zukünftig vermehrt um Angebote zur Aufrechterhaltung der Leistungsfähigkeit im Sinne von hochwirksamer und nachhaltiger Förderung und Motivation gehen müssen.

Die Haushaltskassen der Träger und damit verbunden die Fortbildungsetats der Einrichtungen werden vor dem Hintergrund rückläufiger Gewerbesteuereinnahmen und gestiegener Ausbaubedarfe immer klammer. Gehen Erzieher/innen also zu Fortbildungen, ist eine Überprüfung der Wirkung auch ökonomisch betrachtet umso wichtiger. Investitionen in Personalentwicklung, speziell in Fortbildung, sind betriebswirtschaftlich sinnvoll und personalwirtschaftlich erforderlich, müssen sich jedoch lohnen, indem sie sich sichtbar auf die Qualität der Dienstleistung auswirken.

Die Glaubwürdigkeit der Kita bezüglich ihres Anspruchs auf Ergebnisqualität steht auf dem Spiel: Wo es keine Frage ist, Bildungs- und Entwicklungsprozesse der Kinder zu beobachten und Wirkungen pädagogischer Angebote zu erfassen, muss eine solche Wirkungskontrolle pädagogischer Maßnahmen auch für die Erwachsenen gelten.

Lerntransfersicherung liefert positive Argumente für die Antragstellung im Hinblick auf zukünftige Fortbildungen oder die Erhöhung des Fortbildungsetats. Nur zu sagen, dass dies oder jenes an Kompetenz gebraucht wird, ist da nicht überzeugend. Der Träger möchte und muss sehen, dass sich seine Investition auszahlt.

In der Pädagogik ist es schwer zu sagen, ob zum Beispiel das Elterngespräch nach entsprechender Fortbildung professioneller geführt wird. Meist ist die Erzieher-Kompetenz bisher kein Gegenstand der Beobachtung und Dokumentation gewesen, geschweige denn mit Indikatoren versehen. Wie soll da jetzt der Zuwachs an Kompetenz überprüft werden? Dabei liefert gerade die Dokumentation von Lernerfolgen nicht nur Anerkennung und Motivation, sondern auch wichtige Argumente für zukünftige Fortbildungsanträge.

Das Thema Nachhaltigkeit ist heute wie nie zuvor gesellschaftlicher Anspruch. Es geht nicht um Fast-Food-Lösungen und Eintagsfliegen, sondern um langfristiges Denken und Handeln, damit Kinder etwas lernen, das sie möglichst gut durch ein immer längeres Leben auf dieser Welt begleiten soll. Dieses Prinzip sollte in der Erwachsenen-Pädagogik ebenso wichtig wie in der Kleinkindpädagogik sein. Sprachen wir bisher davon, wie wichtig nach einer Fortbildungsmaßnahme die Umsetzung ist, geht es bei der Nachhaltigkeit darum, das Umgesetzte auch beizubehalten und zu verinnerlichen. Denn: »Lernen ist wie Rudern gegen den Strom. Sobald man aufhört, treibt man zurück« (Benjamin Britten).

> Reflektieren Sie anhand der folgenden Checkliste, woran es bei den in Ihrem Bereich vorgenommen Fortbildungen liegen könnte, wenn die Umsetzung zu wünschen übrig lässt.
>
> - Zu kurzfristig oder zum falschen Zeitpunkt angesetzte Termine
> - Zu kurze Fortbildung für das jeweilige Thema
> - Falsches oder zur falschen Zeit gewähltes Thema
> - Fehlendes Gespräch zur Zielklärung zwischen Leitung und Mitarbeiter/innen im Vorfeld
> - Zu wenig Infos über Inhalte im Vorfeld
> - Fehlende Vereinbarung über die Umsetzung zwischen Leitung und Mitarbeiter/innen im Anschluss
> - Der nicht aufgegriffene Realitätsschock nach dem Seminar
> - Teamdynamik: das fehlende Interesse der anderen Kolleginnen und Kollegen
> - Der nicht für die Umsetzung präparierte Arbeitsplatz
> - Sonstiges: _____
> _____
> _____
>
> Mein Fazit – an diesen Stellen werde ich nachbessern:
> _____
> _____

4.2.2 Feedbackkultur fördern durch Supervision, Coaching, Kollegiale Beratung …

Supervision und Coaching möchte ich hier wegen deren inhaltlicher Verwandtschaft gleichsetzen. Beides unterstützt das gemeinsame Lernen, wenn die Maßnahme qualifiziert durchgeführt wird und alle Beteiligten sich einlassen und öffnen. Die Relevanz der Themen und das Ziel der Bearbeitung werden hierbei vom Klienten im Fall von Einzelcoaching oder dem Team bei Teamcoaching definiert.

Ziel ist die Klärung von Verhaltensmustern und Wechselwirkungen ebenso wie die Aktivierung von Ressourcen, aber auch die Hilfe bei der Bewältigung aktueller Probleme. Als immanente Ziele können die Förderung der Reflexionsfähigkeit und die Entwicklung einer Feedbackkultur angesehen werden.

Gruppen- oder Teamcoaching ist ein Ansatz für das Lernen in Gruppen. Es kann Bestandteil von Seminaren sein oder auch für sich stehen, wenn sich zum Beispiel eine Gruppe regelmäßig trifft, um gemeinsam zu lernen. Das Gruppencoaching erfordert Moderation durch einen Coach. Der Unterschied zu Kollegialer Beratung oder Intervisionsgruppen liegt in der Anwesenheit des Coachs, der den Prozess steuert. Allen genannten Lernformen ist gemeinsam, dass Lernen anhand von eingebrachten Fällen aus der Berufspraxis der Teilnehmer/innen stattfindet.

- **Die Gruppe** wird im Teamcoaching praktisch einbezogen. Dadurch sind alle Gruppenmitglieder äußerlich und innerlich aktiv am Beratungsprozess beteiligt und können für sich selbst und ihre Beratungspraxis neue Einsichten und Ideen zum Vorgehen entwickeln.
- **Der Coach** unterstützt in der **Explorationsphase** die Fallgeberin bei der Fallschilderung durch aktives Zuhören und (sparsames) klärendes Nachfragen und schützt gleichzeitig vor vorschnellen Reaktionen seitens der Gruppe, wie Bewertungen oder ersten Lösungsideen
- hilft – bei Bedarf – durch gezielte Fragen während der Fallschilderung eine Balance herzustellen zwischen Beschreibungen des äußeren Kontextes und des inneren Erlebens
- moderiert nach Beendigung der Fallschilderung die Nachfragen der Gruppenmitglieder an die Fallgeberin und sorgt dabei für ein »gutes Maß«

- unterstützt die Fallgeberin bei der Entwicklung ihrer Schlüsselfrage
- wählt eine geeignete Bearbeitungsmethode für das Anliegen und stimmt diese mit der Fallgeberin und der Gruppe ab
- leitet in der **Bearbeitungsphase** die Bearbeitung des Falles an
- vergewissert sich, dass alle Beteiligten im Beratungsprozess im Boot sind
- achtet auf die Befindlichkeit der Fallgeberin und fragt dazu explizit nach

---

Kritisches Feedback
(nach Rosenberg 2007)

Beschreibung der Situation: Teilen Sie mit, was Sie beobachtet haben. »Sie sind 20 Minuten später als vereinbart gekommen. In diesen 20 Minuten wurde ich mehrmals nach Ihnen gefragt.«	Hier geht es darum, deutlich zwischen Beschreiben und Bewerten zu unterscheiden! Beschreibung ist immer unstrittig, Bewertung ist interpretierend und ermöglicht oder provoziert Widerspruch.
Gefühl: Teilen Sie Ihr Gefühl mit. Wichtig ist dabei, nicht den anderen zu thematisieren (»Sie sind …«), sondern sich selbst und Ihr Gefühl zu der Situation (= Ich-Botschaft). »Das hat mich gestresst und ärgert mich auch.«	Hier geht es darum, dass Sie sich über Ihr Gefühl klar werden und dies authentisch ausdrücken, damit der andere sich in Sie einfühlen und Sie verstehen kann. Was passiert in Ihnen: Ist es Ärger, Unlust, Verlegenheit, Wut, Nervosität, Irritation …?
Bedürfnis: Teilen Sie mit, was Sie stattdessen brauchen: »Ich brauche, um morgens in meinen eigenen Arbeitsalltag gut reinzukommen, eine Verbindlichkeit. Zumindest brauche ich eine Information, wenn Sie sich verspäten, um Auskunft geben zu können.«	Das Gegenüber soll verstehen können, weshalb ein anderes Verhalten eine Verbesserung darstellt. Es geht hier auch darum, dass Sie sich darüber klar werden, wofür Sie ein geändertes Verhalten brauchen. Es geht nicht um die Person, sondern um die Sache!
Wunsch für die Zukunft: »Für die Zukunft bitte ich Sie, mich anzurufen, wenn Sie merken, dass Sie sich verspäten.« In manchen Fällen ist es auch gut, den anderen zu fordern, selbst eine Lösung zu erarbeiten. »Ich wünsche mir für die Zukunft eine Lösung. Haben Sie eine Idee, wie wir das machen können?«	Hier geht es darum, eine Vereinbarung für die Zukunft zu treffen und nicht in einer Vergangenheitsbetrachtung zu verharren. Ihr Ziel ist ja, dass es besser wird, also in die Zukunft gerichtet. Es nützt wenig, es nur einmal angesprochen oder gar nach Ursachen gefragt zu haben. Vermeiden Sie die Warum-Frage: Sie lädt den anderen zu Entschuldigungen ein, die Sie ja gar nicht hören möchten. Die Ursachen wird der andere selbst bei seiner Lösungssuche berücksichtigen.

- konzentriert sich auf die Leitung und die damit einhergehenden Aufgaben (berät selbst nur, wenn er den Auftrag dazu hat)
- regt in der **Austauschphase** die Gruppe in passender Weise zu einer Resonanz, zum Feedback oder zum Sharing eigenen Erlebens an
- gibt in der **Einordnungsphase** gegebenenfalls Hinweise für die Einordnung der Thematik, bietet dazu Modelle oder Konzepte an
- unterstützt gegebenenfalls die rückblickende **Reflexion auf der Meta-Ebene** für das Beraten-Lernen.

> Die Bearbeitung kann auch als **Kollegiale Beratung** mit verschiedenen methodischen Varianten stattfinden (Anlage 1) und mit Starthilfe durch einen Coach erlernt werden.

Erfolgsfaktoren für diesen Ansatz sind:

- Vertrauen zueinander und Vertraulichkeit der behandelten Themen
- Wertschätzung der Kolleginnen und Kollegen, insbesondere auch der persönlichen Unterschiedlichkeiten
- Bereitschaft, sich auch auf persönlicher Ebene einzubringen, sich in gewissem Maße selbst in Frage zu stellen und eigene Unsicherheiten offenzulegen
- Fähigkeit zur Prozessreflexion von methodischen Abläufen und der Zusammenarbeit zur kontinuierlichen Selbstverbesserung und »Pflege« der Gruppe.

4.2.3 Die psychodynamischen Prozesse in Zeiten der Veränderung

Analog zu dem, was Wassilios E. Fthenakis im Hessischen Bildungs- und Erziehungsplan bezüglich der Umbruchsituationen im Leben von Kindern sehr anschaulich beschreibt, kann auch bei Erwachsenen von ähnlichen psychologischen Herausforderungen ausgegangen werden.

- Auf der individuellen Ebene: Hier müssen starke Emotionen bewältigt, neue Kompetenzen erworben und die eigene Identität verändert werden.

▶ Auf der interaktionalen Ebene: Veränderung bzw. Verlust bisheriger Beziehungen muss bewältigt, neue Beziehungen müssen aufgenommen und Rollen verändert werden.
▶ Auf der kontextuellen Ebene: Vertraute und neue Lebenswelten müssen in Einklang gebracht werden, die Auseinandersetzung mit Unterschieden der Lebensräume muss stattfinden und gegebenenfalls müssen weitere einhergehende Veränderungen bewältigt werden.

Leitungskräfte als Erwachsenenpädagogen

Den Übergang zu begleiten, mit Ängsten und Vorbehalten konstruktiv umzugehen und behutsam Vorteile des Neuen herauszuarbeiten ist nicht nur die Aufgabe der Erzieher/innen gegenüber Kindern in Veränderungsprozessen, sondern auch der Leitungskräfte gegenüber ihren Mitarbeiter/innen, wenn Neuerungen ins Haus stehen. Ängste und Vorbehalte können sich sehr unterschiedlich äußern:

▶ Einwände erheben, rationalisieren, überdetaillieren: »Gelehrte« Methodendiskussionen über das Für und Wider einer bestimmten Vorgehensweise werden angezettelt, um das Risiko konkreter Erfahrungen zu vermeiden. Eine vor allem von rhetorisch Begabten gern genutzte Methode, die eine starke Macht über weniger »schlagfertige« Gesprächspartner ausübt.
▶ Generalisieren, bagatellisieren, lächerlich machen: Gefürchtete Gefühle bei sich selbst und anderen werden lächerlich gemacht und auf diese Weise wird eine ernsthafte und differenzierte Erörterung verhindert.
▶ Mauern, blockieren, verweigern: Hierzu gehören Schweigen, Nörgeln und offene Verweigerung ebenso wie viele zur Schau getragene nonverbale Signale des Widerstands. Dies ist die offenste Form von Verweigerung, die deshalb nur da praktiziert wird, wo man sich der Akzeptanz zumindest eines Teils der Anwesenden sicher sein kann.
▶ Vergessen, verwechseln, verschlafen, sich entziehen: Hinweise darauf, dass es sich hierbei tatsächlich um Widerstand handelt, ergeben sich aus der Wiederholung der genannten Verhaltensweisen.
▶ Abschweifen, das Thema wechseln: Die Betreffenden richten ihre Aufmerksamkeit zunehmend auf einen Nebenaspekt des eigentlichen Problems oder wechseln unvermittelt das Thema, wenn man zum Punkt kommt.

4.2 Die lernende und sich wandelnde Organisation

- Sich verwirren oder dumm stellen: Indem der Gesprächspartner sich in der Diskussion unter seinen intellektuellen Möglichkeiten präsentiert, zuvor geäußerte Gesprächsinhalte nicht mehr wiedergeben kann oder unangemessen häufig Verwirrung äußert.
- Sich selbst, andere und/oder Sachen beschädigen: Dazu gehören auch körperliche Symptome, zum Beispiel tatsächlich krank werden.

Das sind die Äußerungsformen, doch was spielt sich im Inneren an Prozessen ab? Die Organisationsberatung bezieht sich dabei gerne auf das für die Hospizbewegung entwickelte Konzept von Elisabeth Kübler-Ross, wenn man davon ausgeht, dass jede Veränderung wie ein kleiner Tod betrachtet werden kann: Etwas Altes vergeht, etwas Neues wird entstehen (siehe auch 2.7.5).

Der innere Prozess in Phasen der Veränderung

Jeder Verarbeitungsprozess dauert unterschiedlich lange

Wie tief oder hoch die Schwingungen sind und wie lange der Verarbeitungsprozess dauert ist individuell sehr unterschiedlich. So hat jede Führungskraft in ihrem Team Mitarbeitende, die vielleicht in zwei Tagen den Veränderungsprozess durchlaufen haben und die Trauerarbeit, das »Tal der Tränen«, nur streifen (evtl. Frau Scherz oder Frau Kämpfer?), während andere dazu vielleicht zwei Monate oder zwei Jahre brauchen oder – im Extremfall – aus der Trauerphase nicht mehr herauskommen, sondern in der Depression landen (evtl. Frau Grund oder Frau Treu?).

Wut und Trauer gehören zu Veränderungen

Affekte wie Angst, Wut, Aggression oder Trauer sowie die zunächst nur rationale Akzeptanz sind normale psychologische Phänomene, gehören dazu und sind Zeichen einer intensiven Auseinandersetzung mit dem Geschehen im Umfeld. Ein Nichtbeachten und Nichtbearbeiten der Affekte – eventuell gepaart mit hektischem Aktionismus – würde die Entwicklung sogar gefährden. Der Führungskraft kommt hier die wichtige Rolle zu, die anstehende Veränderung nicht nur fachlich und technisch zu steuern, sondern ihre Mitarbeitenden durch das Tal der Tränen zu begleiten.

Durch Vorbilder und Erfahrungen manifestiert sich im Laufe des Lebens ein bestimmtes Verhältnis zwischen Dauerhaftigkeit und Veränderung, das einen wesentlichen Faktor für Wohlbefinden darstellt. In einem Team, in dem es einen Überhang an veränderungsfreudigen Personen gibt, zu dem womöglich auch die Leitung gehört, wird es jemand mit stärkeren Bewahrtendenzen schwer haben und umgekehrt. Dabei ist gerade hier das Regulativ wichtig, um nicht zu einseitig zu werden. Jede Erneuerung braucht Mut und Innovationsfreude, aber auch Besonnenheit und Planung.

> Stellen Sie die Kurve nach Elisabeth Kübler-Ross von der vorhergehenden Seite auf Flipchart vor und zur Diskussion: »Wo steht jeder von euch? Bitte macht euer Kreuz an der passenden Stelle.« Betrachten Sie dann gemeinsam das Gesamtbild und lassen Sie denen freien Lauf, die dazu etwas sagen möchten. Stellen Sie dann lösungsorientierte Fragen: »Was brauchst du / was brauchen wir, um ein Stück weiterzukommen?«, und moderieren Sie abschließend das Treffen von Vereinbarungen.

4.3 Konzeption und Profil der Kindertagesstätte

Der Begriff »Konzeption« kommt aus dem Lateinischen von dem Wort *concipere*, was soviel bedeutet wie auffassen, erfassen, begreifen, empfangen, sich vorstellen. Hiermit ist das Ziel einer Konzeption beschrieben: Der Leser soll begreifen, verstehen, erfassen, eine Vorstellung erhalten. Nicht mehr, aber auch nicht weniger!

4.3.1 Die pädagogische Konzeption (weiter)entwickeln

Material zur Erstellung von pädagogischen Konzeptionen gibt es eine ganze Menge (z. B. Hollmann & Benstetter 2001; Groot-Wilken 2009). Im Kontext des Bildungs- und Sozialmanagements hat diese Aufgabe eine entscheidende Bedeutung. Hier die wichtigsten Merkmale: Eine pädagogische Konzeption ist nicht zu verordnen, sondern muss mit größtmöglicher Überzeugung **partizipativ und arbeitsteilig** umgesetzt werden, wenn sie die gewünschten Wirkungen haben soll. Dabei kann kleinteilig und parallel **in Arbeitsgruppen** mit jeweils anschließender Abstimmung im Gesamtteam gearbeitet werden. Eltern, Kinder und andere Interessengruppen werden angemessen beteiligt.

Die Konzeptionen werden spätestens vor dem endgültigen Druck dem Träger zur **Genehmigung** vorgelegt. Eine **Überprüfung** auf Übereinstimmung mit der Realität und gegebenenfalls Überarbeitung findet regelmäßig alle zwei Jahre statt, bei konzeptionellen Veränderungen auch in kürzeren Zeitabständen. Die Bindung des Heftes wird so gestaltet, dass bei Überarbeitung bestimmter Kapitel ein Auswechseln einzelner Seiten möglich ist. Das Deckblatt wird mit dem Datum der Erneuerung versehen.

Partizipation und Abstimmung

Die Konzeption spricht die **Zielgruppe Eltern** an und kommt ohne pädagogische Fachtermini aus. Sie verzichtet auf Internas, Appelle sowie Negativ-Beschreibungen und liegt in der Kita und in der Verwaltung immer mitnahmebereit für interessierte Eltern aus.

Die Konzeption erhebt keinen Anspruch auf Vollständigkeit, sondern auf **Prägnanz, Strukturiertheit und Verständlichkeit.** Dabei helfen: Gesamt-Umfang so knapp wie möglich (max. 20 bis 25 Seiten), Gewichtung von Zielen und Angeboten, Inhaltsverzeichnis, klar ausgewiesene Kapitelüberschriften, einheitliche und große Schrift, wenig Fließtext,

Es geht nicht um Vollständigkeit, sondern um Prägnanz

deutliche Absätze und Spalten, strukturierende Schriftfarben, aussagekräftige Fotos.

Die Inhalte einer Konzeption

Inhaltlich orientiert sich die Konzeption an den Prinzipien des jeweiligen Landes-Bildungsplans und den vom Träger formulierten Qualitätsstandards. Die Elemente einer guten Konzeption beinhalten:

1. Titelblatt (alle relevanten Daten: Träger, Adresse, E-mail, Telefon)
2. Inhaltsverzeichnis
3. Die Institution:
    a. Ort / Stadtteil / Einzugsgebiet / Vernetzung
    b. Team: Struktur, Personalschlüssel und Qualifikationen
    c. Zielgruppe
4. Das Leitbild (Unsere wichtigsten Werte / Unser Motto / Unser Profil)
5. Ressourcen (Räume, Ausstattung, Mittel, eigene Fortbildung, Kollegialer Austausch, Netzwerke)
6. Unsere Ziele: Das wollen wir für Kinder und Eltern erreichen! (3 Indikatoren pro Ziel)
7. Das tun wir dafür: Unsere Leistungsschwerpunkte (möglichst konkret: was, wann, wie, mit wem, durch wen – in Verbindung mit den Zielen)
8. So stellen wir uns die Zusammenarbeit mit Ihnen (den Eltern) vor und das sind unsere Angebote
9. So stellen wir unsere Leistung und ständige Verbesserung sicher. Wodurch entwickeln wir uns und unsere Arbeit weiter?

Bei aller Knappheit zum Thema Konzeption möchte ich hier den Fokus auf die Profilentwicklung legen – von vielen Einrichtungen mit der Konzeptionsentwicklung beabsichtigt, leider jedoch zu selten eingelöst.

4.3.2 Das Profil als Alleinstellungsmerkmal

Das Wort »Profil« begegnet uns in vielen Situationen im täglichen Leben: Sein Profil erleichtert es uns zum Beispiel, ein Lebewesen in Sekunden bei Dunkelheit oder Dämmerung zu erkennen. Wir sehen seine Haltung, seine Konturen, seine Umrisse, jedoch keine Details wie Haut- oder Augenfarbe, Mimik oder Fingerspitzen. Das Profil erlaubt uns zumindest eine Ortung und eine grobe Klassifizierung. Wir wissen schon einmal, dass da überhaupt etwas ist und können eine erste Einschätzung vornehmen, ob wir uns eher nähern oder distanzieren wollen, ob wir uns weiter mit Details beschäftigen möchten oder nicht …

Zeigen Sie Profil!

Auch das geologische Profil lässt Feinheiten weg und macht es uns leichter, uns vorzustellen, was sich da unter der Erde abspielt. Und es erleichtert, Unterschiede zwischen verschiedenen Profilen unterschiedlicher Stellen dieser Erde vorzunehmen.

Als einen Menschen mit Profil bezeichnen wir eine echte Persönlichkeit, jemanden mit Ecken und Kanten, mit deutlichen Positionen und Interessen, überzeugend und überzeugt. Der Profillose dagegen ist für uns schwer erfassbar: Haben Sie Mut, machen sie sich unterscheidbar, im wahrsten Sinne des Wortes »hervorragend«!

Das Profil ist – bezogen auf die Kita – ein selbst gesetzter inhaltlicher Schwerpunkt, der im Einklang mit den im Leitbild formulierten Werten steht. Ein Einrichtungsprofil an sich muss noch nicht unbedingt qualitativ genau das richtige und gute für Kind oder dessen Eltern bedeuten! Vielmehr ist gute Beratung der Eltern erforderlich, das Profil zu wählen, das ihren Wertvorstellungen und der Individualität des Kindes entspricht. Das Profil macht die Konzeption unverwechselbar, einzigartig, leichter einschätzbar, greifbar! Wir müssen nicht mehr rätseln, was sich hinter der unscharfen Fassade wohl verbirgt. Wir können zu- und einordnen.

Wer Eltern im privaten Umfeld begegnet stellt fest, das sie sich oftmals über die Wahl der pädagogischen Einrichtung definieren – nach dem Motto: »Ich bin eine Mutter, die ihr Kind bewusst und gezielt in den Waldkindergarten gibt, weil da …« »Ich bin eine, die ihr Kind bewusst und gezielt in eine multikulturelle Kita gibt, weil die …« Der pädagogische Schwerpunkt oder das Profil scheint identitätsstiftend und beruhigend für Eltern zu sein, was auch innerhalb der Institution die Wahrscheinlichkeit für Konflikte stark reduziert. Eltern möchten sich

Die bewusste Entscheidung der Eltern gerade für diese Kita

zu ihrer Wahl bekennen können und das Einrichtungsprofil unterstützt dieses Bedürfnis! Auch möchten sie Gleichgesinnte treffen, was bei einem klaren Profil um ein Vielfaches wahrscheinlicher ist.

Aufwertung der Erzieher/innen

Pädagogische Fachkräfte erhalten in einer Kita mit Profil eine klarere Identität: »Erzieherin in einer bilingualen Einrichtung«, »Psychomotorikerin im Sportkindergarten« oder »Kunstpädagogin in der Kunst- und-Kultur-Kita«. Erzieher/innen tun mit der Profilentwicklung selbst etwas für ihre gefühlte Aufwertung, sie definieren sich neu und besonders!

Entlastung der Erzieher/innen

Erzieher/innen müssen sich jetzt nicht mehr für alles gleichermaßen verantwortlich fühlen. Sie »dürfen« ungestraft Themen vernachlässigen zugunsten des einen großen und als besonders hervorgehobenen Themas. Das Thema Bewegung hat eben in der Kita mit Literacy-Profil einen geringeren Stellenwert als das Arbeiten an der Druckmaschine zur Erstellung eines Buches. In der Sport-Kita ist es umgekehrt. Damit Bereiche nicht vollends unter den Tisch fallen, können für die verschiedenen Lern- und Angebotsfelder unterschiedliche Qualitätsansprüche formuliert werden.

Die Arbeit für Erzieher/innen (wieder) interessant machen

Natürlich gibt es auch in einer Profil-Kita Basisangebote wie Lesen, Singen, Spazierengehen, kreative Angebote, Bewegung, jahreszeitliches Arbeiten … Nur wird immer versucht, den Bezug zum Profilthema herzustellen, das damit Inhalt und Richtung bestimmt. So wird in der Literacy-Kita im Zusammenhang mit dem Thema Schrift, Buch oder Sprache gebastelt, der Waldkindergarten verarbeitet das Material aus dem Wald … Der Lerninhalt steht im Vordergrund und nicht die Form, in der die Bearbeitung stattfindet.

Leitung wie Erzieher/innen erarbeiten sich durch das Kita-Profil besondere Kompetenzen und gewinnen Erfahrungen, die nicht mehr so leicht verzichtbar oder austauschbar sind. Die Anerkennung des Personals durch den Träger steigt durch die Möglichkeit, dessen Tätigkeit klar von der jeder Mutter, aber auch jeder anderen pädagogischen Fachkraft abzugrenzen. In der öffentlichen Meinung herrscht immer noch die Vorstellung vor, dass Erzieher/innentätigkeit im Grund von jedem ausgeübt werden kann, der ein bisschen Geschick für Kinder und gute Nerven hat. Nun versucht man schon lange, an diesem Bild etwas zu ändern – mit mäßigem Erfolg. Die Profilbildung verbindet pädagogische Versorgungs- und Erziehungsarbeit mit spezialisierter Fachkompetenz, die in unserer Gesellschaft eine herausragende Rolle im Hinblick auf soziale Anerkennung spielt.

Die Profil-Kita sucht auf dem überregionalen Arbeitsmarkt nach ihrem Personal und findet es dort auch. Wer einmal in einer Kita mit Profil gearbeitet hat, sucht sich genau dieses Profil wieder: Die Spezialisierung auf Wald, Bilingual, Literacy, Sport … prägt auch das Erzieher/innenprofil und macht diese Eignung für eben jene Kitas mit eben jenem Profil zu einem überzeugenden Argument für die Einstellung.

Der Träger findet leichter das passende Personal

In der Profil-Kita gibt es nicht mehr nur die Leitung und die Erzieher/innen, sondern es gibt spezialisiertes Personal mit besonderen Schwerpunktsetzungen aufgrund von Fortbildungen, Vorerfahrungen und Aufgabenschwerpunkten. Jedes Profil lässt sich noch ausdifferenzieren und erfordert dann auch das entsprechende Know-how. Jeder im Team trägt seinen Teil zum Profilthema bei. Zum Beispiel könnte sich in der Literacy-Kita eine Mitarbeiterin auf das Buchdrucken spezialisieren, eine andere auf die Umsetzung von Büchern in Bildern oder Theater, eine andere auf das Führen und Pflegen der Bücherei, wieder eine andere auf die Verschriftlichung von Kindergeschichten. Sie alle begegnen sich im Alltag in den Situationen, die den Rahmen bilden: beim Bringen und Abholen, beim Frühstücken, beim Freispiel, bei Geburtstagfeiern … und teilen sich auf für ihre besonderen Angebote. So entspricht das bunte Team den Bedürfnissen nach Nähe und Gemeinschaft einerseits und nach Abgrenzung und Eigenständigkeit andererseits. Abgrenzung muss nicht mehr auf der oftmals kränkenden Beziehungsebene stattfinden, sondern kann ganz legitimiert und noch dazu pädagogisch sinnvoll durch thematische Differenzierung stattfinden.

Die Teams werden bunter

Von einem Profil zu sprechen verpflichtet, in diesem Bereich auch besonders gut zu sein, anstatt alles und nichts richtig gut zu können. Es geht ständig darum, das Profil zu schärfen. Das heißt, dass in diesem Feld Qualitätsansprüche besonders hochgehängt werden müssen. Hier wird die Einrichtung wachsen, so wie Menschen an ihren Ansprüchen wachsen. Hier wird der Evaluationsschwerpunkt liegen, und hier werden entsprechende Schritte für die Weiterentwicklung stattfinden. Hier werden Sach- und Fortbildungsmittel besonders investiert. Entscheidungen fallen dadurch leichter. Die Fragen »Was für eine Fortbildung holen wir uns denn nächstes Jahr ins Haus?« oder »Was schaffen wir

Profilbildung erhöht die Qualität

uns von dem Etat an?« beantwortet sich aus dem Angebotsprofil und den Evaluationsergebnissen in diesem Themenfeld.

Schon die Arbeit am Profil qualifiziert Mitarbeiter/innen und Teams

Profile sind das Ergebnis einer gemeinsamen Analyse: Was können wir besonders gut – im Vergleich zu anderen? Was tun wir besonders oft und gründlich? Was brauchen unsere Kunden besonders intensiv? Bereits diese erste analytische Auseinandersetzung qualifiziert, sie lenkt den Fokus der Aufmerksamkeit auf das Kerngeschäft, klärt, verbindet und gibt Orientierung. Bereits die Analyse setzt zwangsläufig Veränderungen und Vertiefungen in Gang.

> Ziel der Profilentwicklung ist nicht Veränderung, sondern das Herausarbeiten und Schärfen des bestehenden Profils. Veränderung entsteht dadurch zwangsläufig!

Profilentwicklung über den gesamten Trägerbereich hinweg

Profilentwicklung über den gesamten Trägerbereich hinweg ist ein äußerst anregendes Projekt für das Kita-Personal – nah an den pädagogischen Realitäten, das viel (neue) Motivation schafft durch inhaltliche Anregungen und Impulse, aber auch durch die Anerkennung, die den Erzieher/innen und Leitungskräften dadurch zuteil wird. Enorm ist die Erfahrung, wie viel an qualitativer Veränderung allein durch die Analyse des Bestehenden und durch die Formulierung der Kernangebote entsteht. Das könnte ein Projekt, das von vornherein auf Veränderung im Sinne von Verbesserung abzielt, niemals so mühelos schaffen, weil in jedem Veränderungsanliegen immer der Angriff auf die bisherige Arbeit gesehen und entsprechend abgewehrt wird.

Einrichtungsprofile wirken einer Zwei-Klassen-Kita-Landschaft entgegen

Häufig zeichnen sich Einrichtungen in freier Trägerschaft durch sehr dezidierte Profile aus: Montessori, Waldkindergarten, Waldorf, Bilinguale Kita, Integrative Kita, Internationale Kita, Preschool …, während die »Regeleinrichtungen« eben die Regeleinrichtungen sind, wie der Hausarzt unter den Fachärzten. Dabei arbeiten auch diese Kitas durchaus sehr unterschiedlich, nur weiß es keiner! Die Konkurrenz zwischen den Kindertageseinrichtungen könnte durch Erarbeitung von Einrichtungsprofilen zugunsten einer Kooperation auf Augenhöhe verändert werden. Eltern, die nach einer Kita mit Profil suchen, müssen dann nicht mehr viel Geld dafür aufwenden, sondern finden unter Umständen auch unter den »Regeleinrichtungen« eine für sie und ihr Kind individuell passende.

Träger profilieren sich durch klare, sich gut ergänzende Einrichtungsprofile. Einige Kommunen und Kreisverwaltungen in Deutschland haben erkannt, dass der Bereich Kinderbetreuung und Bildung sehr geeignet ist, um den jeweiligen Standort im öffentlichen Bewusstsein attraktiv zu machen. Nicht zuletzt sind Kinderbetreuung und Bildung wichtige Wirtschaftsfaktoren, sodass auch die kommunale Wirtschaftsförderung ein großes Interesse an einem Projekt »Profilentwicklung« haben könnte. Firmen, die in die Region umsiedeln, und Eltern, die als Arbeitskräfte gewonnen werden sollen, betrachten die Kita-Landschaft nicht nur unter dem Aspekt des Vorhandenseins von Plätzen. Ein unverkennbares qualitatives Profil spricht sie besonders an und erleichtert die Entscheidung gerade für diesen Ort. Hier fördert also Konkurrenz zwischen den Kommunen und Trägern das Sich-Profilieren.

Träger profilieren sich

Für die trägerübergreifende diversifizierende Profilentwicklung muss ein Organisationsentwicklungsprozess mit allen Leitungskräften angestoßen werden, der damit einsteigt, die besonderen vorhandenen Kernangebote der verschiedenen Einrichtungen zu erfassen. Jedem Beteiligten muss klar sein, dass es eben nicht um Gleichheit, sondern – wie an jeder Stelle der pädagogischen Arbeit – um Individualität und damit um Vielfalt geht. Allen wird dabei schnell klar, dass bei der Frage nach dem Profil Konkurrenz völlig fehl am Platz ist, wodurch diese Arbeit auch die Leitungskräfte gut zusammenwachsen lässt.

Der OE-Prozess Profilentwicklung

Weiter muss geklärt werden: Welche Profile gibt es schon, wo gibt es ausbaufähige Ansatzpunkte, was ist noch nicht abgedeckt, wird aber gebraucht? Daraus wird dann entwickelt, an welchen Themen die einzelnen Einrichtungen arbeiten, um ihr Profil zu schärfen. Die Leitungsgruppe ist immer wieder der Ort, um sich weitere Unterstützung für die Arbeit mit den Teams zu holen, aber auch um Entwicklungen abzustimmen, damit die gewünschte Vielfalt entsteht. Ein bereits gemeinsam praktiziertes Qualitätsmanagementsystem ist eine gute Unterstützung, jedoch keine unbedingte Voraussetzung. Natürlich sollte im Sinne von Partizipation auch eine Elternbefragung durchgeführt werden, um besondere Bedarfe und Bedürfnisse nach Einrichtungsprofilen zu erkunden.

Die Arbeit am flächendeckenden Profil wird etwa eineinhalb Jahre in Anspruch nehmen und braucht eine zentrale Steuerung sowie externe Prozessbegleitung. Phasen in den Teams wechseln sich ab mit Phasen auf Leitungsebene. Ob die Idee und der Anstoß dabei von einer Leitungskraft auf die übergeordnete Hierarchieebene getragen werden oder von dort ausgehen spielt keine Rolle. Wichtig ist die professionelle Planung, Vorbereitung und Umsetzung des Projekts.

Das Wechselspiel zwischen Profilthema und anderen pädagogischen Bereichen

Pflicht und Kür

In Kitas mit deutlichem Profil findet nicht nur Besonderes statt, sondern gleichzeitig das, was man ganzheitliche Pädagogik nennt: das Wechselspiel zwischen Geist, Körper und Seele berücksichtigend, etwas für Kopf und Hand und alle Sinne, das Kinder motorisch, musikalisch, kreativ, kognitiv, sensorisch fördert, ihnen Gedichte und Lieder, Spiele und Experimente zukommen lässt, in Kleingruppen und der ganzen Gruppe soziale Verhaltensweisen mit ihnen einübt lässt, Kindern gesunde Ernährung und achtsamen Umgang mit Dingen vermittelt, Eltern beteiligt und auch ihnen bedarfsorientierte Angebote unterbreitet. Das ist sozusagen das Pflichtprogramm jeder Kita, neben dem es aber eine Kür gibt – das Profil, das aus all dem Herausragende.

Nicht alles ist gleich wichtig, sondern weniger ist mehr

Vergleichen Sie es mit den Schulprofilen: Auch diese bedeuten nicht, dass Kinder hier weniger lernen, sondern das Schwerpunktfach besonders intensiv und kompetent und meist auch zeitlich in größerem Umfang betrieben wird.

Viele Erzieher/innen und Kita-Leitungskräfte befürchten durch Arbeit am Profil Einengung und Einseitigkeit. Doch auf die Frage »Zu wem gehen Sie mit einem sich vergrößernden Leberfleck? Zum Hautarzt oder zum Hausarzt?« entscheiden sich alle für den Spezialisten statt für den ganzheitlich orientierten Generalisten!

Beziehungsarbeit ist Basisarbeit

Natürlich kommt es in der Pädagogik in erster Linie auf die Beziehung an, denn sie ist das Transportmittel für alles, was wir den Kindern Gutes mitgeben möchten. Das beschreiben viele Kitas als ihren Hauptfokus. Doch dies alleine ist noch kein Profil, sondern Pflichtprogramm. Das ist – um im Bild von Pflicht und Kür beim Eiskunstlauf zu bleiben – das Eis unter den Füssen oder die Liebe zum Bewegungsablauf, ohne die gar nichts geht! Wichtig ist aber, was darauf oder vor diesem Hintergrund Besonderes stattfindet und eine besonders hohe Wertung verdient, weil es der hier anwesenden Zielgruppe besondere Freude bereitet.

Und dann ist da auch die Konkurrenzangst: Schließlich wollen wir nicht so tun, als seien wir besser als andere benachbarte Einrichtungen. Und außerdem: Wenn wir ein Profil benennen, wecken wir doch geradezu die Erwartungen und Ansprüche. Und die Presse guckt auch plötzlich genauer hin. Und dann: Was ist, wenn wir irgendwann von dem Profil genug haben und etwas anderes als wichtiger ansehen? Sind wir dann nicht zu festgelegt? Alles berechtigte Fragen: Was ist, wenn der Hautarzt plötzlich doch die Neurologie interessanter findet? Wenn der auf Gospels spezialisierte Chor plötzlich Lust bekommt, Motetten zu singen? Oder der Krimiautor plötzlich seine humoristische Seite entdeckt oder Wanderführer schreiben möchte?

An dieser Stelle wird deutlich, dass Profilentwicklung viel mit Entscheidungsfreude zu tun hat. Wenn wir uns alle Türen offenhalten, haben wir ständig Durchzug! Wenn wir vor einer Kreuzung mit vielen Wegen und Wegweisern stehen und nicht wissen, wo wir hinwollen, ist jeder Weg der falsche oder jeder Weg der richtige. Es ist schlichtweg beliebig, welchen wir gehen! Allerdings bringen wir uns auch um das schöne Erfolgserlebnis des Ankommens, wo wir hinwollten – auf einem Weg, der unseren Neigungen und Interessen sowie denen unserer Wegbegleiter entsprochen hat.

Arbeit am Profil braucht Entscheidungsfreude

Eine gute Möglichkeit, sich dem eigenen Profil zu nähern, besteht darin, die bestehende Angebotsstruktur zu analysieren: Wo liegen besonders kompetente Angebote, die – sonst würden sie einen reinen Selbstzweck erfüllen – auch auf eine Nachfrage seitens der Kinder und Eltern stoßen? Die erarbeiteten Kernangebote bilden dann den Angebotsschwerpunkt, denn immerhin trifft hier die größtmögliche Stärke und Kompetenz des Teams mit der größtmöglichen Nachfrage der Kunden zusammen.

Das Kernangebotsmodell

Das Kernangebotsmodell bietet eine gute Struktur für die Moderation eines Teamprozesses, der den Blick für die gemeinsamen Kompetenzen schärft und damit einen wichtigen Beitrag dazu leistet, eine »Lernende Organisation« zu werden. Das Modell dient dazu:

Das Profil braucht hohe Kompetenz bei großem Bedarf

1. sich über die Einrichtungsschwerpunkte klar zu werden, denen besondere, sogenannte Kernkompetenzen zugrunde liegen (Anbieterperspektive), die auf eine hohe Nachfrage bzw. einen hohen Bedarf treffen (Marktperspektive)
2. um über die Richtung der weiteren konzeptionellen Entwicklung zu entscheiden: Welche Angebotspotenziale haben wir, von denen niemand etwas mitbekommt? Wo haben wir Schlüsselangebote, die nur halbherzig, nicht differenziert und nachhaltig genug umgesetzt werden?
3. um sich über anstehende Qualifizierungsbedarfe klar zu werden: Welche Basisangebote haben wir, die »nice to have« sind, aber nicht sehr gebraucht und nachgefragt werden? Welche Angebotspotenziale sollten so ausgebaut werden, dass sie auf Bedürfnisse, sprich auf Nachfrage stoßen? Welche Schlüsselangebote könnten durch Vertiefung dauerhafter und differenzierter ausgebaut werden, um sie zu einem Kernangebot zu machen?

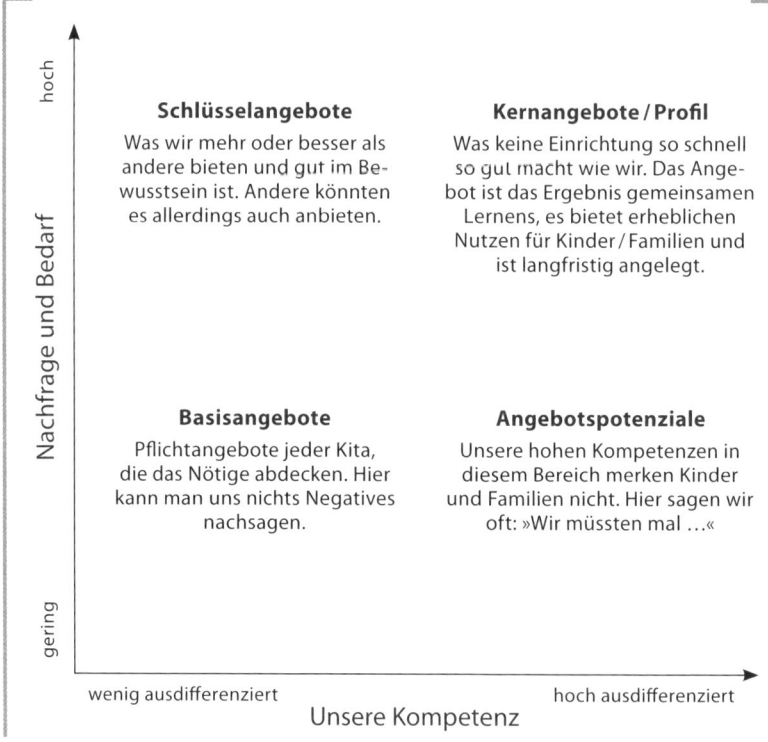

Vorgehen für die Moderation

- **Kartenabfrage:** Lassen Sie die Teammitglieder (bei großen Teams evtl. in Kleingruppen) die Kompetenzen und Angebote der Einrichtung definieren. Welche Angebote werden nach außen sichtbar? Das können gemeinsam oder im Wechsel (z. B. die Bewegungsbaustelle) oder von einzelnen Mitarbeiter/innen erbrachte Angebote (z. B. das Fotolabor) sein.

- **Input** zum Verstehen der Angebotsarten: Stellen Sie das Koordinatensystem auf der vorhergehenden Seite vor. Erläutern Sie die Grafik als Folie oder Flipchart mit Einrichtungsbeispielen, ohne bereits Zuordnungen vorwegzunehmen und damit die folgende Diskussion zu beeinflussen.

- **Skizzieren Sie das Koordinatensystem** (ohne die schriftlichen Ausführungen) auf eine Wand mit Karten für die Angebotsarten / Überschriften in vier Farben.

- **Das Zuordnen** nehmen Sie mit dem Team vor, weil hier interessante und wichtige Diskussionen darüber entstehen, welcher Angebotsart welches Angebot zugeordnet wird (z. B. Theaterprojekte zu Schlüsselangebot, Bewegungsangebote zu Basisangeboten, Elternberatung zu Basisangebot, Dokumentation zu Basisangebot, Reflexionsfähigkeit zu Schlüsselangebot, Kreativitätsförderung zu Kernangebot …?).

- Verschriftlichen Sie gemeinsam mit dem Team auf Flip-Chart die **Konsequenzen**, die daraus zu ziehen sind. Folgen Sie dazu den Pfeilen in der Grafik: Wo sind Basisangebote, wo Angebotspotenziale, die durch Wecken von Nachfrage zu Kernangeboten werden können (Öffentlichkeitsarbeit, Motivationsarbeit …)? Wie können Sie Ihre Schlüsselangebote durch vertieften Kompetenzerwerb (Fortbildung, Hospitation, Arbeitsgruppen, ausgeweiteter zeitlicher Invest, Tun …) zu Kernangeboten machen? Sammeln Sie nicht nur, sondern entscheiden und vereinbaren Sie auch Maßnahmen! Und stellen Sie fest: Was hat bei Ihnen **höchste Kompetenz und Nachfrage**, liegt also auf beiden Achsen am weitesten in Richtung 100 Pro-

> zent? Dies ist Ihr Angebotsschwerpunkt, das Profil Ihrer Einrichtung! Halten Sie dies als getroffene Entscheidung fest!
>
> Nehmen Sie sich für diese Arbeit zwei bis drei Stunden Zeit und fotografieren Sie das ausgefüllte Modell sowie die getroffenen Vereinbarungen anschließend ab.

Das Profil erarbeitet und niedergeschrieben zu haben sowie zu veröffentlichen ist so etwas wie der Fahrplan, den die Bahn herausgibt. Damit allein werden wir als Kunde uns nicht zufriedengeben. Wir möchten, dass die Züge auch danach fahren! Das Team kommt mit Leitbild- und Profilentwicklung noch nicht automatisch auch voran, geschweige denn irgendwo an.

Nur das umgesetzte Profil ist ein gutes Profil

Die eigentliche Arbeit fängt nach der Fahrplanerstellung, nach der Entwicklung von Konzeption, Leitbild und Profil erst an. Unterziehen Sie alle Bereiche einer Überprüfung und Anpassung. Worten müssen Taten folgen! Das Profil muss in allen sieben Strategiefeldern des Arbeitsfeldes Kindertagesstätte sichtbar werden, um glaubhaft und überzeugend zu sein. Dazu zählen Ziele, Angebotspalette, Struktur, Personalauswahl und -entwicklung, Kundenkontakte, Institutionen der Vernetzung und Finanzen / Ausstattung.

4.4 Qualitätsentwicklung und -sicherung

> Was eine Einrichtung pflichtgemäß tut, beschreibt die Konzeption. Inwieweit sie sich darin von anderen unterscheidet, beschreibt das Profil. Welche Werte zugrunde liegen steht im Leitbild. Wie die Einrichtung all dies umsetzt, beschreibt das QM-System bzw. die darin formulierten Qualitätsstandards.

4.4.1 Inhalte und Prozess des Qualitätsmanagements

Begriff und Bewusstsein für Qualität lassen sich bis Sokrates zurückverfolgen, als Methode hat »Qualitätsmanagement« jedoch eine recht

4.4 Qualitätsentwicklung und -sicherung

junge Geschichte. Erst Mitte der 1980er-Jahre kam die Welle aus Japan (»Kaizen«) nach Europa, dann allerdings sehr schnell. Im Sozialbereich stieß dieses Denken auf eine eher ablehnende Haltung, assoziiert mit bürokratischen und rein ökonomischen Interessen. Die darin enthaltenen Möglichkeiten wurden erst allmählich entdeckt, und heute findet man kaum einen professionell aufgestellten Sozialdienstleister ohne ein QM-System. Die gesetzliche Verpflichtung (SGB VIII) hat diese Hinwendung sicher unterstützt und birgt gleichzeitig die Gefahr in sich, die Aufgabe als rein formalistisches Abarbeiten von Verpflichtungen auszuüben und damit die Vorteile zu verschenken.

Für die personenbezogene Dienstleistung eignet sich z. B. die Gliederung des QM-Systems in *Strukturqualität* (personelle, räumliche, sachliche Ausstattung), *Prozessqualität* (Eingewöhnung, Projektdurchführung, Partizipationsprozesse, Übergänge, Organisation …), *Ergebnisqualität* (Kompetenzentwicklung, Projektergebnisse …) und *Servicequalität* (Öffnungszeiten, Freundlichkeit …).

Struktur-, Prozess-, Ergebnis- und Servicequalität

Hierbei kommt vor allem der Überprüfbarkeit eine besondere Rolle zu. So lässt sich zum Beispiel durchaus messen, wie viel Prozent der Sechsjährigen jährlich in die Schule wechseln, wie viele Elterngespräche pro Jahr stattgefunden haben, wer hier jeweils initiativ geworden ist, wie lange die Kinder durchschnittlich für die Hausaufgabenerledigung benötigen, wie viel Zeit in gezielte Bewegungsangebote fließen, wie hoch die Unfallrate ist, wie lange die Wartelisten sind oder wie viele Kinder jeweils bei den Arbeitsgruppen mitmachen. Schwieriger ist es, die Problemlösekompetenz der Kinder eindeutig zu bewerten oder deren Ich-Stärke. Hier sind ausführliche Diskussionen in Teams oftmals der eigentliche Wert des Unterfangens, weil für die vordergründig nicht messbaren Kriterien eindeutige Indikatoren ermittelt werden müssen.

Qualität braucht Verbindlichkeit

Zu jedem einzelnen Kriterium gilt es also eine ergebnisorientierte Diskussion zu führen, die viele Teams bis dahin mangels Notwendigkeit so noch nie erlebt haben. Damit kommt dem Prozess der Qualitätsentwicklung an sich eine wichtige Lern- aber auch Teamentwicklungsfunktion zu. Qualitätsmanagement braucht nicht nur eine Beschreibung der erforderlichen Merkmale einer pädagogischen Leistung, sondern es müssen auch graduelle Abstufungen vorgenommen werden.

Es gibt mehr oder weniger inhaltlich gefüllte QM-Systeme, die Sie übernehmen können (z. B. IQUE, Kronberger Kreis, EFQM, KES), oder

QM-Systeme

aber der Träger steuert »freihändig« einen Prozess der Erarbeitung eines zugeschnittenen Systems. Dieser Weg ist langwierig und mühsam. Zudem birgt er die Gefahr in sich, dass Kriterien oder Schritte (z. B. Beteiligung der Familien), die als herausfordernd angesehen werden, ausgespart werden und Dinge, die mühelos schon immer laufen, besonders ausgebaut werden. Die Wirkung der Ressourcenstärkung ist dabei zu schätzen, darf aber kein Selbstzweck sein und muss langfristig für eine echte Qualitätsverbesserung genutzt werden.

Das QM-System besteht aus einer Reihe von Systemen

Das QM-System besteht aus einer Reihe einzelner Systeme, die eine regelmäßige Evaluation und Qualitätsverbesserung erlauben und unterstützen, zum Beispiel:

- QM-Handbuch zur Darlegung der gewünschten Prozesse und Verfahren
- Beschwerdemanagement
- Beobachtungs- und Dokumentationssystem
- Führungsfeedback
- Fehlererfassung (z. B. Unfälle, Einbrüche …)
- Kundenbefragungen bzgl. Erfahrung und Erwartung jeweils zu den Kriterien Umfeld, Zuverlässigkeit, Entgegenkommen, Souveränität, Empathie …
- Häufigkeitenverteilungen (An-, Ab- und Ummeldungen, Nutzung von Kitas in fremdem Stadtteil oder einrichtungsbezogen die Nutzung des Außengeländes, der Bewegungsbaustelle etc.)
- Qualitätszirkel zur Erarbeitung von Verbesserungsvorschlägen für eruierte Problemfelder.

Bevor Sie in die Erarbeitung eines QM-Systems einsteigen, klären Sie bitte:

Die Vorbereitung der Arbeit am QM-System

- Wie sieht es aus mit inhaltlichen Vorgaben des Trägers (auch wenn er noch so weit weg sitzt)?
- Wie bekannt sind diese Vorgaben?
- Wie sieht es aus mit zeitlichen Ressourcen für gelegentliche Teamworkshops in den nächsten ein bis eineinhalb Jahren?
- Wer könnte die Verantwortung und Steuerung für den Prozess übernehmen?

▶ Gibt es die Bereitschaft und die Möglichkeit, das Erarbeitete zukünftig regelmäßig zu evaluieren und weiterzuentwickeln?

Ob letztlich das Qualitätsmanagement in Ihrem Trägerbereich von Erfolg gekrönt sein wird, hängt von verschiedenen Komponenten ab: Ihr System braucht *Kontinuität*, d. h. eine mittelfristige Gültigkeit durch regelmäßige Aktualisierung und Pflege. Es braucht aber auch *Konsistenz*, die durchgängige Wahrnehmbarkeit Ihrer Qualität in allen Ihren Dienstleistungen durch Kunden und Öffentlichkeit. Weiter geht es um die *Einheitlichkeit*, d. h. eine einrichtungsübergreifende Standardisierung, um »eine gemeinsame Sprache« mit Kooperationspartnern zu sprechen. Weitere Komponente ist die des *Bewusstseins*, das sich auswirkt auf Verhalten, Haltung und Einrichtungskulturen. Die Berücksichtigung Ihrer *Einrichtungsprofile* ist ein weiterer wichtiger Erfolgsfaktor, der der Standardisierung nicht widerspricht. Dazu kommt die *Glaubwürdigkeitskomponente*, indem alle Beteiligten kongruent und authentisch die Qualitätsstandards vertreten. Last, but not least ist *Strategie* die entscheidende Komponente des QM, denn nur wenn aus den Qualitätskriterien angebots-, finanz- und/oder personalstrategische Konsequenzen gezogen werden, kann sich Qualität wirklich entfalten.

Sieben Erfolgsfaktoren Ihres QM

4.4.2 Systematische Beobachtung und Dokumentation

Allen Bildungsplänen ist gemeinsam, dass sie professionelle Angebote für Kinder gleichsetzen mit effektiv gesteuerter Planung pädagogischer Arbeit. Kinder sollen in bildungspolitisch relevanten Bereichen (kognitiv, sozial-emotional, sprachlich …) gezielt und individuell gefördert werden. Dabei geht es nicht um einen Vergleich zwischen den Kindern und auch nicht um altersspezifische Maßstäbe, die vorgeben, was ein Kind wann zu können hat, sondern um höchstindividuelles Verstehen des einzelnen Kindes in Kontext, Tempo und Phasenverlauf seiner Entwicklung. Das Bildungsverständnis ist ein ganzheitliches, verknüpft Wissensvermittlung, Handlungskompetenz, kommunikative und kreative Fähigkeiten sowie Werteorientierung miteinander.

Die gezielte pädagogische Planung, basierend auf Beobachtungen kindlicher Entwicklungen, ist ein Teil des Qualitätsmanagements und stellt eine besondere Innovation für den Bildungs- und Sozialbereich

Beobachtung und Dokumentation als Teil des QM

dar, für dessen Gelingen die Führungskräfte eine herausragende Verantwortung tragen. Der Prozess braucht Zeit, weil es darum geht, Gewohnheitsmuster zu durchbrechen und sich auf Neues einzulassen.

Er besteht im Wesentlichen daraus, zunächst ein Beobachtungssystem einzuführen sowie im Anschluss ein System, mit dem Beobachtetes verwertbar dokumentiert werden kann. Für beide Phasen kalkulieren Sie circa eineinhalb Jahre ein.

Das Beobachtungssystem

Beschreibung ohne Interpretation

Die Erzieher/innen beschäftigen sich hier mit ihrer eigenen (selektiven) Wahrnehmung und erlangen ein Bewusstsein dafür, wo Interpretationen und Bewertungen aufgrund eigener Werte und Haltungen einfließen. Und sie müssen lernen, von diesen weitestgehend zu abstrahieren. Dazu braucht es viel Übung, und auch gegenseitige Beobachtungen dürfen nicht gescheut werden. Erst danach geht es um so praktische Fragen, wie zum Beispiel: Wann beobachten wir welche Kinder wie mit welchen Beobachtungsbögen, um diese Planungen miteinander zu koordinieren und durch die Standardisierung die fachliche Auseinandersetzung zu erleichtern?

Die Implementierung in den pädagogischen Alltag stellt dann eine wichtige »Feuerprobe« dar. Ein Beobachtungskonzept hält das Vereinbarte verbindlich fest und wird zum Teil der Einrichtungskonzeption.

Das Dokumentationssystem

Kinder einbeziehen

Um die gewonnenen Erkenntnisse für die pädagogische Planung verwenden zu können, bedarf es nun eines Systems, das die Aufzeichnungen wieder auffindbar und aufschlussreich macht, sowie als Grundlage für die Gespräche mit Eltern dienlich ist. Hierzu gibt es eine Reihe von Modellen, wobei zum Beispiel die Arbeit mit Portfolios zugleich ein pädagogisch sehr wertvolles, weil die Kinder einbeziehendes Verfahren darstellt. Hier wird nicht nur »über die Kinder hinweg« dokumentiert, sondern das Bewusstsein auf die eigene Entwicklung gelenkt. Das fördert das Verständnis der Kinder für ihre eigene Entwicklung, ihre Lernfreude und gibt ihnen Hinweise für die Bewältigung zukünftiger Aufgaben.

Portfolios sind Sammelmappen, in denen unter anderem zweidimensionale Abbildungen der Werke und Erfahrungen der Kinder (in Form von Fotos) und, angeregt durch Erzieherfragen, mit deren eigenen Kommentaren versehen und gesammelt werden. Das Verfahren ist interaktiv, bewusstseinsfördernd, aber auch anspruchsvoll für die pädagogischen Fachkräfte. So braucht auch diese Einführung einen längeren Lernprozess im Team, der professionell begleitet sein will. Auch an seinem Ende steht ein Konzept als Bestandteil der Einrichtungskonzeption.

5 Soziales Umfeld und Bildungslandschaft

5.1 Die Sozialfeldanalyse

5.1.1 Organisatorische und pädagogische Berücksichtigung der Lebenssituationen

Sind Ihnen der Bedarf und Anspruch der Familien, die Ihre Einrichtung nutzen, nicht ganz klar, kann eine Analyse der Lebenssituation unter verschiedensten Kriterien hilfreich sein und einen Zugang zu spezifischen Angebotsbedarfen aus Kundensicht liefern. Nehmen Sie die Analyse nach Ihren bisherigen Erfahrungen, aber auch nach Sichtung Ihrer Unterlagen und Statistiken vor. Es geht hierbei um das Erfassen von:

- Wohnsituation (z. B. Miete/Eigentum, Blocks/Reihenhäuser/Villen, mit oder ohne Gärten, Spielstraßen/verkehrsreiche Straßen, aufmerksame/anonyme Nachbarschaft)
- Infrastruktur (z. B. Einkaufsmöglichkeiten, Ärztliche Versorgung, Kulturelle Angebote, Vereinsleben, Verkehrsanschluss)
- Konfessionen
- Nationen (z. B. Internationale Kita, Bi- oder multilinguale Kita, Integrationskita)

- Besondere Kinder (z. B. Integrative Kita, Förderbedarf, Hochbegabungen)
- Professionen (z. B. Betriebs-Kita, spezifische Branchen)
- Mentalität und Freizeitverhalten (z. B. ländlich oder urban, Vereinsleben oder Individualität, Industrie oder Dienstleistungsregion, Tradition oder Innovation)
- Elterninteressen, Hobbys (Sehen Sie Häufungen von Themen, die im Leben der Familien/Kinder eine Rolle spielen?).

Werten Sie aus: Was folgt aus der Analyse für die organisatorische und pädagogische Gestaltung Ihrer Dienstleistungen und Angebote?

5.1.2 Proaktiv statt reaktiv: Trends frühzeitig erkennen

Hier geht es darum, frühzeitig Signale und Trends des Umfelds zu erkennen und in die Vorhaben der nächsten Zeit einzubeziehen. Die wenigsten Entwicklungen treten plötzlich und überraschend ein, sondern kündigen sich durch schwache Signale an, die es in diesem Stadium zu erkennen gilt, um vorbereitet zu sein. Lassen Sie dazu vor jährlich stattfindenden Workshops im Team einen Fragebogen (Anlage 10) ausfüllen und gehen Sie mit den Antworten in die Diskussion und die konzeptionelle Entwicklung geeigneter Maßnahmen.

Vorbereitet sein!

> Die Nennungen auf dem Fragebogen (Anlage 10) sind nicht als objektivierbare, quantifizierbare Angaben zu verstehen, sondern sind rein subjektiv, intuitiv, d. h. auf Beobachtungen und Erfahrungswissen basierend. Wie oft sagen wir im Nachhinein: »Irgendwie hab ich es geahnt!« oder »Mein Gott, warum haben wir nicht früher …!« Dies alles sind Hinweise darauf, dass Sie Ihrem Gespür nicht ausreichend Gehör verschafft haben. Mit dem Fragebogen erreichen Sie, mit Ihrem Team ins Gespräch über Wolken am Horizont zu kommen, bevor das Gewitter auf sie zurollt. Diese Trendanalyse hilft zu überprüfen, wie deutlich das Gefühl ist, und zu entscheiden, ob Sie Anpassungen brauchen und welche Stellen Sie in die Diskussion einbeziehen sollten.

5.2 Öffentlichkeitsarbeit und (Re)Präsentation

Die Notwendigkeit für Kindertageseinrichtungen, sich auf dem Markt zu behaupten, ist im Zuge der größeren Wahlmöglichkeiten für Familien stark gestiegen. Eltern sind heute mobil und nehmen für eine gute Kinderbetreuung auch weitere Wege in Kauf. Gutscheinsysteme befördern diese Situation noch. Vor allem für die Betreuung der Drei- bis Sechsjährigen sind Konkurrenz und konzeptionelle Vielfalt groß. So gehört auch die Platzierung der Kita auf dem regionalen Bildungs- und Betreuungsmarkt zu einer der Leitungsaufgaben. Umfangreiche Faktoren und Konzepte der Öffentlichkeitsarbeit finden Sie bei Petra Stamer-Brandt (2010). Hier nur ein kleiner Exkurs zum Thema.

5.2.1 Wo fängt Öffentlichkeit an?

Auch Team, Träger, Lieferanten und Handwerker sind Öffentlichkeit

Öffentlichkeit beginnt nicht erst vor der Einrichtungstür, sondern bedeutet in erster Linie, mit den Menschen im Hause »kundenorientiert« zu arbeiten. So erzielen Sie bereits mit Ihrem Führungsstil eine Außenwirkung, weil Eltern dies beobachten, weil Sie Vorbild für die Erzieher/innen für deren Umgang mit Familien sind und Ihre Mitarbeiter/innen von der Atmosphäre in Ihrem Haus in ihrem Freundeskreis oder bei späteren Arbeitgebern erzählen.

Auch Träger oder Dienstleister werden gerne als Öffentlichkeit übersehen: Da wird an den Stammtischen Ihrer Bauhofmitarbeiter oder in den Sportvereinen Ihrer Spielzeugvertreter über Ihre Einrichtung geredet, die Eindrücke werden weitergegeben und die Zusammenarbeit mit Ihnen empfohlen – oder eben auch nicht. Geben Sie auch diesen Partnern Ihren Einrichtungs-Folder (siehe 5.2.2) mit ein paar netten Worten in die Hand. Sie alle sind Multiplikatoren und werden als solche womöglich von anderen um ihre Einschätzung gebeten.

5.2.2 Faktoren wirkungsvoller Öffentlichkeitsarbeit

Wir sind heute auf schnelles Auffassen der wesentlichen Qualitätsmerkmale gepolt und es gewöhnt, dass ein Dienstleister uns die wichtigsten Informationen gut verdaulich darbietet. Die Empfehlung lautet daher, sich auf einen prägnanten Folder mit einem griffigen Slogan zu begrenzen. Die Konzeption ist dann das Gesamtwerk, das nur auf Nachfrage ausgehändigt wird – eventuell auch gegen Bezahlung, denn diese Ausführung ist sehr viel umfangreicher, in der Regel professionell layoutet und gedruckt.

Der Folder
Leitbild und Profil Ihrer Einrichtung, in einem Folder dargestellt, sollten ausreichen, um der Öffentlichkeit einen schnellen Blick auf das wirklich Wichtige Ihrer pädagogischen Arbeit zu gewähren, ohne ins Detail einsteigen zu müssen. Der Folder enthält Ihr Leitbild, das übersichtlich und mittig angeordnet eine Seite nicht übersteigen sollte. Ihr Profilthema mit Begründung und konkreten Ausgestaltungen aufzuzeigen sowie ins Verhältnis zu allen anderen Förderbereichen zu setzen erfordert zwei weitere Seiten. So haben Sie einschließlich Deckblatt mit den Kontaktdaten, Slogan und Logo auf knappen vier Seiten das wirklich Wesentliche Ihrer Kita-Arbeit dargestellt: Ihren pädagogischen Ansatz und Ihre Angebotsschwerpunkte. Das ist es, was Eltern als erstes wissen möchten! Und das ist es auch, was für sie prägnant und verständlich ist.

Präsentieren Sie Ihren Folder erstmals feierlich in einem zu Ihrem Ansatz und Ihren Schwerpunkten passenden Ritual und laden Sie neben Trägervertretern und Eltern themenspezifisch weitere Gäste und Netzwerkpartner ein. Schreiben Sie über Ihren Träger eine fundierte, aber nicht zu ausführliche Pressemitteilung. Auf allem, was schriftlich rausgeht, muss das Profil deutlich werden – Slogan und Logo müssen enthalten sein.

Der Slogan / Das Motto
Der Slogan dient dazu, die Aufmerksamkeit auf das Angebot zu ziehen und neugierig zu machen. Er hat einen hohen Wiedererkennungswert und das Ziel, das »Hervorragende« Ihrer Kita auf einen Blick deutlich zu machen. Der Slogan oder das Motto dürfen deswegen nicht länger sein als eine paar Worte. Slogan oder Motto können

▶ den pädagogischen Ansatz, das Leitbild Ihrer Einrichtung betreffen – zum Beispiel: »Hilfe zur Selbsthilfe« (Montessori), »Soviel Hilfe wie nötig, soviel Selbstständigkeit wie möglich« (Pflegemodell nach

Monika Krohwinkel) oder »Die tausend Sprachen des Kindes« (Malaguzzi, Reggio Emilia)
- auf die Zielgruppe abstellen – zum Beispiel: »Männer sind so!« (FHM)
- das Gefühl transportieren – zum Beispiel: »Zu Gast bei Freunden« (WM 2007)
- witzig formuliert sein – zum Beispiel: »Geld macht glücklich« (Hamburger Spendenparlament), bewährt klingen – zum Beispiel: »Den Kindern zum Segen, den Müttern zur Freude« (Aurora Kindergries) oder modern anmuten – zum Beispiel: »Kleine ganz groß« (Hamburger Kitas).

> Die Wirkung eines Slogans – am besten noch in Verbindung mit einem passenden Logo – ist nicht nur auf die Öffentlichkeit ausgerichtet, sondern spiegelt auch die Haltung der in der betreffenden Organisation Arbeitenden. So wird in Montessori-Einrichtungen das Motto »Hilfe zur Selbsthilfe« in vielen Situationen handlungsleitend sein und eine innere Ausrichtung erleichtern.

5.2.3 Die Präsentation der Konzeption

Sie werden immer wieder in die Situation kommen, gegenüber verschiedensten Zielgruppen Ihr Profil in der nötigen Ausführlichkeit bei bestmöglicher Knappheit erklären zu müssen. Inhaltlich ist Ihnen klar, weshalb überhaupt ein Profil, gerade dieses Profil, und mit welchen Auswirkungen auf den Alltag Ihrer Kita besteht. Das »Was« Sie vermitteln möchten steht also fest. Fragt sich nur: »Wie«? Und dieses »Wie« ist immer die Frage nach der Kommunikation: Wie bringe ich es rüber – mündlich wie schriftlich –, damit die Botschaft nicht überfordert, verwirrt, langweilt oder ich mich dabei verzettele?

Einfachheit versus Kompliziertheit

Bitte sprechen Sie normale Umgangssprache und kein pädagogisches Kauderwelsch! Stellen Sie sich in Ihrer Sprache professionell auf Ihre Zielgruppe ein: Reden Sie statt von »Motorischer Förderung« besser von Bewegungsförderung, statt von »Dokumentation« von »Aufzeichnungen«, statt von Evaluation lieber von »Auswertung« oder »Überprüfung«

> **Die vier Verständlichmacher**
> (Nach Schultz von Thun & Tausch 2011)
>
> **1. Einfachheit**
> – kurze, verständliche Wörter
> – verständliches Deutsch
> – keine Fremd-/Fachwörter
> ▶ **nicht überfordern**
>
> **2. Gliederung / Ordnung**
> – den roten Faden behalten
> – Argumente gewichten
> – Vorbereitung
> ▶ **nicht verwirren**
>
> **3. Kürze / Prägnanz**
> – knappe Darstellung
> – nur Wesentliches, keine Nebensächlichkeiten (Profil!)
> – zielorientiert
> ▶ **nicht in Einzelheiten verlieren**
>
> **4. Zusätzliche Stimulanz**
> – auch Persönliches
> – Humor / Beispiele
> – viele Nutzenargumente
> – Bilder, Farben
> ▶ **nicht langweilen**

und erklären Sie notwendige Fachbegriffe. Ihre Professionalität drücken Sie durch Ihr Handeln und Ihre kundenorientierte Ausdrucksweise aus, nicht durch Fremdworte! Sprechen Sie in kurzen präzisen Formulierungen mit nur wenigen Nebensätzen!

Gliedern Sie Ihre Texte, schaffen Sie in Folder und Konzeption eine klare Struktur! Arbeiten Sie mit Nummerierungen oder Spiegelstrichen, aber auch mit einer inneren Logik des Text- und Kapitelaufbaus. Vor allem gewichten Sie: Was ist besonders wichtig (= Ihr Profil!), was steht sozusagen auf der Kita-Bühne im Vordergrund, was im Hintergrund? Machen Sie sich Ihre Gliederung im Vorfeld bewusst und halten Sie sie konsequent durch.

Ordnung versus Unübersichtlichkeit

Natürlich sollten Sie mehr sagen als bei einer SMS, denn Sie würden sonst wenig motiviert und lebendig rüberkommen. Jedoch sollten Sie Weitschweifigkeit vermeiden, um sich nicht zu verzetteln. Thematisieren Sie nur das Wesentliche, ufern Sie nicht aus – es geht sowohl bei der Arbeit am Profil, als auch in dessen Beschreibung nicht um Vollständigkeit! Zeigen Sie schon durch Ihre Sprache, dass Sie sich auf das Wesentliche konzentrieren möchten und das auch können. Verzichten Sie nicht nur auf Nebensächlichkeiten, sondern auch auf Selbstverständ-

Kürze / Prägnanz versus Weitschweifigkeit

Zusätzliche Stimulanz versus Langeweile

lichkeiten! Dass zum Beispiel jedes Kind sich wohl fühlen oder lebenspraktische Fertigkeiten erlernen soll ist selbstverständlich.

Das Lesen oder Zuhören soll nicht nur Inhalte vermitteln, es soll auch Spaß machen. Dafür müssen die Beiträge interessant, lebendig und anregend gestaltet sein. Arbeiten Sie mit Namen und Fotos! Sprechen Sie Ihre Leser/innen bzw. Zuhörer/innen direkt an und verkneifen Sie sich den Fokus auf Ihre eigenen Erwartungen an dieser Stelle. Das hat bei der Präsentation Ihres Einrichtungs-Profils keinen Platz und wirkt eher streng und moralisierend als vermittelnd oder gar stimulierend. Gebrauchen Sie ruhig Metaphern, aber vermeiden Sie abgegriffene wie »Jedes Kind ist ein zartes Pflänzchen, das gehegt werden will«. Zeigen Sie Humor, aber auch hier gilt: Erwachsenenhumor, keinen Kinderhumor! Denn Sie als Erwachsene sprechen Erwachsene an. Setzen Sie grafische Darstellungen ein, die Worte veranschaulichen, und verbinden Sie Sachinformationen mit persönlichen Aussagen und Erfahrungen.

> Wesentlich bei der Vermittlung von Inhalten ist immer, sich klarzumachen, welche Botschaften zwischen den Zeilen – oftmals ganz ungewollt – transportiert werden: Seien Sie nicht belehrend und behandeln Sie Ihr Gegenüber nicht, als wäre es pädagogisch uninformiert. Stellen Sie nicht sich selbst in den Vordergrund nach dem Motto »Schaut her, was wir alles tun!«, sondern die Kinder und Eltern, denn denen soll Ihre Arbeit in erster Linie dienen.

5.2.4 Öffentlichkeitswirksame Konzepte

Die Öffentlichkeit durch guten Service gezielt bedienen

Die beste Öffentlichkeitsarbeit ist natürlich Ihre gute Arbeit, die sich herumspricht. Und es gibt auch Konzepte, die ausgesprochen die Öffentlichkeit und deren Anliegen bedienen – zum Beispiel die »Kitathek«. Alles beginnt mit der Installation einer Infothek, mancherorts Kitathek genannt, gegenüber der Eingangstür. Sie ist vormittags während der Kernzeit mit einer pädagogischen Fachkraft besetzt, die bereits einige Jahre in der Kita gearbeitet hat und dadurch die Abläufe und alle Personen gut kennt. Diese Mitarbeiter/innen haben die Eingangstür im Blick und sind damit erste Anlaufstelle für alle Besucher (Eltern, Trägervertreter, Personal, Handwerker, Vertreter …). Sie können Auskünfte geben, Informationen entgegennehmen und bearbeiten. Diese Erzieher/innen bedienen das Telefon, führen Buch über Dienstgänge, erledigen kleinere Verwaltungsaufgaben, beziehen einzelne Kinder – soweit möglich und sinnvoll – mit ein.

Die Erprobung der Kitathek sollte über ein Pilotprojekt stattfinden und lohnt sich in Einrichtungen ab drei Gruppen. Die genaue Stundenzahl des Einsatzes ist zu klären. Eine Umsetzung erfolgt über eine Umstrukturierung von Aufgaben, d. h. bei Wechsel einer Erzieherin in die Kitathek werden die verbleibenden Aufgaben vom Restteam getragen. Je offener das bisherige Kita-Konzept (d. h., je weniger in festen Gruppen-Strukturen gearbeitet wird), desto einfacher wird das neue Konzept umzusetzen sein.

Die Kitathek schlägt mehrere Fliegen mit einer Klappe

Eine Vertretungsregelung ist mit zu entwickeln. Die räumliche Umsetzung ist kurzfristig machbar, sie erfordert lediglich eine Theke (evtl. aus bestehendem Mobiliar) mit Stuhl, Telefon, Büromaterial. Circa drei bis sechs Monate sollte den Kitas gegeben werden, um die Umstrukturierung solide planen zu können.

Der Nutzen der Kitathek
- Die Kita als Dienstleistungsbetrieb wird aufgewertet. Familien, aber auch Handwerker, Lieferanten etc. erwartet eine Anlaufstelle, die Information und Orientierung erleichtert.
- Erfahrene Erzieher/innen erhalten eine wichtige Aufgabe jenseits der Gruppenarbeit, die ihre Feldkompetenz und Bindung an die Einrichtung sinnstiftend nutzt.
- Leitungskräfte werden im Bereich Organisation und Verwaltung entlastet und können sich mehr den strategisch-konzeptionellen Aufgaben widmen und/oder anderen Kitas spezielle Fachkenntnisse vermitteln (siehe 4.1.3) bzw. dem Träger als verantwortlicher Ansprechpartner für ein Thema zur Verfügung stehen.
- Gruppenerzieher/innen werden entlastet, indem jemand den Eingangsbereich im Blick hat, das Telefon bedient, Informationen kanalisiert und Besuche koordiniert.
- Trägervertreter haben eine sichere Anlaufstelle in der Kita.
- Kinder können die Einrichtung nicht mehr ungesehen verlassen, sodass die Eingangstür unverschlossen bleiben kann (»Haus der offenen Tür«).

5.3 Netzwerkarbeit als Qualitätskriterium

Systemisches Denken und Netzwerkarbeit

Auf die Kooperation in Netzwerken zu setzen ist eine Konsequenz des »Systemischen Denkens«, das in die Bildungspläne Einzug gehalten hat und einen Paradigmenwechsel gegenüber rein institutionellem Denken darstellt. Die theoretischen Überlegungen zum Funktionieren von Netzwerken orientieren sich dabei an Organismen, an lebenden Systemen. In der Biologie sind Wechselbeziehungen und Rückkoppelungen zwischen einzelnen Zellen und Elementen deutlich zu beobachten, sie zu berücksichtigen macht einen wesentlichen Überlebensfaktor aus. Auch können biologische und ökologische Systeme im Gegensatz zu technischen Systemen eine Eigendynamik entwickeln, die sie aktiv aufrechterhalten.

Die Kooperation in Bildungsnetzwerken passiert traditionell zum Teil »automatisch« (z. B. zwischen konfessionellem Träger und Kommunalverwaltung), aufgrund von Gesetzen (z. B. Schulärztliche Untersuchung), bei besonderen Angeboten (z. B. Sprachförderkurse) oder im Rahmen bestimmter Einzelaktionen (z. B. Feuerwehrbesuch). Durch die Bildungspläne ist zudem das Bewusstsein dafür entstanden, dass es jenseits aktueller Anlässe und Themen sinnvoll ist, ein gemeinsames Lernverständnis zu schaffen, um den Familien im gemeinsamen Umfeld mit gleichen oder ähnlichen pädagogischen Prinzipien und sich ergänzenden Dienstleistungen zu begegnen. Auch auf Gefährdungen von Kindern und Familien können Netzwerke schneller, flexibler und kongruenter reagieren.

Netzwerke sind immer dynamisch

Im Bildungsbereich sind immer viele Interessen- und Gefühlslagen und dadurch eine hohe Dynamik im Spiel. Das bedeutet, Beziehungsnetze ebenso im Blick zu haben wie deren unterschiedliche Perspektiven und Interessen, die zeitliche Dynamik im Phasenverlauf sowie das Kraftfeld, das Wirkungs- und Einflussgefüge zwischen den Akteuren wahrzunehmen und zu definieren, wo sich die Systemgrenzen befinden. Das System ist immer mehr als die Summe seiner Teile, führt sozusagen ein Eigenleben, und Änderungen an einer Stelle haben immer Einfluss auf die anderen Bereiche.

5.3.1 Die verschiedenen Arten von Netzwerken

➲ Zunächst geht es darum, sich zu fragen, welche Qualität Ihr Netzwerk zukünftig auszeichnen soll: Geht es um ein kurzfristiges, flexibles Agieren, weil Sie zum Beispiel für die Familien im Stadtteil ein gemeinsames Sommerfest auf die Beine stellen wollen? Oder geht es Ihnen um eine kurzfristige und stabile Dienstleistung, etwa ein Pilotprojekt zu einer veränderten Übergangsgestaltung zwischen Schule und Kitas im Stadtteil? Möchten Sie stabile und langfristige Angebote für Familien etablieren, auf die alle einen Anspruch haben sollen, wie den Aufbau eines Familienzentrums in Kooperation mit anderen Sozialdienstleistern? Oder aber haben Sie vor, langfristige flexible Aktionen mit den Kooperationspartnern aufzubauen, zum Beispiel ein Programm für alle Generationen mit langfristigen Entwicklungszielen? Je nach Zielvorstellung sind unterschiedliche Lern-, Kooperations- und Abstimmungsprozesse sinnvoll. Klären Sie zu Beginn mit allen Beteiligten, um welche Art Netzwerk es geht, und dann daraus folgend, worauf es hierbei arbeitstechnisch ankommt:

kurzfristig

Vorbereitungs- und Abstimmungsprozesse Minimalistische gemeinsame Projekte	Wissensaufbau Große gemeinsame Projekte
Flexibilität	**Stabilität**
Neue Lernprozesse und Lernformen Stand-by-Themen auf Abruf	Qualitätsstandards Ressourcensicherung Steuerungsprozesse

langfristig

Nicht Entweder-oder, sondern vielleicht Verschiedenes nacheinander?

Hierbei muss es gar nicht um Entweder-oder gehen, sondern es kann auch sinnvoll sein, zunächst durch kleinere Projekte für kurzfristige Erfolge zu sorgen, um die Netzwerkbeteiligten zur Weiterarbeit zu motivieren – mit dem Ziel, dann längerfristige Kooperationen mit allen Qualitätsansprüchen zu verfolgen. Diese Perspektive nicht aus den Augen zu verlieren braucht eine gute Steuerung!

5.3.2 Das institutionelle Bildungs-Netzwerk

Durch ein Netzwerk aus Hilfeeinrichtungen und -angeboten können die Lebensbedingungen für Familien im Stadtteil entscheidend verbessert werden – hohe fachliche Qualität und große Kooperationsbereitschaft aller beteiligten Stellen und Personen vorausgesetzt. Angestrebt werden dabei strukturelle, konzeptionelle, organisatorische und personelle Konsequenzen hinsichtlich der Zeiten und der Ausgestaltung der Angebote, der Kooperationen und der Öffentlichkeitsarbeit im Rahmen von Veranstaltungen etc.

Ziel ist immer die ständige Verbesserung von Bildung und Betreuung

Oberstes Qualitätsmerkmal hierfür ist die ständige Orientierung am Ziel einer spezifischen und grundsätzlichen Verbesserung der Lebens- und Lernsituation für Kinder und Eltern, ist die Bürgernähe, die Stärkung der Eigenkräfte durch intensive Beteiligung sowie Kreativität und Innovationsfreude.

> Legen Sie fest, wer für Ihr Anliegen die geeigneten Netzwerkpartner sind: Sie brauchen Personen / Institutionen mit Einfluss im System – aber genauso wichtig sind Ihr Vertrauen und die Erfahrung oder Erwartung gegenseitiger Unterstützung. Die Anlage 7 hilft Ihnen bei der Ermittlung.

5.3.3 Was macht Netzwerke erfolgreich?

Die Qualität der Steuerung von Netzwerken hängt zunächst von einem verinnerlichten systemischen Denken und Handeln ab. Dabei spielen die Informationskreisläufe eine wesentliche Rolle. Die Steuerung oder Koordination findet im Bildungsbereich häufig seitens des Jugendamts oder anderer übergeordneter Institutionen statt, wobei dann dort die

Impulse und Initiativen angesiedelt sind (= Sinnstiftung oder Organisation von innen nach außen). Oder aber die Vertreter/innen der einzelnen teilnehmenden Organisationen bestimmen aus ihren Reihen einen Koordinator (Organisation von außen nach innen). Ein wesentlicher Konflikt bei dieser Art von Vernetzung ist der zwischen Wollen und Können, denn hierarchische Unterstützung und Priorisierung gegenüber Alltagsaufgaben fehlen.

Die Aufgaben der Steuerung
▶ Eine passende Netzwerkstruktur schaffen
▶ Die Entwicklungsstufen (aufbauend) begleiten
  – Informationsaustausch als Basis: Zeit investieren, kommunizieren, Kontaktpflege, Vertrauensaufbau
  – Wissenstausch durch den Austausch von implizitem und explizitem Wissen
  – Koordination durch das Wissen in Planung und Ressourceneinsatz der anderen
  – Strategische Allianz durch Synergien aufgrund gemeinsamer Planung und Ressourceneinsatz in Teilbereichen
  – Ko-Konstruktion in Planung und Durchführung gemeinsamer Projekte aufgrund abgestimmter Strategien und Zusammenlegung von Ressourcen
▶ Verbindlichkeit herstellen (Kontakt zum »Entscheidersystem«)
▶ Öffentlichkeitsarbeit.

Im Bildungsbereich darf nicht übersehen werden, dass im Netzwerk immer unterschiedliche Kulturen aufeinander treffen, die sich in Sprache, Wertvorstellungen und Strategien deutlich unterscheiden können.

5.3.4 Die Analyse des Netzwerks: Kraftfeldanalyse

Der Begriff »Kraftfeld« geht zurück auf Kurt Lewin, den Begründer der modernen Sozialpsychologie. Es handelt sich dabei nicht um eine geheimnisvolle Aura, die die Beteiligten umgibt, sondern ganz konkret um die Kräfte, die auf jeden einzelnen in jedem Moment in diesem Kontext einwirken. Diese führen zu Abstoßung oder Anziehung, zu Flucht oder Angriff. Machtmittel können Hierarchie und Status sein, aber auch Persönlichkeit, soziale Kompetenz und das eigene soziale Netz.

Förderliche und hemmende Faktoren Ihres Netzwerks

Dass die positiven und negativen Kräfteverhältnisse dabei immer gleichmäßig ausbalanciert sind, ist sehr unwahrscheinlich und bis ins Detail sicher auch nicht steuerbar. Aber die besonders hemmenden oder fördernden Faktoren kann man zu erkunden versuchen und damit gewinnbringend arbeiten. Dabei geht es darum, herauszufinden,

- mit wie viel Macht und Einfluss jede Person und jede Organisation im Netzwerk ausgestattet ist
- mit wie viel Kraft die eher Ablehnenden und Zurückhaltenden an ihrer Position festhalten werden
- unter welchen Bedingungen ein Beteiligter eine positive oder negative Wirkung auf die Zusammenarbeit haben wird
- wo die Meinungsführer sind.

> Nehmen Sie in der (Mit)Verantwortung für die Entwicklung des Netzwerks von Zeit zu Zeit eine solche Kraftfeldanalyse vor. Denn schon bei mittelgroßen Projekten erreichen die Kräfte zwischen den Hauptakteuren eine Komplexität, die sich mental ohne Hilfsmittel nicht mehr erfassen lässt. Wählen Sie gut aus, wen Sie an der Analyse beteiligen. Am sinnvollsten ist die Beteiligung aller Betroffenen, damit die Analyse neben der Bewusstwerdung für alle zugleich eine Bearbeitung ermöglicht:
>
> - Sie benötigen circa 2 Stunden an Zeit, das Arbeitsblatt Kraftfeldanalyse (Anlage 4) und ein Flipchart.
> - Lassen Sie als Moderator/in zunächst auf Karten festhalten, welches Thema bezogen auf das Kraftfeld interessiert (Gemeinsame Elternarbeit? Gemeinsame Umbaupläne?). Zu den Unterthemen bilden Sie Gruppen aus zwei bis vier Personen und teilen das Formular »Kraftfeldanalyse« aus (Erläutern!).
> - Anschließend werden die erarbeiteten Strategien präsentiert.
> - Treffen Sie Vereinbarungen im Hinblick auf die Umsetzung: Wer macht was bis wann?

- Haben wir eine gemeinsame Vision vom Ergebnis unserer Zusammenarbeit?
- Haben wir die Familien und ihre Bedürfnisse ausreichend im Blick?
- Sind bei uns die richtigen Partner zusammen (Einfluss und Vertrauen gegeben)?
- Auf welcher Entwicklungsstufe steht unsere Kooperation (zwischen Information und Ko-Konstruktion)?
- Wird eine allseitige Bereitschaft von Geben und Nehmen deutlich?
- Kommunizieren wir dialogisch und verhandlungsorientiert, auch bei strittigen Themen?
- Werden Vereinbarungen eingehalten?
- Wie ist die Akzeptanz der Netzwerkarbeit bei den Entscheidern und der Öffentlichkeit?
- Welche Handlungsbedarfe ergeben sich aus den Reflexionen?

5.4 Verhandlungen mit Träger und Sponsoren effektiv führen

5.4.1 Erfolgreiches Verhandeln nach dem Harvard-Konzept

Jede Verhandlung ist anders, doch die Grundelemente ändern sich nicht, wenn es darum geht, einen Konsens zu erzielen. Das Harvard-Konzept (Fisher & Ury 2004) ist in allen Fällen die Methode, die mit höchster Wahrscheinlichkeit den konstruktiven Gesprächsabschluss ermöglicht – unabhängig davon, ob es nur eine Streitfrage gibt oder mehrere, ob zwei Parteien mitspielen oder viele, ob dabei ein vorgeschriebenes Ritual existiert, ob die Gegenseite erfahrener ist oder nicht, ob sie hart verhandelt oder eher zuvorkommend. Auch spielt es keine Rolle, ob Tarifparteien nächtelange Verhandlungen führen oder Sie mit einem Kind ums Aufräumen feilschen: Die Prinzipien haben überall die gleiche (psycho)logische Berechtigung.

Die Prinzipien des Harvard-Konzepts

1. **Menschen und Sachthemen getrennt voneinander behandeln:** Die »Gegenseite« besteht nicht aus abstrakten Repräsentanten, sondern aus Menschen, die wie wir von Gefühlen und tief verwurzelten Werten geleitet werden. Diese Tatsache kann nützen oder auch stören. Sie kann nützen, weil das Bedürfnis nach Wertschätzung den Interessen des Verhandlungspartners gegenüber aufgeschlossener macht und Vertrauen und Verbundenheit positive Ergebnisse fördern. Sie kann stören, wenn Ärger, Niedergeschlagenheit oder Frustration des Verhandlungspartners ihn zu Fehlinterpretationen oder Verzerrung von Situationen bringen.

   Sach- und Beziehungsebene trennen

   Ein Risiko in der Verhandlungsführung besteht darin, persönliche Beziehungen mit sachlichen Auseinandersetzungen zu vermischen. Wir alle kennen zum Beispiel bei scheinbar sachlichen Diskussionen das Gefühl, es gehe »eigentlich« um etwas ganz anderes. Bei Verhandlungen führt dies zu einem Feilschen um Positionen, das sich dadurch auszeichnet, dass sachliche Interessen und Beziehungsklärung gegeneinander ausgespielt werden. Besser ist es, sich unmittelbar um das »Problem Mensch« zu kümmern, als es durch Zugeständnisse oder Starrheit in der Sache zu lösen.

   Versetzen Sie sich in die Lage des anderen oder – wie eine indianische Weisheit sagt: Verhandeln Sie erst mit jemandem, nachdem Sie mindestens 24 Stunden in seinen Mokassins gelaufen sind. Sprechen Sie die unterschiedlichen Vorstellungen ausdrücklich und ohne Bewertung aus und stellen Sie damit die notwendige Ernsthaftigkeit dar. Achten Sie darauf, dass die »Gegenseite« genauso wie Sie ihr Gesicht nicht verlieren möchte und stimmen Sie hierzu Ihre Vorschläge auf das Wertesystem des anderen ab.

2. **Auf Interessen konzentrieren, nicht auf Positionen:** Die Positionen stellen den bewussten und meist recht klar artikulierten Teil der Diskussionen dar, während die dahinter liegenden Interessen wie Sorgen oder Wünsche häufig unbewusst sind. Wir hören die Forderung der »Gegenseite« (z. B. Arbeitszeitänderung, Etatkürzung) und beziehen uns darauf, indem wir unsere Weigerung oder Forderung entgegensetzen. Die dahinter liegenden Interessen bleiben häufig nichtthematisierter oder sogar unbewusster Einflussfaktor.

Schon in der Vorbereitung auf Verhandlungen ist es wichtig, sich über mögliche, auch im Hintergrund verborgene Interessen des anderen klar zu werden. Denn genau in diesem Bereich kann ich entsprechende Angebote machen und so den anderen für ein Eingehen auf meine Interessen bewegen.

Auf die Interessen kommt es an!

3. **Optionen zum beiderseitigen Vorteil erweitern:** Häufig wird bei Verhandlungen der Blick auf die im Raum stehenden, meist sehr unterschiedlichen Forderungen verengt. Da gestehen Arbeitgeberverbände eine Lohnerhöhung um 1,5 Prozent zu, während Gewerkschaftsvertreter 5 Prozent fordern. Beteiligte wie Außenstehende gehen davon aus, dass man sich irgendwo in der Mitte treffen wird. Verhandeln nach dem Harvard-Konzept bedeutet, den Kuchen vor dem Teilen zu vergrößern. So werden – um im Beispiel zu bleiben – die gleichzeitige Verkürzung der Arbeitszeit, Sozialleistungen oder Verpflegungspauschalen in die Waagschale geworfen, um Zugeständnisse für die Gegenseite leichter zu machen.

Die Erweiterung der Verhandlungsmasse erfordert Einfallsreichtum und Pfiffigkeit. Beides engen wir durch vorschnelles Urteilen und Festlegen auf die »eine richtige« Lösung ein. Als Methode bietet sich hier das klassische Brainstorming an, bei dem Quantität vor Qualität geht, »Spinnen« ausdrücklich erlaubt ist und eine Bewertung der Ideen erst im Anschluss stattfindet.

Den Kuchen vergrößern

Gehen Sie bei einem formulierten Vorschlag zurück auf zugrunde liegende Annahmen und bauen Sie hierauf weitere Ideen auf. Eine weitere Methode zum Entwickeln mehrerer Optionen besteht darin, das Problem aus der Perspektive verschiedener Experten und Deutungsschemata zu sehen. So können Sie zum Beispiel das Problem Arbeitszeit von der Warte einer Mutter, einer Arbeitnehmerin, eines Rechtsanwalts, der Schulen, der Wirtschaft, eines Psychiaters, einer Feministin, eines Arztes etc. sehen.

4. **Auf der Anwendung neutraler Beurteilungskriterien bestehen:** Dieser Grundsatz will Sie davor bewahren, Verhandlungen aufgrund von Drohungen, Druck oder einfach Übereifer des Verhandlungspartners abzuschließen, anstatt auf der Basis von allgemeingültigen Prinzipen wie Marktwert, Wiederbeschaffungskosten, Mietspiegel,

Verkehrswert, Tarife, Konkurrenzangebote etc. zu handeln. Versuchen Sie sich sachlich mit Ihrem Verhandlungspartner auf solche neutrale Beurteilungskriterien zu einigen.

Neutralität reinbringen

Diese Kriterien können sowohl den Inhalt als auch das Verfahren betreffen. Beispielhaft ist die uralte Methode, ein Stück Kuchen zwischen zwei Kindern aufzuteilen: Das eine Kind zerschneidet den Kuchen, das andere darf dann das Stück auswählen. Keines kann sich später über ungerechte Teilung beklagen. Eine Variante dieses Vorgehens besteht darin, dass die Parteien zuerst darüber verhandeln, was sie jeweils für ein faires Arrangement halten, ehe sie sich für spezifische Rollen entschieden haben.

Machen Sie sich innerlich unabhängig!

Zu ergänzen ist eine weitere über allen vier Grundsätzen stehende Empfehlung. Fragen Sie sich: Was ist meine beste Alternative? Was ist das Bestmögliche, was Sie tun können, sollte die Verhandlung scheitern? Sich das im Vorfeld zu überlegen macht innerlich unabhängiger und damit gelassener!

> Je wichtiger Ihnen das Verhandlungsthema ist, umso wichtiger ist auch die Vorbereitung. Benutzen Sie hierfür das Vorbereitungsblatt (Anlage 8). Es beinhaltet neben den genannten Punkten die Frage nach Ihren Angeboten, denn gute Argumente sind immer Nutzenargumente: Was nützt es dem anderen, sich einzulassen? Machen Sie Angebote! Achten Sie darauf, dass Sie nicht aus der Forder- oder Bittstellerrolle, sondern aus der Anbieterrolle agieren.
>
> Hierzu noch eine wichtige verhandlungsstrategische Empfehlung: Wenn Menschen sich schwer auf etwas einlassen können, stecken oft allzu menschliche »Schweinehunde« dahinter, die da heißen können: Feigheit, Faulheit oder Eitelkeit. Fragen Sie sich, was es bei Ihrem Gesprächspartner der Fall sein könnte. Sieht er vor seinem geistigen Auge Arbeit auf sich zukommen, so machen Sie ihm ein Angebot, das ihm Arbeit abnimmt! Glaubt er etwas Beschämendes und nur im Verborgenen Wirkendes vor sich zu sehen, bieten Sie ihm die Chance von Selbstpräsentation und Anerkennung! Sieht er

> Ärger oder Probleme auf sich zukommen, argumentieren Sie mit Möglichkeiten der Abfederung von Risiken!

Verlieren Sie während des Gesprächs den Grundsatz 1 des Harvard-Konzepts nicht aus dem Blick: Sind Sie im Konflikt mit dem Gesprächspartner oder gibt es einen Grund für Ärger, so vermischen Sie nicht die Bearbeitung des Sachthemas anhand Ihres Vorbereitungsbogens mit der Konfliktbearbeitung. Trennen Sie beides voneinander, zum Beispiel durch den abschließenden Satz: »Ich freue mich, dass wir eine gute Lösung finden konnten. Was mich geärgert hat war allerdings … Das wollte ich doch abschließend noch loswerden.«

5.4.2 Erstes Beispiel: Den Sponsor gewinnen

Stellen Sie sich vor, Sie sind dabei, Ihr Bewegungskonzept (»Die Kita in Bewegung«) noch konsequenter umzusetzen. Sie beabsichtigen dazu, mit dem ortsansässigen Sporthandel über eine Spende für neue Sportgeräte zu verhandeln. Ihre Vorbereitung sieht wie folgt aus:

Durch die Reflexion im Vorfeld sind Sie auf einen entscheiden Punkt gestoßen: Der Sporthändler möchte nicht nur zahlen, sondern Sie auch beraten! Sie werden daraufhin nicht mit einem fertigen Konzept und einer Liste an gewünschten Geräten in Ihr Gespräch gehen, sondern nur Ihre Idee vermitteln und um Beratung und Unterstützung bitten. Womöglich müssen Sie die mögliche Spende dann noch nicht einmal selbst ins Feld führen, sondern der Händler wird nach einem für ihn positiven Gespräch, in dem seine Fachkompetenz von Ihnen wertgeschätzt wird, selbst diese Idee vorschlagen. Bringen Sie dann Ihre Angebote vor, die Sie sich bereitgelegt hatten. Auf diese Weise haben Sie sehr geschickt die Bittstellerrolle vermieden und der Fachkompetenz wie Persönlichkeit Ihres Verhandlungspartners Achtung erwiesen. Beachten Sie: Kommunizieren Sie immer so, dass der Partner mit einem Ja reagieren kann. Auf die Bitte nach Beratung wird der Sporthändler wohl genauso eingehen, denn das ist sein alltäglicher Job.

Das Harvard-Konzept stellt grundsätzlich keine Garantie dar, aber es erhöht die Wahrscheinlichkeit einer guten Einigung gewaltig. Nutzen Sie die Chance!

Fragen Sie so, dass Sie ein inneres Ja erzeugen

Vorbereitung auf eine Verhandlung nach dem Harvard-Konzept
(Beispiel: Social Sponsoring bei einem Sportladen)

Meine Interessen (Meine Wünsche, Bedürfnisse, Sorgen, Hoffnungen, Ängste …)	Interessen der Gegenseite (Wofür sich der andere meiner Meinung nach wirklich interessiert: Wünsche, Hoffnungen, Sorgen, Ängste …)	Optionen (Mögliche Übereinkünfte)	Neutrale Kriterien (die davon überzeugen könnten, dass ein vorgeschlagenes Abkommen fair ist)
Wunsch nach Finanzierung unserer Umgestaltung des Bewegungsbereichs	Wunsch nach Image als soziale Firma	1. ………………………	Kosten und Wartungskosten
Wunsch nach Erfolg mit unserem neuen Bewegungsprofil	Wunsch, als Fachmann gesehen zu werden (nicht nur zahlen!)	2. ……………………… 3. ………………………	Werbungskosten für ähnlichen Effekt
Wunsch nach Anerkennung von Eltern und Kolleginnen	Sorge, dass dann andere auch kommen	4. ……………………… 5. ………………………	Vergleich mit anderen aus der Branche
Sorge, mich lächerlich zu machen	Sorge, dass die eigenen Mitarbeiter/innen die Geldausgabe nicht verstehen		
	Sorge, dass damit dann nicht professionell umgegangen wird		

Meine beste Alternative:
Was kann ich tun, wenn ich ohne Einigung weggehe? Es bei Firma B probieren.

Angebote:
Welche bin ich bereit zu machen?
– Regelmäßige Kooperation
– Schild aufstellen mit Hinweis auf den Spender
– Hinweis in unserer Konzeption
– Beratung und Auswahl durch den »Experten«

5.4.3 Zweites Beispiel: Mit dem Träger um Freistellung verhandeln

Nutzen Sie den Ermessensspielraum

Die Freistellung der Leitung wird in der Regel sehr unterschiedlich gehandhabt, was auf den Ermessensspielraum der Träger hinweist. Diesen sollten Sie nutzen! Es gibt bislang keine spezifische Forschung und auch

Vorbereitung auf eine Verhandlung nach dem Harvard-Konzept

(Beispiel: Mit dem Arbeitgeber um eine Erhöhung der Freistellung von 70 auf 100 Prozent)

Meine Interessen (Meine Wünsche, Bedürfnisse, Sorgen, Hoffnungen, Ängste …)	**Interessen der Gegenseite** (Wofür sich der andere meiner Meinung nach wirklich interessiert: Wünsche, Hoffnungen, Sorgen, Ängste …)	**Optionen** (Mögliche Übereinkünfte)	**Neutrale Kriterien** (die davon überzeugen könnten, dass ein vorgeschlagenes Abkommen fair ist)
Wunsch nach mehr Zeit für das Wesentliche (unser Veränderungsprojekt)	Sorge, die Freistellung dem nächst höheren Vorgesetzten und der politischen Ebene nicht vermitteln zu können	Erhöhung der Freistellung ohne Ausgleich, bei Reduzierung der Erzieheraktivitäten	Vergleichszahlen: Projekte in den letzten Jahren und heute (mehr große Aufgaben, unabhängig von Kinderzahl)
Wunsch nach weniger innerer Zerrissenheit zwischen Gruppe und Leitungsaufgaben	Sorge, dass dann andere Leiterinnen auch kommen	Erhöhung der Freistellung mit Ausgleich durch Höherstufung einer Teilzeitstelle	Freistellungen anderer Leitungen und die Effekte
Wunsch nach mehr Zeit für gute Gespräche mit Eltern und Kolleginnen	Sorge, dass trotz Freistellung kein echter Kehrwert eintritt	Erhöhung der Freistellung mit Ausgleich durch Kursangebot für Eltern auf Honorarbasis	
Sorge, die Arbeit mit den Kindern zu vermissen	Das Projekt „Familienzentrum" muss etwas werden! Wunsch, damit „punkten" zu können	Projektbezogene Freistellung für die Zeit des Umbaus zum Familienzentrum	
Sorge, von Verwaltungsaufgaben zu sehr vereinnahmt zu werden	Interesse, besser zu sein als die Kitas der anderen Träger in der Stadt		

Meine beste Alternative:
Was kann ich tun, wenn ich ohne Einigung weggehe? Wechsel zu Träger XY.

Angebote:
Welche bin ich bereit zu machen?
- Übernahme weiterer Aufgaben im Rahmen des Projekts Familienzentrum (entsprechend Trägerinteresse)
- Einrichtung verbindlicher Elternsprechzeiten
- Treffen einer schriftlichen Vereinbarung
- 100 Prozent Freistellung auf Probe mit Überprüfung des Mehrwerts nach 6 Monaten

PISA liefert keine Belege dafür, dass eine Freistellung eine höhere pädagogische Qualität in der Einrichtung möglich macht. So ist die Nennung neutraler Kriterien hier schwierig, und es kommt vielmehr darauf an, die Interessen Ihres Trägervertreters aufzugreifen und kreative Angebote zu machen, die zugleich Ihr Interesse bedienen.

Gute Argumente zielen auf den Nutzen für den anderen

Im Rahmen der Vorbereitung auf die fiktive Verhandlung hat sich herausgestellt, dass der Vorgesetzte willens ist, sofern die Leitungsfreistellung dem geplanten Familienzentrum zugute kommt und außerdem keine Ausweitung des Stellenplans bedeuten muss. Diese Vorbedingungen gilt es zu akzeptieren und kreativ zu werden! Für die Leitungskraft stellt sich die Frage, wie sie die gewonnenen Kapazitäten dem Familienzentrum zieldienlich zukommen lassen kann. Dies hängt stark von der aktuellen Realisierungsphase des Zentrums ab und kann in der Mitarbeit an der Konzeption und intensivierter Netzwerkarbeit bestehen oder aber bereits in der Umsetzung von Angeboten für die ganze Familie (z. B. Elterncoaching, Elternkurse).

Auf jeden Fall muss Ihr Angebot Ihren Vorgesetzten emotional ansprechen, muss ihm Arbeit abnehmen, Anerkennung in Aussicht stellen, seine Vorhaben absichern und ohne Risiko sein. Sie können die Befristung der Freistellung anbieten, Ihre Kompetenzen voll in die Waagschale werfen, statt Ausgleich über den Stellenplan als eine Lösung über den Honorartopf vorschlagen. Erstellen Sie vorher ein möglichst durchdachtes Konzept, ohne an diesem im Gespräch Punkt für Punkt festzuhalten! Unter Umständen werden Sie auch mit Ihrem Gesprächspartner gemeinsam zu einer ganz anderen noch kreativeren und besseren Lösung kommen.

Angebote statt Forderungen

Achten Sie darauf, dass Ihr Angebot und nicht eine Forderung im Vordergrund steht. Seien Sie mehr Gebende als Fordernde. Verkaufen Sie Ihre Idee, indem Sie ermutigen und inspirieren. Und gehen Sie gelassen ins Gespräch, denn Sie haben nach dem Harvard-Konzept immer eine beste Alternative im Hinterkopf! Um es mit der Transaktionsanalyse zu sagen: Begegnen Sie Ihrem Gesprächspartner aus dem fürsorglichen Eltern-Ich (ihm muss es mit ihrem Vorschlag gut gehen!) und dem Erwachsenen-Ich, aber auf keinen Fall aus dem Kind-Ich (siehe 2.3.4), das ihn mit einiger Wahrscheinlichkeit zu einer Reaktion aus dem kritischen Eltern-Ich »verführt«.

Zum Abschluss möchte ich Ihnen noch das zentrale Motto des Harvard-Konzepts mit auf den Weg geben, das nicht nur für Bildungs- und Sozialmanager/innen, sondern angesichts seiner Herausforderung für uns alle in jeder Interaktion ein lebenslanges Lernziel darstellt und das man vielleicht mit **Die hohe Kunst der Diplomatie** betiteln könnte:

**In der Sache hart,
zu den Menschen weich!**

Anlage 1
Vier Varianten kollegialer Beratung

Anleitung für die »klassische« Kollegiale Beratung

Wann setze ich diese Methode ein?
Die Methode eignet sich für fast alle Anliegen.

Zeitbedarf: 55 Minuten
Materialbedarf: Flipchart, Marker
Rollen: 1 Fallgeber/in, 1 Moderator/in, 1 Visualisierer/in, x Berater/innen

	Schritte	Minuten
1	Die Fallgeberin schildert die Situation.	3
2	Die Gruppe stellt Fragen zum Kontext, zur Problemsicht, zu Hintergründen etc.	10
3	Die Fallgeberin formuliert ihre **Schlüsselfrage,** diese wird visualisiert.	3
4	Die Gruppe entwickelt **Hypothesen** (= Vermutungen) zum Anliegen und der Situation der Fallgeberin (»Was ist hier los?«). Die Hypothesen werden nicht diskutiert und nicht bewertet. Alle Hypothesen werden visualisiert. Die Fallgeberin sitzt dabei und hört nur zu.	10
5	Die Fallgeberin reagiert auf die Hypothesen, sie sagt, welche sie besonders ansprechen und wählt ein bis zwei davon aus.	3
6	Die Gruppe erarbeitet zu den von der Fallgeberin ausgewählten Hypothesen **Lösungsideen** für das weitere Vorgehen und mögliche Problemlösungsansätze.	10
7	Die Fallgeberin reagiert auf die Lösungsideen und sagt, welche sie besonders ansprechen und wie sie weiter vorzugehen gedenkt.	5
8	Auswertung der Übung auf der Metaebene, Reflektieren des Prozesses für das »Beraten-Lernen«. Hier aufpassen, dass Sie nicht zurück ins Inhaltliche rutschen.	10

Anleitung für das Kopfstand-Brainstorming

Wann setze ich diese Methode ein?
Wenn dem Fallgeber der eigene Beitrag zur Aufrechterhaltung des Problems nicht bewusst ist. Der Fallgeber sieht sich als Opfer der ihn umgebenden Umstände und Personen, er sieht kaum Einflussmöglichkeiten auf eine Verbesserung seiner Situation.

Zeitbedarf: 35 Minuten
Materialbedarf: Flipchart, Marker
Rollen: 1 Fallgeber/in, 1 Zeitverantwortliche/r, 1 Visualisierer/in, x Berater/innen

	Schritte	Minuten
1	Die Fallgeberin schildert die Situation.	5
2	Formulierung der Schlüsselfrage und **Umkehrung** der Schlüsselfrage, z. B.: »Wie kann ich es erreichen, dass unsere Elternabende noch ergebnisloser verlaufen?«	3
3	Die Berater/innen entwickeln Ideen zur Verschlimmerung der Situation. Die Ideen werden mitvisualisiert und nicht bewertet.	10
4	**Die Fallgeberin geht die Vorschläge durch und untersucht sie auf mögliche – reale – Lösungsperspektiven hin.**	5
5	Option: Die Berater/innen unterstützen anschließend die Fallgeberin bei der Ausarbeitung eines Lösungsansatzes.	5

Anleitung für die Identifikationsrunde

Wann setze ich diese Methode ein?

Die Methode ist hilfreich für die Perspektiverweiterung und ermöglicht eine neue Interpretation des Handelns der am Fall beteiligten Personen.

Die Gruppe gibt Rückmeldung aus der Identifikation mit den Personen heraus, die an der Situation der Fallgeberin beteiligt sind. Die Fallgeberin entscheidet, ob sie inbegriffen sein möchte.

Beispiel: Die Fallgeberin beschreibt einen Konflikt mit einer Mutter. Dann können die Berater/innen folgendermaßen vorgehen:

1. Identifikation mit der Rolle der Mutter: »Ich als Mutter X bin …«
2. Identifikation mit der Rolle der Fallgeberin: »Ich als Petra fühle mich …«
3. (…)

Zeitbedarf: 50 Minuten
Rollen: 1 Fallgeber/in, 1 Moderator/in, x Berater/innen

	Schritte	Minuten
1	Die Fallgeberin schildert die Situation und die an der Situation beteiligten anderen Personen.	5–10
2	Die Berater/innen stellen Fragen zur Situation, insbesondere zu den beteiligten Akteuren.	10
3	Die Fallgeberin formuliert ihre Schlüsselfrage.	3
4	Die Berater/innen versetzen sich nacheinander in die Rollen der verschiedenen Beteiligten und geben Auskunft über ihre Befindlichkeit, Einstellungen, Wünsche, Befürchtungen …	20
5	Die Fallgeberin gibt Rückmeldung, was die Runde bei ihr angeregt hat.	5
6	Die Berater/innen werden aus ihren Rollen wieder entlassen.	

Anleitung für die Resonanzrunde

Wann setze ich diese Methode ein?

Die Resonanzrunde ist dann angeraten, wenn der Fallgeber oder die Berater emotional ergriffen von der beschriebenen Situation sind oder der Fallgeber verunsichert ist. Sie dient auch dazu, den Fallgeber emotional zu stützen bzw. zu stabilisieren.

Der Fallgeber erfährt, wie unterschiedlich verschiedene Personen emotional auf eine Situation reagieren und gewinnt so neue Blickwinkel.

Hier geht es nicht um Ratschläge und Tipps, sondern um Anteilnahme an der Befindlichkeit und Situation des Fallgebers. Die Berater sollen daher vor allem spiegeln, welche Gefühle und Gedanken die Beschreibung bei ihnen auslöst. Rein »kopfige« analytische Überlegungen sind hier nicht gefragt.

Zeitbedarf: 35 Minuten
Rollen: 1 Fallgeber/in, 1 Moderator/in, x Berater/innen

	Schritte	Minuten
1	Die Fallgeberin schildert die Situation.	5
2	Formulierung der Schlüsselfrage	3
3	Die Gruppenmitglieder teilen der Fallgeberin mit, was die Schilderung der Situation bei ihnen an Gefühlen und Bildern innerlich ausgelöst hat.	20
4	Die Fallgeberin reagiert auf die Resonanz aus der Gruppe und teilt mit, wie diese bei ihr angekommen ist. Der Moderator kann dies durch Fragen unterstützen: »Was hat dich besonders angesprochen oder berührt? Wo bist du dir klarer geworden?«	5

Anlage 2: Führungsfeedback

Feedback an (Name der Führungskraft): _____

	Aussage	trifft zu	teils / teils	trifft nicht zu	kann ich nicht einschätzen
1	Er/sie gibt mir die für meine Arbeit notwendigen Informationen umfassend, systematisch und rechtzeitig.	❏	❏	❏	❏
2	Er/sie vermittelt die für mein Arbeitsfeld wichtigen verwaltungstechnischen Informationen.	❏	❏	❏	❏
3	Er/sie bezieht mich in Entscheidungen ein, die mich betreffen.	❏	❏	❏	❏
4	Er/sie räumt die erforderlichen Handlungs- und Entscheidungsspielräume ein.	❏	❏	❏	❏
5	Er/sie versteht im Allgemeinen die Abläufe meiner Tätigkeit (z. B. Zeitaufwand).	❏	❏	❏	❏
6	Er/sie ist ein/e kompetente/r Ansprechpartner/in bei inhaltlichen Fragen im Rahmen meiner Aufgaben.	❏	❏	❏	❏
7	Er/sie nimmt meine Leistungen richtig wahr (quantitativ und qualitativ); er/sie lobt und äußert Anerkennung.	❏	❏	❏	❏
8	Er/sie unterstützt mich in schwierigen Situationen.	❏	❏	❏	❏
9	Er/sie (bzw. Vertreter/in) ist erreichbar, wenn ich ihn/sie brauche.	❏	❏	❏	❏
10	Er/sie spricht auch unangenehme Dinge an.	❏	❏	❏	❏
11	Er/sie setzt sich darüber mit mir konstruktiv auseinander.	❏	❏	❏	❏
12	Man kann sich auf ihn/sie verlassen; ich habe Vertrauen zu ihm/ihr.	❏	❏	❏	❏
13	Er/sie ist als Person authentisch und einschätzbar.	❏	❏	❏	❏
14	Er/sie ist selbstkritisch und lernt aus Fehlern.	❏	❏	❏	❏
15	Er/sie fördert und entwickelt meine Fähigkeiten und Fertigkeiten.	❏	❏	❏	❏
16	Er/sie überträgt mir Aufgaben aufgrund meiner besonderen Qualifikation, Erfahrung und/oder Neigung.	❏	❏	❏	❏
17	Er/sie fördert aktiv die Zusammenarbeit / Teamarbeit von Mitarbeiter/innen.	❏	❏	❏	❏
18	Er/sie schafft ein innovationsförderndes Klima in der Firma / im Team, welches mich ermutigt, in meiner Arbeit neue Wege zu gehen.	❏	❏	❏	❏
19	Er/sie hat Ziele für das Team abgeleitet, die Orientierung geben, und gestaltet diese mit seinen/ihren Mitarbeiter/innen.	❏	❏	❏	❏
20	Ab dem 2. Feedbackgespräch: Er/sie hat das Ergebnis des letzten Feedbacks, insbesondere die getroffenen Vereinbarungen, ernst genommen und entsprechend gehandelt.	❏	❏	❏	❏
21	Sonstiges: _____	❏	❏	❏	❏

Anlage 3

Protokoll des Zielvereinbarungsgesprächs

vom _____

Gesprächspartner/innen: _____

1) Leistungsziele (Aufgabengestaltung und Arbeitssituation)

Es werden folgende Vereinbarungen getroffen:
_____
_____

Das Ziel ist erreicht, wenn:
_____
_____

2) Verhaltensziele (Persönliche Zusammenarbeit)

Es werden folgende Vereinbarungen getroffen:
_____
_____

Das Ziel ist erreicht, wenn:
_____
_____

3) Entwicklungziele (Entwicklung und Kompetenzerwerb)

Es werden folgende Vereinbarungen getroffen:
_____
_____

Das Ziel ist erreicht, wenn:
_____
_____

4) Sonstiges:
_____
_____

Die genannten Inhalte und Ergebnisse werde ich vertraulich behandeln. Informationen an Dritte werden nur in beiderseitigem Einverständnis gegeben.

Als Mitarbeiter/in verpflichte ich mich, meine/n Vorgesetzte/n zu informieren, sobald absehbar ist, dass ein Ziel so nicht erreicht werden kann.

Unterschrift Mitarbeiter/in   *Unterschrift Vorgesetzte/r*

Anlage 4

Kraftfeldanalyse

Ziel: Es geht darum, für Ihre Lösungsentwicklung die förderlichen Kräfte auszubauen sowie die hemmenden zu reduzieren.

Das ist **unser Thema,** für das wir eine Lösung suchen:

_____
_____
_____

In dieser Situation beobachten wir **folgende Kräfte**:

Fördernde Kräfte:	100 %	Hemmende Kräfte
_____		_____
_____		_____
_____		_____
_____		_____

Welche sind eher stärker, welche eher schwächer (markieren Sie bitte zwischen 10 und 100 %)? Welche treffen in der Mitte aufeinander?

Diskutieren Sie: Wie können wir die hemmenden Kräfte reduzieren?

_____
_____
_____

Diskutieren Sie: Wie können wir die fördernden Kräfte noch nutzbarer machen?

_____
_____
_____

Halten Sie fest: Was brauchen Sie, um die Ideen umzusetzen? Wie werden Sie vorgehen?

_____
_____
_____

Anlage 5

Die Glasanalyse

	Gegenwart	Zukunft
+	**Gut und Gerne** Wo bin ich gut, was kann ich richtig gut, wo bin ich besonders engagiert?	**Ansatzpunkte und Aufhänger** Welche ungenutzten Ressourcen und Chancen sehe ich, wo könnte ich ansetzen, was reizt mich?
−	**Lücken und Lernen** Wo könnte ich besser sein? Was habe ich bisher nicht optimal umgesetzt?	**Sorgen und Suspektes** Was bereitet mir Sorgen, was ist mir suspekt?

Anlage 6

Meine Potenzialanalyse als Leitung						
Rolle / Aufgabe	Im Alltag zum Beispiel	\multicolumn{4}{c}{Selbsteinschätzung}	
		1	2	3	4	
Aufgaben der Kümmerin Selbstklarheit: Wer bin ich, was will ich, was strahle ich aus? Verstehen und Empathie für andere Zwischenmenschliche Kommunikation Mitarbeiterförderung (Coaching) Aufbau von Vertrauen						
Aufgaben der Moderatorin Aktiver Einsatz für Teambildung und -entwicklung Partizipative Entscheidungsfindung Konfliktmanagement						
Aufgaben der Informationsmanagerin Bewältigung der Informationsflut Differenzierte Analyse der Informationen Zielgerichtetes Informieren Effektives Schreiben Informationsverwaltung (Wiederauffinden von Infos)						
Aufgaben der Planerin Planung und Koordination der Abläufe Schaffen effizienter Strukturen Kontrolle der Planungen Krisenmanagement						
Aufgaben der Steuerfrau Übernahme von Initiative Ziele setzen und vereinbaren Effektiv delegieren Entscheiden und dazu stehen						
Aufgaben der Schafferin Engagiertes Übernehmen von Verantwortung Eigenes Selbst- und Zeitmanagement Effektive Mitarbeitermotivation						
Aufgaben der Verhandlerin Verhandeln über Unterstützung mit Sponsoren, Träger … (Re)Präsentation von Konzepten und Ideen Aufbau und Erhalt von Kita-Position und Einfluss im Netzwerk						
Aufgaben der Innovatorin Offenheit für neue Ideen und Veränderung Kreatives Denken und Umdenken Gezielte Steuerung des Wandels						

1=noch nicht erfüllt; 2= nicht voll erfüllt;
3= erfüllt; 4= gut erfüllt; 5= sehr gut erfü

olle / Aufgabe	Woran habe ich die Wichtigkeit gemerkt?	Was genau möchte ich da lernen?	Erste Ideen, wie ich diese Rolle / Aufgabe weiterentwickeln kann

sehr wichtig = A
ichtig= B; unwichtig= C

Anlage 7

Wen brauchen Sie für Ihr Netzwerk?

1. Listen Sie zunächst, je nach Ziel, die zu Beteiligenden auf. Wenn Sie bereits die Sozialraumanalyse durchgeführt haben, können Sie die Personen herausfiltern, die Ihr Projekt unterstützen sollen oder wollen:

1		4	
2		5	
3		6	

2. Nehmen Sie dann eine Einschätzung von Einfluss und Vertrauen vor:

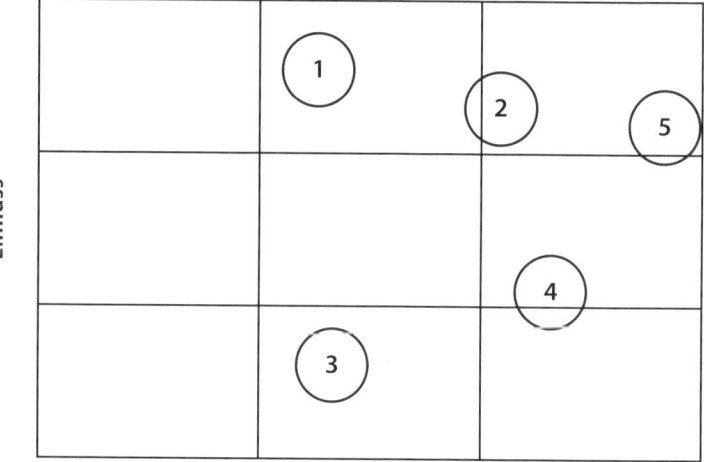

3. Planen Sie nun Maßnahmen bezüglich der für Ihr Netzwerk wertvollen Institutionen / Personen:

Institution / Person	Maßnahmen
1.	
2.	
4.	
5.	

Anlage 8

Vorbereitung auf eine Verhandlung nach dem Harvard-Konzept

Meine Interessen = meine Wünsche, Bedürfnisse, Sorgen, Hoffnungen, Ängste …	**Interessen der Gegenseite** = wofür sich der andere meiner Meinung nach wirklich interessiert: Wünsche, Hoffnungen, Sorgen, Ängste …	**Optionen** = mögliche Übereinkünfte	**Neutrale Kriterien**, die davon überzeugen könnten, dass ein vorgeschlagenes Abkommen fair ist
1. ___	1. ___	1. ___	1. ___
2. ___	2. ___	2. ___	2. ___
3. ___	3. ___	3. ___	3. ___
4. ___	4. ___	4. ___	4. ___
5. ___	5. ___	5. ___	5. ___

Meine beste Alternative:
Was kann ich tun, wenn ich ohne Einigung weggehe?

1. ___
2. ___
3. ___
4. ___

Angebote:
Welche bin ich bereit zu machen?

1. ___
2. ___
3. ___
4. ___

Anlage 9

Unsere Teamsäulen

Wie zufrieden bin ich mit den untenstehenden Komponenten? Bauen Sie Ihre individuellen Zufriedenheitssäulen auf zwischen 0 und 100 Prozent:

100 %

50 %

0 %

- Unsere Innovationskraft
- Klarheit der Ziele
- Aufgabenverteilung
- Umgang mit Konflikten
- Arbeitsatmosphäre
- Teambesprechungen
- Unsere Feedbackkultur
- Projektergebnisse
- Teamführung
- Verantwortungsübernahme

Anlage 10

Trendanalyse

Beschreiben Sie stichwortartig die relevanten Trends in Gesellschaft und Sozialraum (Arbeitswelt, Medien-, Wissens-, Eventgesellschaft, Lebensformen, Infrastruktur …).
Der Trend geht hin zu:

_____
_____
_____
_____
_____

Beschreiben Sie nun Trends und Entwicklungen in Ihrem Trägerbereich (Nutzerstruktur, Einrichtungskonzepte und Profile, Struktur und Führung, Personalgewinnung).
Das bewegt sich hin zu:

_____
_____
_____
_____
_____

Sonstiges, was Beachtung finden sollte:

_____
_____
_____

Anlage 11

Meine Jahresplanung

Nr.	Aktivität / Projekt	Zwischen-ergebnis wann?	Monate 1 2 3 4 5 6 7 8 9 10 11 12	Verantwortlich	Vereinbarte Qualität	Sonstiges
1						
2						
3						
4						
5						
6						
7						
8						

Stand: _____

Nächste Überprüfung: _____

Anlage 12

	Nicht dringend	Dringend
Wichtig	**= A-Aufgaben** Ziele! 20 Prozent dafür einplanen!	**= B-Aufgaben** Unvorhergesehenes, Krisen, Krankheit etc. 20 Prozent dafür freihalten!
Nicht wichtig	**= Papierkorb** Wörtlich wie im übertragenen Sinn: Nicht lange fackeln. Nichts zu tun für mich! Neinsagen oder weg damit!	**= C-Aufgaben** Routine & Kleinkram: delegieren, systematisieren. Maximal 60 Prozent der Wochen-Arbeitszeit!

Meine Prioritätensetzung

Literatur

Antons, K. (2000): Praxis der Gruppendynamik. Göttingen: Hogrefe.
Beck-Gernsheim, E. (1980): Das halbierte Leben. Männerwelt Beruf, Frauenwelt Familie. Frankfurt/M.: Fischer.
Bostelmann, A. (2005): Controlling in Kindertageseinrichtungen. Berlin: Cornelsen Scriptor.
Bredemeier, K. & Schlegel, H. (1991): Die Kunst der Visualisierung. Erfolg durch zeitgemäße Präsentation. Zürich / Wiesbaden: Orell Füssli.
Brodersen, D. (1994): Woman Management. Karriereberatung für Frauen. Stuttgart: Schäffer-Poeschel.
Collins, J. (2006): Der Weg zu den Besten! München: dtv.
De Shazer, S. (2009): Worte waren ursprünglich Zauber. Heidelberg: Carl Auer.
Dick, P. & Wunderer, R. (1997): Frauen im Management. Neuwied: Luchterhand.
Dick, U. (1992): Netzwerke und Berufsverbände für Frauen. Reinbek b. Hamburg: Rowohlt.
Dietz, K.-M. & Kracht, Th. (2011): Dialogische Führung. Frankfurt/M.: Campus.
Dohmer, E. (1997): Wie Frauen führen. Innovation durch weibliche Führung. Heidelberg: I. H. Sauer.
Doppler, K. & Lauterburg, Ch. (1994): Change Management. Frankfurt/M.: Campus.
Drucker, P. (1982): Die ideale Führungskraft. München: Droemer-Knaur.
Edding, C. (1983): Einbruch in den Herrenclub. Von den Erfahrungen, die Frauen auf Männerposten machen. Reinbek b. Hamburg: Rowohlt.
Faller, Kurt u. a. (1996): Konflikte selber lösen. Mülheim an der Ruhr: Verlag an der Ruhr.
Fatzer, G. & Eck, C. (2003): Supervision und Beratung. Bergisch-Gladbach: Edition Humanistische Psychologie.

Fialka, V. (2008): Damit die Teamarbeit gelingt. In: kindergarten heute, Leitungsheft 4/2008. Freiburg i. Br.: Herder.

Fialka, V. (2009): Da mach ich nicht mit – Widerstand im Team wahrnehmen und konstruktiv angehen. In: kindergarten heute, Leitungsheft 2/2009. Freiburg i. Br.: Herder.

Fialka, V. (2009): Lernen Sie Nein-sagen. In: kindergarten heute, Leitungsheft 4/2009. Freiburg i. Br.: Herder.

Fialka, V. (2009): Wie Sie Ihre Zeit optimal nutzen – Zeitmanagement. In: Management Basiswissen. Freiburg i. Br.: Herder.

Fialka, V. (2009): Wie Sie Ihr Profil entwickeln und nach außen tragen – Leitbild- und Profilentwicklung. In: Management Basiswissen. Freiburg i. Br.: Herder.

Fialka, V. (2010): Damit die Fortbildung nicht umsonst war – Wie Sie als Leiterin den Wissenstransfer im Team unterstützen. In: kindergarten heute, Leitungsheft 2/2010. Freiburg i. Br.: Herder.

Fialka, V. (2010): So gelingt die Teamsitzung! In: kindergarten heute, Leitungsheft 3/2010. Freiburg i. Br.: Herder.

Fialka, V. (2010): Wie Sie mit Konflikten souverän umgehen – Konfliktmanagement. In: Management Basiswissen. Freiburg i. Br.: Herder.

Fialka, V. (2010): Netzwerke tragen und bauen auf. In: kindergarten heute, Leitungsheft 4/2010. Freiburg i. Br.: Herder.

Fialka, V. (2010): Wie Sie die Zusammenarbeit mit Eltern professionell gestalten – Bildungs- und Erziehungspartnerschaft. In: Management Basiswissen. Freiburg i. Br.: Herder.

Fialka, V. (2011): Wie Sie mit Veränderungen umgehen und sie mit dem Team gestalten – Changemanagement. In: Management Basiswissen. Freiburg i. Br.: Herder

Fisher, R. & Ury, W. (2004): Das Harvard-Konzept. Frankfurt/M.: Campus.

Francis, D. & Young, D. (1988): Gesprächshelfer und Moderatoren in schwierigen Gesprächen. Reinbek b. Hamburg: Rowohlt.

Francis, D. & Young, D. (1998): Mehr Erfolg im Team. Hamburg: Windmühle.

Fuchs, H. & Huber, A. (2001): Die 16 Lebensmotive. München: dtv.

Glasl, F. & Weeks, D. (2008): Die Kernkompetenzen für Mediation und Konfliktmanagement: Ein Praxisbuch mit Filmbeispielen auf DVD. Stuttgart: Concadora.

Goldmann, H. (1994): Wie sie Menschen überzeugen. Berlin: Econ.

Grace, C. & Shores, E. (2005): Das Portfolio-Buch für Kindergarten und Grundschule. Mülheim an der Ruhr: Verlag an der Ruhr.

Groot-Wilken, B. (2007): Bildungsprozesse in Kindergarten und Kita. Freiburg i. Br.: Herder.

Groot-Wilken, B. (2009): Konzeptionsentwicklung in der Kita. Freiburg i. Br.: Herder.

Harss, C. & Maier, K. (1992): Stress, der Preis des Erfolgs? Aktive Stressbewältigung für berufstätige Frauen. Mannheim: PAL Verlagsgesellschaft.

Hartmann, M. & Rieger, M. (2007): Zielgerichtet moderieren. Weinheim: Beltz.

Helgesen, S. (1991): Frauen führen anders. Frankfurt/M.: Campus.

Henley, N. (1991): Körperstrategien – Geschlecht, Macht und nonverbale Kommunikation. Frankfurt/M.: Fischer.

Hersey, P & Blanchard, K. (1982): Management of Organizational Behavior (4th ed. New York 1982). Mannheim: PAL Verlagsgesellschaft.

Hessisches Sozialministerium und Hess. Kultusministerium Wiesbaden (2010): Bildung von Anfang an – Bildungs- und Erziehungsplan für Kinder von 0–10 Jahren in Hessen.

Hollmann, E. & Benstetter, S. (2001): In 7 Schritten zur Konzeption. Berlin: Kallmeyer.

Hüther, G. (2008): Wie aus Kindern glückliche Erwachsene werden. München: Gräfe & Unzer.

Kabat-Zinn, J. (2007): Gesund durch Meditation – Das große Buch der Selbstheilung. Frankfurt/M.: Fischer.

Kälin, K. & Müri, P. (2005): Sich und andere führen. Thun: Ott Verlag.

Kaltenbach, K. (2008): Kita im Wandel: Neue Anforderungen an Leitungskräfte von Tageseinrichtungen für Kinder. Eine empirische Analyse. Saarbrücken: Vdm Verlag Dr. Müller.

Kegan, R. (1995): In over Our Heads: The Demands of Modern Life. Oxford University Press.

Klimecki, R. & Gmür, M. (2001): Personalmanagement. Stuttgart: UTB.

Königswieser, R.: Das Überbringen schlechter Nachrichten. http://www.koenigswieser.net/krise/personal/ueberbringenschlechter.pdf

Königswieser, R. & Lutz, Ch. (1992): Das systemisch evolutionäre Management. Los Angeles: Orac.

Krishnamurti, J. (2000): Das Licht in dir. München: Econ.

Kruse, P. (2005): Erfolgreiches Management von Instabilität – Veränderung durch Vernetzung. Offenbach: Gabal.

Langner-Geißler, T. & Lipp, U. (1991): Pinwand, Flipchart und Tafel. Weinheim/Basel: Beltz.

Lerchner, M. (2010): Leadership and Transformation. In: A. Phillipp (Hrsg.): Die Kunst des ganzheitlichen Führens. Wien: Verlag Systemisches Management.

Maelicke, B. (2006): Innovation und Management in der Sozialwirtschaft. Neuwied: Luchterhand.

Malik, F. (2001): Führen, leisten, leben. München: Heyne.

Maturana, H. R. (1985): Erkennen: die Organisation und Verkörperung von Wirklichkeit. Wiesbaden: Vieweg.

Merchel, J. (2010): Leitung in der Sozialen Arbeit: Grundlagen der Gestaltung und Steuerung von Organisationen. Weinheim: Juventa.

Mohr, G. (2000): Lebendige Unternehmen führen. Frankfurt: FAZ Verlag.

Möller, J.-Ch. & Schlenther-Möller, E. (2007): Sozialmanagement: Kita-Leitung. Leitfaden für Qualifizierung und Praxis. Berlin: Cornelsen Scriptor.

Mücke, Klaus (2003): Probleme sind Lösungen. Potsdam: Ökosysteme.

Nussbaum, C. (2007): 300 Tipps für mehr Zeit. München: Gräfe & Unzer.

Paucar, D. (1999): Arbeitsmotivation. Studienarbeit: Hamburger Fachhochschule.

Peseschkian, N. (1993): Psychosomatik und Positive Psychotherapie. München: Fischer.

Peseschkian, N. (2010): Es ist leicht, das Leben schwer zu nehmen. Freiburg i. Br.: Herder.

Pöhlsen-Wagner, I. (2005): Die Teamcard. In: B. Maelicke, Innovation und Management in der Sozialwirtschaft. Köln: Luchterhand.

Prior, M. (2009): Minimax-Interventionen. Heidelberg: Carl-Auer.

Redlich, A. (1997): Konflikt-Moderation. Hamburg: Windmühle.

Riekehof, R. (2001): Die sieben Seiten des perfekten Managers – mit Kernkompetenzen richtig führen. Landsberg: mi Verlag.

Riemann, F. (2009): Grundformen der Angst, 36. Auflage. München: Ernst Reinhardt.

Rosenberg, M. (2007): Gewaltfreie Kommunikation. Paderborn: Jungfermann.

Rosenstiel, L. v. (2003): Grundlagen der Führung. In: L. v. Rosenstiel u. a., Führung von Mitarbeitern. Stuttgart: Schäffer-Pöschel.

Rüttinger, R. (1992): Transaktions-Analyse, Band 10 der Reihe »Arbeitshefte Führungspsychologie«. Heidelberg: Sauer.

Schein, E. (2003): Organisationskultur. Bergisch-Gladbach: Edition Humanistische Psychologie.

Schmid, B. & Wahlich, S. M.: Beratung als kulturorientierte und sinnschöpfende Kommunikation. http://www.coaching-magazin.de

Schulz von Thun, F. & Tausch, R. (2011): Sich verständlich ausdrücken. München: Ernst Reinhardt.

Schwarz, G. (2001): Sozialmanagement. Hergensweiler: Ziel Verlag.

Seifert, J. W. (2008): Besprechungen erfolgreich moderieren. Offenbach: Gabal.

Seiwert, L: (2005): Wenn Du es eilig hast, gehe langsam. Frankfurt/M.: Campus.

Slupetzky, W. (1994): Studienschriften des Instituts für Systemische Beratung. http://www.systemische-professionalität.de

Stamer-Brandt, P. (2010): Öffentlichkeitsarbeit in Kindergarten und Kita: entwickeln – durchführen – auswerten. Freiburg i. Br.: Herder.

Storch, M. (1994): Selbstmanagement ressourcenorientiert. Bern: Hans Huber.

Thomann, C. (2004): Klärungshilfe – Konflikte im Beruf 2. Hamburg: Rowohlt.

Thomann, Ch. & Schulz von Thun, F. (2003): Klärungshilfe – Handbuch für Therapeuten. Hamburg: Rowohlt.

Tietze, K.-O. (2003): Kollegiale Beratung. Reinbek b. Hamburg: Rowohlt.

Wielens, H. & Kohtes, P. (2006): Raus aus der Führungskrise – Integrale Konzepte integraler Führung. Bielefeld: Kamphausen.

Zöllner, U. (2000): Die Kunst, nicht ganz perfekt zu sein. Freiburg i. Br.: Kreuz.

Handbücher – kompetent und praxisnah

Dörte Weltzien | Anne Kebbe
Handbuch Gesprächsführung in der Kita
272 Seiten | Gebunden
ISBN 978-3-451-32287-7

Gespräche gehören in Kitas zu den wichtigsten Handlungsfeldern. Die Autorinnen vermitteln dazu die notwendigen Grundlagen und stellen beste Fachpraxis in der Gesprächsführung mit Erwachsenen und Kindern vor.

Xenia Roth
Handbuch Bildungs- und Erziehungspartnerschaft
Zusammenarbeit mit Eltern in der Kita
224 Seiten | Gebunden
ISBN 978-3-451-32336-2

Das Werk zeigt die vielfältigen Ansprüche und Gestaltungsmöglichkeiten, die sich in der Erziehungs- und Bildungspartnerschaft von Eltern und pädagogischen Fachkräften im Alltag der Kinderbetreuung bieten.

Fred Bernitzke
Handbuch Teamarbeit
Grundlagen für erfolgreiches Arbeiten in Kita und Kindergarten
240 Seiten | Gebunden
ISBN 978-3-451-32270-9

Das vorliegende Handbuch beschreibt praxisnah die Grundlagen der Teamarbeit. Es stellt Methoden zur Teamentwicklung vor und zeigt darüber hinaus mögliche Ursachen von Teamkonflikten sowie geeignete Strategien zu ihrer Überwindung auf.

Petra Wagner (Hrsg.)
Handbuch Inklusion
Grundlagen vorurteilsbewusster Bildung und Erziehung
256 Seiten | Gebunden
ISBN 978-3-451-32705-6

Schon kleine Kinder kennen Vorurteile. Früh lernen sie, dass Herkunft, Hautfarbe, Sprache oder Geschlecht nicht neutral, sondern mit Bewertungen verbunden sind. Die renommierte Herausgeberin veranschaulicht, wie die vorurteilsbewusste Erziehung gelingen kann.

HERDER

Handbücher von Renate Zimmer

Handbuch Sprachförderung durch Bewegung
224 Seiten | Gebunden
ISBN 978-3-451-32160-3

In ihrem neuesten Handbuch stellt Renate Zimmer ihr überaus erfolgreiches Konzept der Bewegungsorientierten Sprachförderung theoretisch fundiert und praxisnah vor. Zahlreiche Beispiele für eine in den Alltag integrierte ganzheitliche Sprachförderung.

Handbuch der Sinneswahrnehmung
Grundlagen einer ganzheitlichen Bildung und Erziehung
224 Seiten | Gebunden
ISBN 978-3-451-32560-1

Die Entwicklung der Sinneswahrnehmung hat einen besonderen Stellenwert im frühkindlichen Bildungsprozess. In diesem Handbuch werden die Entwicklung und die Zusammenarbeit der Sinne verdeutlicht. Mit zahlreichen praktischen Vorschlägen und Förderangeboten.

Handbuch der Psychomotorik
Theorie und Praxis der psychomotorischen Förderung von Kindern
272 Seiten | Gebunden
ISBN 978-3-451-32578-6

Die psychomotorische Erziehung hat das Ziel, über Bewegung die Persönlichkeit zu stabilisieren und Entwicklungsbeeinträchtigungen auszugleichen. Konzept und praktische Umsetzung einer kindzentrierten Psychomotorik werden vorgestellt.

Handbuch der Bewegungserziehung
Grundlagen für Ausbildung und pädagogische Praxis
Überarbeitete Neuausgabe
256 Seiten | Gebunden
ISBN 978-3-451-32840-4

Bewegungserziehung ist ein wesentlicher Bildungsbereich. Das Handbuch liefert die theoretischen Grundlagen einer kindorientierten Bewegungserziehung und gibt Hilfen für die praktische Umsetzung. Das Standardwerk der Erfolgsautorin.

HERDER

Handbücher – kompetent und praxisnah

Fabienne Becker-Stoll | Monika Wertfein | Renate Niesel
Handbuch Kinder in den ersten drei Lebensjahren
Theorie und Praxis für die Tagesbetreuung
192 Seiten | Gebunden
ISBN 978-3-451-30142-1

Damit sich Kinder in den ersten Lebensjahren optimal entwickeln können, brauchen sie eine hohe Betreuungsqualität. Erzieherinnen, Tagesmütter, aber auch Studierende, Dozenten und Träger finden in diesem Band fundierte Informationen und praxisnahe Unterstützung.

Gisela Lück
Handbuch der naturwissenschaftlichen Bildung
Theorie und Praxis für die Arbeit in Kindertageseinrichtungen
258 Seiten | Gebunden
ISBN 978-3-451-32333-1

Gisela Lück legt ein entwicklungspsychologisch begründetes pädagogisches Konzept vor, in dessen Mittelpunkt die sinnliche Erfahrung des naturwissenschaftlichen Experiments steht.

Sabine Hirler
Handbuch Rhythmik und Musik
Theorie und Praxis für die Arbeit in der Kita
ca. 224 Seiten | Gebunden
ISBN 978-3-451-32723-0

Entwicklungs- und Musikpsychologie sowie Musikkonzeptionen führen in das Handbuch der erfahrenen Autorin Sabine Hirler ein. Darauf aufbauend stehen rhythmisch-musikalische Angebote im Fokus.

Matthias Hugoth
Handbuch religiöse Bildung in Kita und Kindergarten
272 Seiten | Gebunden
ISBN 978-3-451-32296-9

Das Handbuch zeigt auf, dass und wie religiöse Bildung Kinder für ein Leben in dieser Gesellschaft stärkt. Es sticht besonders durch seine Konzentration auf die Kinder und ihre Bedürfnisse sowie auf die Erzieherinnen und ihre Möglichkeiten hervor.

HERDER